L'ART DE VIVRE EN PLEINE CONSCIENCE

JEAN-MARC TERREL

L'ART DE VIVRE EN PLEINE CONSCIENCE

Surmontez vos peurs, apaisez votre esprit et savourez l'instant présent

ÉDITIONS DE MORTAGNE

Catalogage avant publication de Bibliothèque et Archives nationales du Québec et Bibliothèque et Archives Canada

Titre : L'art de vivre en pleine conscience : surmontez vos peurs, apaisez votre esprit et savourez l'instant présent / Jean-Marc Terrel (alias Monsieur Mindfulness).

Noms : Terrel, Jean-Marc, 1971- auteur.

Identifiants : Canadiana (livre imprimé) 20190030399 | Canadiana (livre numérique) 20190030402 | ISBN 9782896629084 | ISBN 9782896629091 (PDF) | ISBN 9782896629107 (EPUB)

Vedettes-matière : RVM : Pleine conscience (Psychologie) | RVM : Actualisation de soi.

Classification : LCC BF637.M56 T47 2019 | CDD 158.1/3 — dc23

Édition

Les Éditions de Mortagne
Case postale 116
Boucherville (Québec)
J4B 5E6
editionsdemortagne.com

Production et conception graphique

L'équipe de Stéphane Labbé | recherche | développement | conseil

Photo de l'auteur en couverture © Audrey Bardou

Dépôt légal

Bibliothèque et Archives Canada
Bibliothèque et Archives nationales du Québec
Bibliothèque nationale de France
4e trimestre 2019

Financé par le gouvernement du Canada | Canada

Gouvernement du Québec — Programme de crédit d'impôt pour l'édition de livres — Gestion SODEC.

ASSOCIATION NATIONALE DES ÉDITEURS DE LIVRES

Membre de l'Association nationale des éditeurs de livres (ANEL)

À vous toutes et tous auprès de qui j'ai tant appris
au cours des quarante-huit dernières années,

À vous, chère lectrice ou cher lecteur,
qui tenez cet ouvrage entre vos mains,

J'offre le peu que j'ai compris jusqu'ici sur mon chemin,
en espérant qu'un mot, qu'une phrase contribue à votre
bonheur. Soyez heureux et méditez en pleine conscience !

Puissé-je être un pont ou un navire pour ceux
qui veulent traverser la rivière.

Puissé-je être une île pour ceux qui coulent,
une lampe pour ceux qui souhaitent la lumière.

Puissé-je être un lit pour ceux qui veulent se reposer,
une main pour ceux qui ont besoin d'aide.

Bon voyage !

Table des matières

Introduction

Une très vieille histoire irlandaise, rapportée par Joseph Campbell, me revient en mémoire. Elle raconte qu'un jour, au cours d'une chasse, les fils d'un roi s'engagèrent dans la forêt et se perdirent. La soif commença à les tourmenter au point que, l'un après l'autre, ils se mirent en quête d'eau. Le premier fils arriva à un puits que gardait une vieille femme. C'était, à n'en pas douter, une sorcière : tout son corps, de la tête aux pieds, était plus noir que le charbon. La masse abondante de ses cheveux gris ressemblait à la queue d'un cheval et laissait voir le sommet de son crâne chauve. Elle pouvait couper la branche vive d'un chêne en pleine force avec une faucille, faite d'une corne verdâtre, qu'elle portait sur sa tête et qui se recourbait jusqu'à son oreille. Ses yeux étaient noircis et rougis par la fumée. Son nez aplati avait des narines béantes. Elle avait le ventre fripé et tacheté, une peau malsaine, des jambes bandées et difformes, des chevilles épaisses qui se terminaient par des pieds grands comme des battoirs. Ses genoux étaient noueux et ses ongles blêmes. Elle était réellement répugnante.

– Alors, c'est donc cela ? dit le premier fils.

– C'est bien cela, répondit-elle.

– Et tu gardes le puits ?

– En effet !

– Me permets-tu de prendre de l'eau pour étancher ma soif et celle de mes frères ?

– Oui, concéda la femme, mais seulement si tu me donnes un baiser sur la joue.

– Certainement pas !

– Alors je ne te donnerai pas d'eau.

– J'en donne ma parole, dit-il alors, plutôt que de t'embrasser, je préférerais mourir de soif !

Le jeune homme retourna alors vers ses frères et leur dit qu'il n'avait pas pu se procurer d'eau.

Les trois autres frères, partis comme lui chercher de l'eau, arrivèrent chacun à son tour au même puits. Chacun demanda à la vieille et hideuse sorcière de lui donner de quoi étancher sa soif et, à chacun, elle réclama un baiser sur la joue. Tous le lui refusèrent avec dégoût. Finalement, le cinquième et dernier des frères arriva au puits.

– Veux-tu me donner de l'eau, femme ? demanda-t-il.

– Je t'en donnerai, dit-elle, mais donne-moi d'abord un baiser.

Il répondit :

– Je ne te donnerai pas seulement un baiser, je te prendrai aussi dans mes bras !

Cela fait, lorsqu'il la regarda à nouveau, il avait devant lui une splendide jeune femme. De mémoire d'homme, dans le monde entier, il n'existait plus gracieuse allure ni plus grande beauté. De la tête aux pieds, elle était pareille à la neige fraîchement tombée au creux d'un sillon. Ses bras étaient ronds et majestueux, ses doigts, longs et effilés, ses jambes, droites et son teint, délicat. Elle était chaussée de sandales de bronze clair qui protégeaient ses pieds doux et lisses des salissures de la terre. Elle portait un ample vêtement rouge de la plus fine laine et, épinglée sur le vêtement, une broche en argent étincelant. Ses jolies dents avaient l'éclat de la perle. Ses yeux, emplis de majesté, étaient immenses. Sa bouche était aussi rouge que le fruit du sorbier.

– Femme, voici une galaxie de charmes, dit le jeune homme.

– En vérité, tu dis juste ! répondit-elle en souriant.

– Et qui es-tu ? poursuivit-il.

– Je suis la Loi souveraine, répondit-elle. Maintenant, prends avec toi de l'eau et va retrouver tes frères. Que le royaume et la puissance suprême soient tiens et à ta descendance à jamais... De même qu'en arrivant tu m'as vue laide, grossière, repoussante – et pour finir resplendissante – de même est la loi souveraine. Sans combats, sans âpre lutte, on ne peut la conquérir, mais celui qui est roi ne se soucie pas, en fin de compte, du bel aspect des choses.

De quoi avez-vous soif ?

Quelle fabuleuse mise en perspective que celle des contes et légendes qui, en reflétant nos structures psychiques fondamentales, nous dévoilent le chemin de la libération ! Car, quel que soit votre genre, une sorcière, un roi et un héros assoiffé habitent en vous. Cette soif, vous la ressentez peut-être dans ces aspects de votre vie où vous touchez le sentiment, plus ou moins diffus, de vous être égaré quelque part sur la route. Comme la plupart des humains, vous avez sans doute couru une partie de votre vie, ou toute votre vie, après l'un des cinq principaux gibiers du royaume, que j'appelle nos « intérêts basiques » : l'*apparence*, les *relations*, la *performance*, la *prospérité* et le *confort*. Peut-être que, vous aussi, vous vous êtes perdu plusieurs fois en forêt en les poursuivant à bride abattue. Peut-être même que vous êtes toujours égaré dans la forêt de votre existence, au moment où vous lisez ces lignes.

La modernité s'est très largement coupée de la sagesse de la forêt, pourtant profondément ancrée dans les mythologies du monde entier. La forêt est un lieu fascinant, plein de mystères. C'est un symbole de la quête et, selon Tacite, la demeure naturelle des dieux. Des initiations et des rites sacrés permettent, aux contacts des arbres – symboles du lien entre la terre et le ciel –, de découvrir les liens qui se tissent dans l'ombre, dans l'invisible. Peut-être alors discernera-t-on que le visible n'existerait pas sans l'invisible dans lequel tout commence toujours. Pour retrouver notre chemin, peut-être nous appartient-il alors de reconnecter avec l'ombre de mystère qui plane dans la forêt ? Et pour cela, sans doute nous faut-il nous rendre au cœur du mystère, près du puits de la sorcière. À l'image des cinq frères, nous devrons sans doute y retourner plusieurs fois avant d'être capables de l'approcher vraiment, d'étreindre notre laideur et de payer le prix du passage. Car la reconnexion avec notre héritage ne se fera pas sans *faire face à nos peurs*. Et si le karma était justement cette occasion extraordinaire que la vie nous offre de revenir régulièrement au puits de la laideur afin de faire face à nos peurs ?

La sorcière ne représente-t-elle pas ici tous les aspects refoulés, ignorés, fantasmés, rejetés, projetés au cours de notre quête ? C'est la manifestation vivante de nos peurs viscérales, de nos ombres, de ces parties de nous que nous ne reconnaissons pas, que nous fuyons ou que nous rejetons. La fontaine, avec son eau claire et limpide, est toujours symbole de vie. Toutefois, qu'y a-t-il de plus inquiétant que le trou sombre, humide et profond d'un puits gardé par une sorcière ? Le puits représente l'inconnu, la source de nos peurs cachées, l'insondable silence qui y règne, l'immobilité morbide de l'eau qui semble y stagner et le terrifiant reflet que le fond nous renvoie lorsque nous nous y penchons, incapables d'en sonder la profondeur. Pourtant, symboliquement, le puits est aussi l'élément vital de la ferme, au milieu de laquelle il trône et sans lequel les animaux ne peuvent pas être désaltérés et les cultures, arrosées. Il recueille l'eau tombée du ciel, lentement purifiée par infiltration dans les entrailles de la terre, mère nourricière.

Se pencher à la margelle de son puits intérieur, c'est donc se préparer à y puiser une eau pure, longuement filtrée à travers le sol, parfois rocailleux, de nos vies mouvementées. Cette eau seule peut étancher réellement notre soif : c'est *l'élixir de la connaissance de soi*, la véritable pierre philosophale, le but de la quête. Il nous faudra pourtant revenir souvent au cœur de la forêt, près du puits de la sorcière, avant d'accepter de faire face à notre laideur et de payer le prix du passage. Pour cela, nous devrons embrasser et étreindre avec amour nos plus grandes peurs, nos ombres ainsi que tous les aspects sombres de notre être. Alors, nous pourrons nous plonger avec délectation dans les eaux de la vie qui nous permettront non seulement d'étancher *enfin* notre soif, mais aussi de rapporter un peu d'eau pour nos frères assoiffés.

Mais avant d'expérimenter la transformation intérieure à laquelle vous aspirez, savez-vous vraiment de quoi vous avez soif ? Dans votre quête, sans doute êtes-vous déjà parvenu mille fois près du puits et mille fois vous avez manqué d'y puiser ce qui pouvait étancher votre soif. Peut-être êtes-vous tout simplement passé à côté de lui, sans le voir, car il était masqué par des ombres ? Ou peut-être la hideuse sorcière qui s'y trouvait a-t-elle suscité en vous du dégoût ou de la peur qui vous a poussé à rejeter ou à fuir la situation ? Peut-être que ce que vous y avez entrevu exigeait un trop grand abandon personnel ? Un sacrifice auquel vous n'avez pas pu ou pas su vous résoudre, à ce moment-là… Dans la forêt de l'existence, trouver l'origine de la peur demande du courage, de la détermination et de la clarté d'esprit que peu d'entre nous possèdent. Puis, cela demande de lutter avec elle sans se soucier du bel aspect des choses. Cependant, il est bon de savoir que *de l'autre côté des ombres se trouve la lumière ou la source qui étanche toutes les soifs.*

C'est le cheminement et le sens de la quête à laquelle je vous invite tout au long de cette lecture. Cette quête, c'est celle d'un art de vivre qui puise ses racines dans différentes cultures, dans d'anciennes sagesses remises au goût de ce siècle qui, comme l'aurait dit André Malraux au cours d'un entretien avec Michaël de Saint-Cheron, « sera mystique ou ne sera pas ». Dans l'esprit agnostique de Malraux, pour qui les religions constituaient un poison mortel pour l'humanité, il appelle de ses vœux une prise de conscience intérieure qui intégrerait la dimension de la transcendance dans la psyché humaine. Cette dimension émanerait du cœur de l'Homme, de *sa profondeur.* Autrement dit, Malraux espérait l'émergence d'une nouvelle spiritualité aux couleurs de l'Homme et dont les racines seraient bien plus plongées dans notre puits intérieur que dans des références religieuses extérieures. Je n'en espère pas moins !

Ce que vous trouverez dans ce livre

Une méthode et une discipline...

Mon intention, avec cet ouvrage, est de vous montrer un chemin pour raccorder ce qui a été désaccordé au fil du temps, de vous aider à retrouver votre petite mélodie intérieure en vous mettant au diapason de votre musique intérieure. Jouer d'un instrument demande d'être pleinement présent et passe par l'amélioration de la capacité d'*attention* et de *concentration.* Tout au long de ce livre, je vais vous expliquer *pourquoi* la pleine conscience (*mindfulness*) est importante, *de quoi* il s'agit exactement, *comment* l'atteindre et la mettre en pratique et à quoi elle vous servira concrètement. Vous comprendrez mieux comment cette forme particulière d'*attention à l'instant présent* vous permet de vivre plus *en accord* avec vos émotions et, par conséquent, avec vous-même. En effet, en accordant votre mélodie intérieure, vous réduirez vos éventuels sentiments de colère, d'anxiété, de confusion ou de dépression. Vous découvrirez comment la pleine conscience vous aide, dans chacun de vos gestes quotidiens, à canaliser votre mauvais stress et, à l'opposé, de quelle façon cette pratique entraîne une sensation durable de calme, de sérénité et d'équilibre.

Vous développerez aussi une plus grande confiance en vous, ce qui vous donnera la force et l'envie de vous ouvrir aux autres d'une façon différente. Vous apprendrez comment clarifier votre esprit au milieu de la confusion, ce qui vous permettra de cultiver plus de créativité dans de nombreux aspects de votre vie personnelle, familiale et professionnelle. Vous réduirez votre sensibilité à la douleur, votre tension artérielle et votre rythme cardiaque tout en renforçant votre réponse immunitaire. Vous faciliterez l'atteinte d'un sommeil de qualité, pour une meilleure *santé globale*. Vous élèverez votre niveau de vitalité et d'énergie personnelle au point de reprendre des activités qui vous tiennent à cœur, mais que vous aviez peut-être délaissées depuis trop longtemps. Enfin, vous éduquerez votre mental de façon à mieux contrôler vos ruminations, ce qui renforcera votre sentiment subjectif de bien-être. La pratique de la pleine conscience vous permettra d'accorder, une corde après l'autre, tous les aspects de votre vie et de sonner de manière bien plus juste. Vous retrouverez de l'harmonie.

Pratiquer la pleine conscience demande de la *discipline*. On ne devient pas pianiste sans faire régulièrement ses gammes. Cela suppose de la volonté, de l'engagement, de la rigueur et de la persévérance. Il ne s'agit pas de devenir une machine ou un robot, mais on n'a rien sans rien. En plus, bien évidemment, les obstacles, les hauts et les bas ne manquent pas sur le chemin de la pratique.

Méditer, c'est s'engager dans un entraînement de l'esprit qui demande du temps. Ce n'est pas juste respecter une certaine discipline, c'est surtout faire face aux imprévus de la vie et à son humanité. Peut-être constaterez-vous alors, à nouveau ou pour la première fois, que nous avons le chic pour nous créer toutes sortes de problèmes, réels ou imaginaires. C'est en découvrant que ces obstacles font partie à part entière de la pratique elle-même que celle-ci peut réellement devenir *un style de vie, un art de vivre*. Ça vaut vraiment la peine de s'engager dans cette voie, et je vais essayer de vous le démontrer tout au long de ces pages.

... *adaptées à vos besoins (un livre à entrées multiples)*

Cet ouvrage, qui ne ressemble à aucun des livres existant actuellement sur le sujet, est construit en trois parties distinctes mais complémentaires. Vous pouvez le lire dans l'ordre du sommaire ou selon vos besoins.

Dans la première partie, j'expose les motifs pour lesquels je crois que la pleine conscience peut transformer profondément votre vie. Je livre mon regard sur les raisons qui peuvent motiver n'importe quel pratiquant à persévérer sur le chemin, malgré les obstacles.

Dans la seconde partie, je vous présente, sous 21 thèmes, les piliers sur lesquels peut reposer une pratique équilibrée de la pleine conscience. Ces thèmes forment un tout complet qui révèle, je l'espère, toute la saveur et la profondeur de cette pratique. Ils réunissent 7 attitudes, 5 obstacles et 9 bienfaits. Les voici dans l'ordre de présentation : le non-jugement, la patience, l'esprit du débutant, la confiance en soi, le non-effort, l'acceptation, le lâcher-prise, le désir sensuel, la colère, la torpeur, l'agitation, le doute, la transformation, l'authenticité, l'engagement, la créativité, la bienveillance, le bonheur, la liberté, la joie et l'amour authentique.

Dans la troisième et dernière partie, je réponds aux questions que les participants aux formations que j'anime me posent le plus fréquemment. Vous y trouverez bien plus que de simples trucs et astuces pour poursuivre votre chemin intérieur au travers de la pratique.

PREMIÈRE PARTIE

Qu'est-ce que la pleine conscience et pourquoi la pratiquer ? Un art de vivre dans un monde tourmenté

Pour ceux qui n'ont pas peur de s'abandonner au moment présent, sans arrière-pensée ni aucun désir de susciter ou d'éviter ce moment, le temps se métamorphose et devient éternel rayonnement.

Anthony de Mello

À une époque où nous sommes nombreux à chercher à nous détacher des liens réels ou supposés qui nous limitent dans notre épanouissement, comment pourrions-nous refuser la proposition d'apprendre à mieux nous relier à nous-mêmes ? Dans tous les aspects qui touchent la vie quotidienne, santé, mieux-être, éducation, relations interpersonnelles, affaires, arts, sports de haut niveau, politique…, l'entraînement à la pleine conscience semble détenir un puissant potentiel de transformation de nos vies.

Dans cette première partie, je vous explique ce qu'est et ce que n'est pas la méditation pleine conscience et à quoi elle peut servir dans notre monde tourmenté. Elle répond à un besoin profond de notre âme, besoin de repos, de quiétude et de s'installer dans le moment présent. Pourtant, en raison de la vie que nous menons, nous nous éloignons toujours de cette vie simple qui, paradoxalement, demande une grande rééducation. C'est pourquoi je commencerai par vous montrer quels sont les effets du manque d'attention dans nos vies, la force de nos conditionnements, pour ensuite vous présenter ce qu'est une vie « réincarnée » grâce à la méditation pleine conscience.

CHAPITRE I

Ce qui nous empêche d'être heureux aujourd'hui

Il était une fois un vieux moine qui avait élu domicile au sommet d'un arbre. Par goût de la simplicité, il s'était bâti une installation que l'on jugeait précaire et passait le plus clair de son temps à méditer. Les villageois des alentours le vénéraient et lui apportaient chaque jour des offrandes de nourriture, qu'ils déposaient dans un panier au pied de l'arbre. De temps à autre, le maître hissait le panier à l'aide d'une corde reliée à sa frêle demeure. Dans le village tout proche, on pouvait entendre les uns et les autres polémiquer sur les risques de chute du vieux maître, qui s'était pourtant installé là des années auparavant.

Un négociant ambulant réputé, qui était de passage dans la région, entendit parler du moine. Très préoccupé par toutes sortes d'affaires et en piètre santé à force de courir le monde, il décida de rendre visite au maître et de lui présenter une offrande. Il espérait ainsi s'accumuler des mérites afin de recevoir la bénédiction des dieux pour sa guérison et son commerce. Lorsqu'il arriva au pied de l'arbre, le vieux maître était silencieux, profondément absorbé par sa pratique. Les yeux mi-clos, assis en lotus sur sa petite plateforme perchée, il avait le dos bien droit et les mains posées l'une dans l'autre. Sa pratique dégageait une grande sérénité, bien que le balancement doux et régulier de l'arbre, dans un léger grincement, fût immédiatement un sujet d'inquiétude pour le commerçant.

Rempli d'ardeur et de peurs, de désirs et d'aversions, d'ambitions et de répugnances, le marchand s'adressa au moine en ces termes : « Prenez garde à vous, vieux maître. Votre situation est très dangereuse. Vous pourriez tomber de cet arbre et vous rompre le cou ! » Il ne reçut, pour seule réponse, qu'un long silence. Le maître n'avait pas bougé d'un poil et continuait tout simplement sa pratique. Après un temps qui parut une éternité au commerçant, ce dernier, déçu, se leva pour retourner à ses affaires. C'est à ce moment-là que le moine lui adressa ces paroles : « Mon cher ami, vous êtes un marchand. Je peux d'ici ressentir votre esprit agité et tourmenté. Je perçois également votre corps qui souffre des excès de la vie que vous menez. Vous vivez sous l'emprise des passions. Ce sont vos émotions qui déterminent vos actions. De nous deux, si quelqu'un court un grand danger ici, c'est bien vous. »

À l'instant même, le négociant eut conscience de sa servitude. Il entrevit le choix qui s'offrait à lui de mener sa vie comme il l'avait fait jusqu'ici ou de changer quelque chose. « Maître, demanda-t-il alors humblement, que dois-je faire pour devenir libre ? » Le moine répondit : « Pratiquez ce qui est juste et cherchez sans cesse votre vrai visage. » Puis, le vieil homme retourna dans le silence.

Comment devenons-nous des zombies ?

Comme le marchand de l'histoire, je suis certain que vous êtes parfois très préoccupé par toutes sortes de problèmes. Ces préoccupations, conscientes ou inconscientes, influencent sans aucun doute à la fois votre perception et votre expérience de l'instant. Ainsi, vous est-il déjà arrivé de vous lever de votre chaise pour une raison précise puis, l'instant d'après, de vous arrêter en vous demandant : *qu'est-ce que j'allais faire au juste ?* Êtes-vous déjà entré dans une pièce avec l'idée d'y faire quelque chose, mais incapable de vous souvenir de la raison de votre présence à cet endroit ? Avez-vous déjà plongé la main dans un paquet de friandises et constaté que vous l'aviez terminé, machinalement, sans même y avoir prêté attention ? Êtes-vous déjà entré dans une douche avec un vêtement que vous aviez omis d'ôter ou avec vos lunettes encore sur le bout du nez ? Connaissez-vous cette sensation étrange de vous rendre vers un lieu familier et, parvenu à destination, de ressentir soudain que vous n'avez absolument pas eu conscience du trajet, comme si vous aviez été téléporté instantanément ? Vous est-il déjà arrivé de vous faire répéter quelque chose – *qu'est-ce que tu disais, chérie ?* – parce que vous n'étiez pas réellement présent dans une conversation ? Les expressions « être absorbé, être ailleurs, être perdu dans ses pensées, être distrait, rêveur, pensif, songeur » vous sont-elles familières ? Êtes-vous étourdi au point de chercher régulièrement votre portefeuille, vos clés, vos lunettes ou votre téléphone intelligent et, en les retrouvant, vous dites-vous quelque chose comme : *ah oui, c'est vrai, c'est bien là que je les avais rangés…*

Si vous vous reconnaissez dans au moins une de ces situations, c'est que vous faites bien partie du genre humain ! Alors, félicitations ! Vous partagez aussi avec vos congénères ce mode de fonctionnement que j'appelle, pour plaisanter (mais pas que pour ça), le « mode zombie ». Vous avez sans doute déjà entendu parler de ces malheureuses créatures, issues à l'origine de la tradition vaudou, qui ont perdu toute forme de conscience et de raison. Ces pauvres créatures n'ont d'ailleurs pas la réputation d'être des modèles de bonheur et d'épanouissement. D'ailleurs, je n'ai encore jamais rencontré une personne qui rêve sincèrement devenir un jour un zombie ! Ils ne sont ni vraiment vivants ni vraiment morts. Ils n'ont aucun pouvoir de décision, aucune personnalité, aucun caractère. La notion de choix leur est parfaitement étrangère. Ils sont téléguidés uniquement par leur mission et leurs pulsions, souvent agressives, voire meurtrières. Ils ne sont rien de plus que des marionnettes, des enveloppes charnelles, des machines – à l'aspect pas très attirant, soit dit en passant – qui réagissent sous l'influence de circonstances qui les dépassent.

Agir sans aucune conscience d'agir, c'est au mieux réagir. Comme les zombies, les humains *ré*-agissent bien plus souvent qu'ils n'agissent. Un grand nombre de nos comportements quotidiens se font en *ré*-action – c'est-à-dire comme par réflexe – à des stimuli dont nous n'avons le plus souvent même pas conscience. Vous *ré*-agissez, vous aussi, très souvent de façon automatique, comme un zombie. Vous doutez ? Eh bien si, j'insiste ! Il existe des émotions qui vous submergent depuis longtemps ou des pensées parasites récurrentes qui font pleinement partie du film mental que vous vous reprojetez, de façon quotidienne. Ces émotions et ces pensées entraînent des comportements réactifs, des schémas conditionnés qui engendrent des effets dont vous ne voulez peut-être plus, mais dont vous ne savez pas toujours comment vous débarrasser. Tous ces moments de votre vie – où les circonstances extérieures semblent décider de vos comportements – sont vécus en mode zombie. Vous comprenez l'analogie ? Chaque fois qu'ils se produisent, c'est comme si des automatismes prenaient le contrôle de votre vie. Vous manquez alors de choix dans la façon qui vous paraît la plus juste ou la plus appropriée de répondre, en conscience, aux événements de votre existence. Je vous souhaite la bienvenue dans le monde décervelé des zombies !

Comprendre ce qui fait de nous des zombies

L'immense majorité des êtres humains n'a aucune conscience de fonctionner de façon automatique une bonne partie du temps. Les conditionnements sont tellement naturels que, le plus souvent, on ne peut qu'en constater les effets ou les conséquences, après coup. Le mode zombie se met en place à notre insu et les comportements qui en découlent se font de façon complètement machinale. C'est comme si votre corps et votre esprit étaient *déconnectés* l'un de l'autre. Si je devais comparer la vie à une gare ferroviaire, je dirais que, chaque fois que vous agissez sans conscience, votre esprit est monté dans un train alors que votre corps est toujours sur le quai. Et c'est vraiment un point clé : bien que votre esprit puisse monter dans ce que j'appelle des « trains de pensées », votre corps demeure toujours ici et maintenant. Autrement dit, vous avez beau penser au passé ou au futur, votre corps n'existe que *dans le présent*. Comment pourrait-il en être autrement ? Une autre façon de présenter les choses serait de dire que, lorsque vous êtes en mode zombie, il n'y a plus de machiniste dans la locomotive, qui avance toute seule sur les rails de votre vie. Vous êtes en mode *pilotage automatique*. Votre corps peut continuer à respirer, à se déplacer, à se nourrir, à bouger des objets et à accomplir de nombreuses autres tâches, sans que vous n'y prêtiez plus aucune *attention*.

Voici un autre point clé : lorsque ces moments d'absence ou d'inattention se produisent, il est fort probable que le train de pensées dans lequel vous êtes monté soit constitué d'une chaîne de wagons de rumination. Chacun de ces wagons représente une de vos préoccupations. Certains se trouvent à l'arrière du train, d'autres à l'avant. Certains wagons sont relativement vides tandis que d'autres débordent d'émotions et de pensées. Tel un héros de film américain sur un train qui roule à vive allure (c'est mon côté western), l'esprit saute d'un wagon à l'autre à une vitesse folle et dans un brouhaha de dingue ! Il existe même – si vous saviez – une partie de vous qui commente, juge et parle toute seule de façon *quasi* permanente. Il arrive même que, lorsque vous voulez vous endormir et faire un peu de silence dans votre tête, cette partie prenne possession de vous et bavarde continuellement sans que rien semble pouvoir l'arrêter. J'appelle ce processus « le roi des bavards ». Bon, il m'arrive aussi de parler de M. Bavard et Mme Pipelette. Mais vous avez compris l'idée : il s'agit d'un roi sorcier, tyrannique, qui étend son emprise sur votre existence. Son pouvoir est si grand qu'il vous est plus facile d'arrêter de respirer pendant une minute que d'arrêter de penser pendant une minute. Vrai ou pas ?

Le roi des bavards refait mille fois la journée, discourt dix mille fois au sujet du lendemain, fait cent mille plans, évoque constamment des envies et des désirs, s'inquiète en permanence à voix basse et parle régulièrement tout seul à voix haute. Il rumine, ressasse, argumente, remâche, répète, juge, disserte, chicane, pérore, commente, conteste, rebat sans cesse les cartes et discute parfois à votre insu et contre votre volonté de tout ce qui le préoccupe sans arrêt. C'est un véritable dominateur despotique ! Vous aimeriez pouvoir le détrôner, le chasser, le bâillonner, le museler, le déloger, l'enchaîner, le dompter, le soumettre, mais, comme une savonnette, il vous glisse entre les doigts à chaque tentative de l'arrêter. C'est lui le sorcier intérieur qui commande votre mode zombie. C'est une véritable machine à produire des pensées en série, un « penseur en série » de la pire espèce ! Et lorsqu'il se met en route, c'est comme si vous perdiez tout contrôle, comme si vous tombiez sous son influence et deveniez votre pire cauchemar : un zombie ! Force est de constater que beaucoup d'entre nous passent leur vie à subir ses outrages, sans en avoir vraiment conscience. Et beaucoup d'autres le traquent depuis des années, sans parvenir à le ralentir ou à l'arrêter, malgré les nombreux indices que le suspect laisse derrière lui.

D'après le Dr Daniel Amen, psychiatre spécialiste des troubles cérébraux, notre esprit générerait environ soixante mille pensées par jour à notre insu. Mais le vrai sujet est que 95 % de ces pensées seraient identiques à celles de la veille, de l'avant-veille… et que près de 80 % d'entre elles seraient négatives. Selon lui, ce processus de pensée automatique serait commun à tous les êtres humains. La *Public Health and Safety Organisation* estime, de son côté, que le nombre quotidien de pensées varierait en fonction de l'état intérieur de chacun. Quelles que soient les estimations, notre cerveau produirait environ une pensée toutes les un à deux secondes. C'est considérable ! Le psychologue et économiste Daniel Kahneman, lauréat d'un prix Nobel et connu, entre autres, pour ses travaux sur l'économie du bonheur, parle à sa façon du roi des bavards. Il décrit un phénomène de « présent psychologique » : il existerait, selon lui, une fenêtre de deux à trois secondes dans laquelle nous serions complètement dans la présence à l'instant, tout le reste étant soit déjà passé soit à venir.

De cette façon, des cycles de pensées souvent négatives deviennent chroniques, s'autoalimentent et finissent par produire un sentiment d'incapacité qui génère du mauvais stress et prédispose à l'anxiété. C'est ce que j'appelle le « mode zombie » parce que c'est comme un programme qui prend le contrôle de notre vie : le mental démarre au quart de tour, comme un moteur bien huilé, et il nous empêche, entre autres, de trouver le sommeil et, plus globalement, d'être présents dans notre vie à chaque instant. Nous n'arrivons plus à arrêter le programme parce que nous ne sommes même plus conscients que ce programme de pilotage automatique existe.

L'une des particularités du mode zombie, c'est qu'il « veut autre chose que ce qui est présent ». Quand nous sommes à la maison, en famille par exemple, nous ruminons mentalement nos problèmes professionnels et, quand nous sommes au travail, nous ressassons nos difficultés familiales. L'esprit est toujours ailleurs, préoccupé par autre chose que l'instant présent, rongé par la peur, les remords au sujet de ce qui n'est plus ou par l'inquiétude au sujet de ce qui n'est pas encore. Lorsque cela se produit – et cela se produit très souvent –, notre vie se passe en partie sans nous, quelque part dans « un avant ou un après », mais pas *ici et maintenant*.

Ainsi, toutes les pensées qui obstruent notre esprit concerneraient le passé ou l'avenir : Ai-je bien fait ? Comment aurais-je pu faire autrement ? Qu'aurais-je dû répondre ? Pourquoi ai-je échoué ? Comment cela se serait-il passé si… ? Pourquoi cela m'est-il arrivé ? Qu'ai-je fait pour mériter ça ? Comment vais-je faire pour réussir ? Comment vais-je faire pour ne pas échouer ? Et si ça se passait comme ceci ou cela, que devrais-je faire ? Que devrais-je répondre si l'on me demande de… ? Et blablabla et reblablabla… Un vrai tyran, vous disais-je.

Une étude menée auprès de deux mille deux cent cinquante sujets de dix-huit à quatre-vingt-huit ans par deux psychologues de la prestigieuse Université de Harvard montre que *nous ne sommes pas heureux lorsque nous manquons d'attention à l'instant présent*. Or, ce manque d'attention se produirait pendant 46,9 % de notre journée, soit la moitié de notre temps d'éveil ! D'après Matthew A. Killingsworth et Daniel T. Gilbert, coauteurs de l'étude, *la capacité à penser à ce qui ne se passe pas est une réussite cognitive qui a un coût émotionnel. L'esprit humain est un esprit errant et un esprit errant est un esprit malheureux*. Je parle de zombies, eux, d'esprits errants !

Ce n'est pas votre faute – les marchands d'attention et vous

Toute la société s'est mise au service de notre tendance à manquer d'attention et à vivre selon des habitudes en nous offrant de quoi satisfaire nos cinq intérêts basiques : l'*apparence*, les *relations*, la *performance*, la *prospérité* ou le *confort*. Notre appétit pour ces intérêts engendre une superficialité dont je m'étonne toujours en observant, par exemple, ce qui est proposé au grand public dans les téléréalités ou sur les réseaux sociaux. Ces intérêts y sont savamment utilisés pour attirer l'attention du grand public en entretenant l'illusion d'une existence satisfaisante au travers du regard des autres. Malheureusement, tous ces intérêts, orientés vers l'extérieur de soi, ne permettent pas de trouver ce que le moine perché dans son arbre appelle « notre vrai visage » qui, lui, est intérieur. Tout comme l'est la source de l'attention. En définitive, c'est bien de cela qu'il s'agit : de la façon dont nous orientons notre attention dans l'existence. Mais en quoi l'attention est-elle liée au sujet qui nous intéresse dans ce livre ? Peut-être parce que notre attention a beaucoup de valeur et qu'elle est au cœur de la pratique de la pleine conscience.

Un sociologue de la seconde moitié du XIXe siècle, Gabriel Tarde, avait déjà compris qu'avec l'ère de l'industrialisation venait la surproduction. Il savait que le domaine de la publicité, tout juste émergent à l'époque, jouerait un rôle central dans toute l'économie. Comment ? Tout simplement en attirant l'attention d'acheteurs potentiels sur des biens et services de plus en plus nombreux. En 1969, l'économiste et sociologue américain Herbert Simon publie un article opposant les sociétés du passé aux sociétés actuelles. Selon lui, les premières sont pauvres en information, tandis que les secondes sont riches en information. La différence vient de ce que, déjà à ce moment-là, une quantité d'informations supérieure à nos capacités attentionnelles est disponible. En 1989, Georg Franck, sociologue et architecte allemand, propose une première approche analytique dans le domaine de « l'économie de l'attention ». D'après lui, ce modèle se construit autour de trois points : une *unité de mesure* de l'attention, une *forme de capitalisation* de l'attention et des organisations fonctionnant comme des *banques de la monnaie attentionnelle* !

Concrètement, les unités de mesure actuelles de l'attention, l'audimat, s'appellent Mediamat^{MD} ou PageRank^{MD}. Des baromètres de notoriété des marques permettent de mesurer la façon dont le public a appris à connaître telle ou telle marque. Des médias de masse comme Google ^{MD} ou Facebook^{MD} permettent d'acheter et de vendre de l'attention ! Cette économie existe donc déjà bel et bien et son existence a été révélée au grand public en juillet 2004. Une polémique a suivi une déclaration de Patrick Le Lay, alors président-directeur général de la chaîne française TF1, qui parlait du modèle économique de la chaîne. Il a dit ceci : « Ce que nous vendons à Coca-Cola[MD], c'est du temps de cerveau humain disponible. » Je crois qu'on ne peut pas être plus clair sur l'importance et la valeur de notre attention pour les marques et pour l'économie de marché. Personne, à ce jour, ne peut réellement savoir où l'utilisation marchande de ce temps de cerveau humain disponible – et ses conséquences psychologiques et sociales – mènera les masses. Certains, comme le philosophe Bifo, parlent déjà de *neurototalitarisme* quand d'autres s'affolent de l'explosion des troubles de l'attention dès la petite enfance.

Comme le soulignait le moine au marchand, dans l'histoire au début de ce chapitre, nous vivons sous l'emprise de nos passions et, à cause de cela, nous nous mettons en grand danger. Il s'agit d'*avoir* toujours plus de ce que j'appelle « les trois fléaux de l'humanité » : le *pouvoir*, l'*argent* et le *sexe*. Réfléchissez un instant. Ce sont nos trois principales sources de lutte depuis toujours : dominer par la force ou la ruse pour mener le clan, posséder des richesses et des biens et s'attirer les faveurs du sexe convoité. Tout un programme qui va de pair avec le concept de manipulation, dont Sun Tzu parle dans son fameux livre *L'art de la guerre*. Cet ouvrage, daté d'on ne sait plus quand, peut-être du ve siècle avant Jésus-Christ, voire bien avant, fait toujours partie du programme de certaines grandes écoles. Bref, ça ne date pas d'hier ces histoires et ça n'est pas fini ! Ce qui est sûr, c'est qu'avec l'essor incroyable de certaines technologies modernes, manipuler les masses est devenu beaucoup plus facile et rentable.

Dans le même temps, notre mode de vie est devenu plus rapide, plus superficiel, plus bruyant, plus polluant, plus addictif et plus insatisfaisant que jamais. Bien trop souvent, nous sommes dépendants d'outils numériques qui, à coup de notifications visuelles ou sonores, stimulent notre système neuronal de récompense. Saviez-vous que ce système commun aux mammifères est directement lié au plaisir, à la motivation et aux apprentissages réalisés par le conditionnement ? On l'appelle aussi « système de renforcement » ! Il permet, par exemple, de *se sentir lié*, même virtuellement, à une communauté dont on reçoit *avec plaisir* des messages ou des annonces. Chacune de ces notifications agit comme un stimulus appétitif qui provoque le renforcement du comportement de consommation de l'outil pourvoyeur de plaisir et, donc, qui *amplifie la dépendance.* Agir sur les circuits du plaisir en nous offrant toutes sortes de divertissements et de distractions, correspondant à nos centres d'intérêt, est donc un excellent moyen de capter notre attention pour nous vendre des biens et des services. Quelle meilleure manière, commercialement parlant, d'utiliser le mode zombie ?

D'après les déclarations du journaliste Nick Bilton publiées dans le *New York Times* MD en 2014, les dangers seraient tels que le fondateur d'Apple, Steve Jobs, lui aurait déclaré limiter au maximum les usages par ses enfants de technologies comme l'iPad MD. Toujours d'après ce journaliste, de nombreux cadres de la Silicon Valley, connaissant les risques, agiraient de la même manière. Une journaliste de *The Atlantic* MD, Hannah Rosin, aurait constaté un phénomène similaire chez les concepteurs d'applications pour enfants. On peut également lire, ici et là sur le Web, que plusieurs cadres d'acteurs majeurs comme Google MD Yahoo MD et eBay MD auraient inscrit leurs enfants dans des écoles qui appliquent la pédagogie Waldorf. On n'y laisse *aucune place* aux médias numériques avant quatorze ans. Selon cette approche, lorsque la technologie est introduite trop tôt dans un environnement d'apprentissage, la façon naturelle, instinctive, créative et curieuse de nouer des relations avec le monde peut être entravée. L'objectif de ces écoles est de « former des individus capables, en eux-mêmes et par eux-mêmes, de donner un sens à leur vie ». Je ne dirai pas mieux.

En 2017, Tim Berners-Lee, inventeur du Web, pointait, vingt-huit ans après avoir présenté son projet initial, les dérives et les responsabilités des réseaux sociaux et des moteurs de recherches, devenus les principaux canaux d'accès à l'information. Une étude publiée par *Pew Research* montrait alors que 47 % des utilisateurs américains utilisaient Facebook MD pour s'informer en 2013, contre 63 % en juillet 2015. Berners-Lee a déclaré : « Ces sites gagnent davantage d'argent quand nous cliquons sur les liens qu'ils nous proposent. Et ils sélectionnent le contenu proposé en fonction d'algorithmes qui apprennent de nos données personnelles récoltées en permanence.» Il s'agit de faire cliquer davantage les utilisateurs – quitte à encourager la prolifération de « contenus surprenants, choquants ou destinés à correspondre à nos opinions». Cet argument a même été utilisé dans la fameuse affaire Cambridge Analytica qui a plongé Facebook MD dans une crise historique. Les données personnelles de cinquante millions d'utilisateurs auraient été aspirées à l'insu du réseau social et utilisées pour faire pencher l'élection présidentielle américaine de 2016 au profit de Donald Trump, en mettant en avant des *fakes news* concernant Hillary Clinton. Ces fausses nouvelles auraient évidemment *détourné l'attention* de millions d'électeurs dont le vote, on le sait, est plus souvent basé sur des opinions fragiles que sur de solides convictions. Quel que soit le pays, les électeurs sont très faciles à manipuler.

Votre attention, si vous ne le saviez pas, est donc l'objet d'une féroce guerre politico-économique. Accaparer votre esprit, capter votre temps de cerveau disponible peut, en effet, non seulement rapporter des milliards, mais également, on l'a vu, faire basculer le destin du monde. L'immense majorité d'entre nous qui vit en mode zombie n'a évidemment pas la moindre conscience ni de ce combat ni de ses enjeux. Tout cela se joue discrètement, en coulisse. Et cela commence dès le plus jeune âge : il s'agit de capter notre attention autour de technologies qui deviennent addictives et seraient même conçues comme telles. Loin de moi l'idée de parler d'un quelconque complot. Qu'il existe ou non, il s'agit avant tout d'affaires, de nous vendre des biens et des services récurrents. En développant les aspects plaisants et divertissants de ces outils, les vendeurs entretiennent et utilisent, avec notre consentement, notre système neuronal de récompense. Alors, non seulement nous nous faisons naturellement des films mentaux en permanence, mais une partie des objets que nous utilisons tous aujourd'hui consomment volontairement et constamment notre attention ! Pour cela, les marchands utilisent des distractions qui maintiennent le plus grand nombre d'entre nous dans l'ignorance et l'idée, évidemment fausse, que le bonheur se trouverait quelque part par là, dehors, à l'extérieur de soi.

Reprendre les commandes de son attention

Ruminer et être diverti, est-ce naturel ? L'inexistence réelle de vos ruminations

La bonne nouvelle est que l'errance de l'esprit peut cesser. Vous n'êtes pas condamnés à être des esprits malheureux. Il est possible de fonctionner autrement qu'en mode zombie, de vous libérer de l'emprise du roi des bavards. Vous êtes capable de retrouver votre liberté de choisir comment répondre en conscience aux événements de votre vie. Pour tout cela, prendre conscience que vous remâchez sans cesse dans votre tête des pensées, dont vous n'avez finalement que peu conscience, est un premier pas très important. Réaliser que ces ruminations concernent des situations passées ou futures est un autre pas crucial. En effet, par définition, ce qui est passé n'existe *plus* et ce qui est à venir n'existe *pas encore*. Les circonstances d'un instant n'étant plus jamais exactement ce qu'elles ont été à ce moment précis – le passé est terminé et ne se reproduira jamais à l'identique. Quant à l'avenir – essentiellement de nature incertaine – qui peut dire ce qu'il sera exactement ?

Dans un cas comme dans l'autre, vos ruminations n'ont aucune existence concrète. Je peux vous assurer que personne n'a jamais croisé vos ruminations dans la rue ! Elles sont aussi illusoires que votre reflet dans un miroir. En revanche, concrètement, elles *consomment* une grande partie de votre attention au point que, par exemple, lorsque vous posez votre portefeuille sur le dessus du frigo, vous n'êtes pas présent. Pendant que votre corps dépose cet objet de façon automatique, votre esprit projette des pensées dans un ailleurs irréel, inexistant, sans substance. Vous manquez d'attention et c'est la raison pour laquelle vous ne vous souvenez pas de l'avoir déposé là.

La peur du passé ou de l'avenir s'invite presque à chaque instant dans votre quotidien. Vous êtes inquiet des erreurs que vous avez faites ou auriez pu faire et préoccupé par des regrets ou de la culpabilité. Vous êtes aussi soucieux pour toutes sortes de projets parfois angoissants sur votre capacité à réussir ou sur votre légitimité. Votre esprit est agité, confus, tourmenté et votre corps finit par *exprimer* toutes sortes de choses. Dans la langue secrète dite « des oiseaux », qu'affectionnent les alchimistes[1], on peut faire dire aux mots bien plus que ce qu'ils signifient. Leur sens caché peut amplifier leur sens premier ou, au contraire, s'y opposer. Ainsi, lorsque votre esprit se trouve dans l'état que j'ai décrit, il génère de l'*inquiétude*: entendez phonétiquement *hein, qui es-tu?* Il se peut même que surgissent des *maladies*. Entendez ici *mal a dit*. Puis, lorsque vous prenez le *mal* de «maladie» et que vous le lisez à rebours, vous entendez *l'âme*... Vous me suivez? Ainsi, la maladie peut devenir une manifestation, dans le corps, de l'âme. C'est: ce que *l'âme a dit*. L'alchimie posait-elle les prémices de ce que nous appelons aujourd'hui la médecine corps-esprit? Je vous laisse en juger par vous-même.

En mode zombie, c'est comme si vous passiez votre vie à vous faire un film! Le plus incroyable, c'est que si vous n'y prenez pas garde, il se pourrait même que vous preniez votre scénario pour la réalité. Comme dans le film *Matrix* des Wachowski – que je vous recommande chaleureusement –, nous prenons ce que nous projetons à l'extérieur pour la réalité. Tellement identifiée à l'histoire que vous vous racontez, cette réalité semble devenir réelle, presque solide. Le monde qui vous entoure, votre personnalité, vos sensations, vos émotions, vos pensées et tout ce qui émerge dans votre esprit *semblent* tellement vrais. Pourtant, il ne s'agit que d'ombres projetées sur un écran par votre lumière intérieure.

La réalité du monde selon les Anciens

Les Anciens de toutes les traditions le disent depuis longtemps: ce que nous appelons le monde est une illusion projetée à l'extérieur par nos perceptions et nos pensées. Votre corps habite forcément là, dans le présent, mais votre esprit, lui, est perdu quelque part ailleurs. Il est obsédé par *ce qui s'est passé, aurait pu se passer, aurait dû se passer* ou *se*

---

1. Sandrine Campese, «Le sens caché des oiseaux (ou langue des oiseaux)», décembre 2014, consulté en ligne sur *Projet voltaire*. https://www.projet-voltaire.fr/origines/le-sens-cache-des-mots-ou-langue-des-oiseaux/

passera peut-être. C'est littéralement un obsédé mental ! Mais si vous vous attardez vraiment sur ce que vous percevez, si vous ralentissez le film en focalisant votre attention sur ce qui émerge dans le champ de votre conscience instant après instant, peut-être découvrirez-vous qu'il ne s'agit en fait que d'une succession d'images immobiles. Vos émotions et vos pensées ne sont que des états passagers et illusoires projetés sur l'écran de votre conscience.

Nous avons tendance à penser que tout ce que nous percevons du monde est objectif, réel. Pourtant, la mouche, le dauphin ou la vache perçoivent-ils le monde à l'identique ? Non, bien entendu. Même ma conjointe semble ne pas percevoir les mêmes choses que moi lorsque nous nous promenons ensemble ou lorsque nous assistons à un spectacle. Il y a le niveau des *perceptions sensorielles* et celui des *interprétations cognitives*. Tout cela se joue à notre insu, en quelques millisecondes qui déterminent à la fois ce que nous voyons du monde et, aussitôt, le sens que nous donnons à la vie. Mais, en fin de compte, cet ensemble de sensations, de perceptions et d'interprétations uniques constitue simplement notre *modèle du monde personnel*, non la réalité telle qu'elle existe vraiment.

Ce que nous appelons réalité n'est donc qu'une façon subjective, relative et contextuelle d'interpréter le monde qui nous entoure, en fonction de notre modèle personnel, afin de le comprendre, de nous y orienter et de le maîtriser. Le modèle du monde que nous défendons, que nous promouvons et que nous transmettons à nos enfants n'est qu'une façon parmi des milliards de considérer la nature de la réalité. D'ailleurs, ce qui nous paraissait vrai hier ne le sera peut-être plus demain, par exemple à cause d'une expérience nouvelle, d'une perte ou d'une maladie qui modifiera en profondeur notre perception et notre compréhension de la vie. Tout change en permanence. « La seule certitude, c'est que rien n'est certain », écrit Pline l'Ancien. Alors, autant apprendre à rire de nos certitudes d'hier et ne pas nous prendre trop au sérieux. Pour le dire autrement, autant veiller à ce que nos convictions d'hier n'empêchent pas nos découvertes d'aujourd'hui.

La philosophie indienne utilise le mot sanskrit *līlā* qui signifie « jeu » pour décrire la nature de notre existence : la vie ne serait finalement qu'un immense jeu, comme un ballet des âmes orchestré par les divinités dans une fabuleuse danse cosmique. Le divin se cacherait derrière la *Maya*, la magie des apparences du monde des phénomènes, illusoires, perçus par nos sens. Au cours d'une vie, nous expérimentons la magie des sensations, des émotions, des pensées. Nous vivons également des changements, des joies, des souffrances, des séparations et des drames. Nous nous attachons à ces phénomènes passagers ou nous les rejetons, ce qui perpétue le cycle de la souffrance. Toutes ces manifestations passagères, à l'échelle de nos courtes vies, sont pourtant autant d'expressions du caractère impermanent et illusoire de tous les phénomènes.

Prenons pour exemple la couleur bleutée d'un ciel d'été que nous admirons lorsque nous sommes allongés sur une plage. Ce ciel bleu – que j'aime tant – n'a pas de réalité propre, bien que nous pensions qu'il existe réellement: derrière le ciel bleu et sans nuages se cache l'immensité de l'espace intersidéral qui nous est masquée par la lumière solaire se diffusant dans notre atmosphère. Si cette dernière n'existait pas, nous verrions une voûte céleste toute noire et les étoiles seraient visibles en plein jour. Le ciel bleu n'« existe » qu'en raison d'une conjonction de circonstances et de phénomènes passagers, mais il n'a pas de réalité tangible qui permettrait de le saisir. Dès que la Terre aura une position différente par rapport au Soleil, la couleur du ciel changera pour offrir un magnifique coucher de soleil, puis une nuit étoilée. Le ciel bleu est donc une illusion d'optique qui n'a pas plus de solidité intrinsèque qu'une aurore boréale ou un arc-en-ciel. D'ailleurs, les arcs-en-ciel ne s'attrapent pas. Si vous essayez de vous rapprocher pour en saisir un, comme s'il avait une existence concrète, il disparaît aussitôt! Exactement comme disparaît une sensation, une émotion ou une pensée que le méditant observe sans saisie ni rejet. Aucun de ces phénomènes n'a une existence propre.

Tout ce que nous percevons et interprétons de la vie – sensation, émotion, pensée, changement, joie, souffrance, séparation et drame – fait partie du grand jeu de l'incarnation. Un jeu d'ombres et de lumières qui masquent la nature des choses telles qu'elles sont. Tout ce que nous appelons « notre vécu » n'existe qu'au travers de notre regard. Il suffit d'observer les supporteurs passionnés lors d'un match de foot pour constater que, lorsqu'un but est marqué, il peut être vécu comme un drame ou comme une joie ineffable en fonction du camp auquel on appartient et du regard qu'on porte sur un même événement. Le phénomène est identique, vous en conviendrez, mais c'est notre interprétation de l'événement qui crée de la joie ou de la souffrance. Est-ce vraiment différent de la vie ? Je n'en suis pas si sûr… Bien des choses se résument à une question de perspective. Notre vie se joue sur un terrain où nous sommes tout à la fois notre adversaire, notre arbitre, notre supporteur et notre commentateur. Tant que nous ne réalisons pas que nous sommes à la fois auteur, acteur et spectateur de nos souffrances, le jeu des illusions continue : nous modelons alors notre vie en réaction à des perceptions illusoires et conditionnées.

Arrêter d'être un pantin, c'est possible : porter à nouveau l'attention au monde

Tout ce que j'ai partagé avec vous jusqu'ici était destiné à vous indiquer certaines des raisons naturelles, neuronales et sociétales pour lesquelles nous manquons le plus souvent d'attention, ainsi que leurs conséquences sur notre quotidien. Pointer en permanence le doigt vers l'extérieur pour y trouver des coupables ne servirait à rien. Si quelque chose doit changer, cela ne se trouve pas en dehors de nous, mais bien en nous, dans *notre façon de porter attention au monde.*

Ce que je vise, en fait, ce sont des conditionnements qui déprécient grandement la qualité de moments qui, si nous étions pleinement attentifs, pourraient être bien plus épanouissants. Ce peut être comme lorsque, par manque d'attention, nous discutons avec notre conjoint ou nos enfants sans vraiment les écouter ou quand nous demandons machinalement à nos collègues comment ils vont sans être réellement attentifs à leur réponse ou lorsque nous passons une journée entière à suivre des notifications ou des vidéos sur les réseaux sociaux au lieu d'avancer un projet qui nous tient pourtant tellement à cœur.

Ce que je veux mettre en lumière ici, ce sont aussi toutes les habitudes mentales, liées à des émotions mal accueillies, qui débouchent sur des agissements dont nous aimerions nous débarrasser. Des attitudes qui nous collent à la peau, comme une seconde nature, comme exploser de colère pour des raisons futiles, fumer pour se détendre, se soumettre par peur du conflit, boire pour oublier sa tristesse, se droguer pour se sentir mieux, manger pour se consoler, ne pas oser par crainte du jugement d'autrui, se rendre malade faute de communiquer, se faire un sang d'encre pour des choses peu importantes, en avoir plein le dos d'un contexte qui ne convient plus sans savoir comment s'en extraire, ruminer sans pouvoir s'arrêter.

Dans tous ces aspects de nos vies, c'est comme si nous n'étions pas réellement aux commandes, comme si nous étions un pantin qu'un sorcier vaudou actionnerait par des fils invisibles. Il faut parfois passer dans la fournaise du creuset pour le réaliser : une maladie grave, un accident douloureux, la perte d'un être cher, un licenciement brutal, un divorce inattendu, une expérience intense ou, plus rarement, une rencontre bouleversante… Or, cela peut être profondément remuant, voire choquant, de prendre conscience que nous avons passé une grande partie de notre vie à être le jouet des circonstances, comme des zombies. Le monde entier en est envahi, mais tout n'est pas perdu.

Et s'il était possible de décider intentionnellement de vivre les choses différemment ?

CHAPITRE 2

La pleine conscience, une pratique nouvelle ?

Une vieille légende hindoue raconte qu'il y eut un temps où tous les hommes étaient des dieux. Mais ils abusèrent tellement de leur divinité que Brahma, le maître des dieux, décida de leur ôter la conscience divine et de la cacher à un endroit où il leur serait impossible de la retrouver. Le grand problème fut donc de lui trouver une cachette.

Lorsque les dieux mineurs furent convoqués au conseil divin pour résoudre ce problème, ils proposèrent ceci : « Enterrons la conscience divine de l'Homme dans la terre », mais Brahma répondit : « Non, cela ne suffit pas, car l'Homme creusera et la trouvera. »

Alors les dieux délibérèrent longuement avant de faire une nouvelle proposition à Brahma : « Dans ce cas, plaçons la conscience divine à la cime de la plus haute montagne », mais Brahma leur répondit : « Non, car tôt ou tard, l'Homme grimpera au sommet de toutes les montagnes et, un jour, il trouvera la conscience divine. »

Alors les dieux délibérèrent longuement avant de faire une nouvelle proposition à Brahma : « Dans ce cas, jetons la conscience divine dans le plus profond des océans », mais Brahma leur répondit à nouveau : « Non, car tôt ou tard, l'Homme explorera les profondeurs de tous les océans, et il est certain qu'un jour, il la trouvera et la remontera à la surface. »

Les dieux proposèrent encore de cacher la divinité au cœur de la plus profonde des cavités, du désert le plus chaud ou le plus froid de la Terre. Mais, chaque fois, Brahma leur opposa le fait que l'Homme finirait par s'y rendre et par découvrir sa conscience divine. Alors, les dieux mineurs conclurent : « Nous ne savons pas où la cacher, car il ne semble pas exister sur terre ou dans la mer un seul endroit que l'Homme ne puisse atteindre un jour. »

Alors, Brahma sourit et dit : « De même que l'astre solaire ignore son éclat et que l'eau ne sait rien de la soif, voici ce que nous ferons de la conscience divine de l'Homme : nous la cacherons au plus profond de lui-même, car c'est le seul endroit où il ne pensera jamais à chercher. »

La petite histoire de la pleine conscience

L'expression « pleine conscience » est la traduction du terme anglais *mindfulness*, qui est lui-même la traduction de *sammã sati*. Thomas William Rhys David, un fonctionnaire britannique et érudit, aurait été le premier à traduire l'expression *sammã sati* par *mindfulness*. C'était en 1881. Siddhãrta Gautama, plus connu comme le Bouddha, c'est-à-dire « l'Éveillé », a utilisé le terme *sati* il y a plus de deux mille cinq cents ans.

En pali, une langue indo-européenne largement utilisée dans les écritures bouddhistes, *sati* désigne deux choses : la présence d'esprit, qui est la clé de notre paix intérieure et de notre libération, et la capacité de la conscience qui permet au méditant d'appliquer son attention au corps, aux sensations, à la conscience des sens et aux objets mentaux. Dans les textes bouddhiques, *sammã sati* désigne une attention juste au moment présent. *Juste* dans le sens où elle est liée aux caractéristiques du très noble sentier octuple enseigné par le Bouddha dans le *Maha Satipatthana Sutta*, le *grand discours sur l'*établissement de l'*attention*. Ce sentier octuple, selon le Bouddha, mène à la cessation de la souffrance et à la délivrance totale. Il comprend trois dimensions qui comportent chacune trois sous-domaines d'entraînement. La dimension éthique, celle du comportement juste, couvre la *parole juste*, l'*action juste* et les *moyens d'existence justes*. La dimension de la méditation couvre l'*effort juste*, l'*attention juste* et la *concentration juste*. Enfin, la dimension de la sagesse couvre la *pensée juste* et la *compréhension juste*.

Je me dois de parler ici du maître zen Thich Nhât Hanh qui a fondé la communauté du village des pruniers et qui est l'auteur de nombreux ouvrages de référence. C'est à lui et à ses traducteurs que nous devons, en 1974, la traduction française de *mindfulness* par l'expression *pleine conscience*, aujourd'hui très largement utilisée dans les médias. Le choix d'avoir utilisé le mot « conscience » plutôt que « présence » ou « attention » est très discutable. En effet, certains n'hésitent d'ailleurs pas à revendiquer les expressions « pleine attention » ou « pleine présence », que je préfère également. Cependant, sauf précision, j'utiliserai généralement *pleine conscience* dans cet ouvrage.

Il est aussi indispensable de mentionner Jon Kabat-Zinn, chercheur et promoteur mondialement reconnu sur le sujet de la pleine conscience devenu professeur émérite de médecine à l'Université de médecine du Massachusetts (É.-U.). En 1979, il met au point un protocole de huit semaines combinant la méditation, le yoga et les connaissances occidentales sur les mécanismes du stress. Son objectif initial : aider les malades chroniques que les autres approches ne soulagent pas. En pleine période de contre-culture américaine, toutes les connotations bouddhistes, hindouistes et *New Age* sont expurgées du protocole. La M.B.S.R. (*Mindfulness-Based Stress Reduction* ou Réduction du stress basée sur la pleine conscience) est née avec l'ambition de prendre une place dans des institutions hospitalières et laïques. Au cours des trente années suivantes, les validations scientifiques de ce protocole n'ont cessé de confirmer sa pertinence, au point que l'approche a été déclinée en de multiples protocoles M.B. (*Mindful-Based*) plus spécialisés. De mon point de vue, c'est l'essor mondial de la M.B.S.R. qui, avec le crédit scientifique qui l'accompagne, a fait connaître la *mindfulness* au grand public. En Occident, en particulier, le cadre ouvertement laïque de la M.B.S.R. a permis à des cohortes de participants d'aborder ces pratiques sans crainte de récupération religieuse, voire sectaire. L'efficacité de l'approche et le bouche-à-oreille ont fait le reste.

Cette petite histoire, méconnue du grand public, amène un certain nombre de personnes à affirmer que la pleine conscience n'existe pas en dehors du cadre de travail proposé par Jon Kabat-Zinn avec la M.B.S.R. Or, comme l'intitulé même du programme l'affiche, le protocole créé par Jon Kabat-Zinn est *basé sur* la pleine conscience. Cela laisse à penser que la pleine conscience existait *avant* le protocole M.B.S.R. qui, pourtant, s'appuie explicitement sur elle. De leur côté, certains pratiquants du bouddhisme estiment que la pleine conscience érigée en méthode, pour ne pas dire en mouvement, est une approche édulcorée de leur noble tradition. Selon eux, la méthode ne concernerait qu'un sous-domaine du très noble sentier octuple, celui de la dimension de la méditation concernant l'attention juste. D'autres y ajoutent éventuellement un lien avec le premier des sept facteurs de l'éveil selon le Bouddha, *smirti* en pali, la prise de conscience, ou remémoration. Ce premier facteur consisterait à s'éveiller au fait que l'on est endormi. Des observateurs athées ou chrétiens estiment, de leur côté, que la dimension laïque est un leurre et que la pleine conscience est en réalité une véritable pratique spirituelle. Bref, ce que vous entendrez de la nature et de l'origine de ce qu'on appelle la pleine conscience dépendra toujours de celle ou de celui à qui vous posez la question.

La religion et la pleine conscience

D'après la Dre Marion Trousselard, chercheuse en neurophysiologie du stress, cette pratique n'est pas uniquement dérivée de la pensée bouddhiste, contrairement à la croyance la plus fréquente. Ce serait également l'avis de Dominique Steiler, enseignant et fondateur de la chaire Mindfulness, bien-être au travail et paix économique à Grenoble Ecole de Management. En toute modestie, après avoir exploré différentes traditions, je suis également de leurs avis : bien que le bouddhisme ait indéniablement su préserver et transmettre de manière vivante son concept basé sur une attention juste, ainsi que ses pratiques s'appuyant sur la méditation, on retrouve le concept d'attention – donc de pleine conscience – dans toutes les traditions. L'encyclopédie de la religion de Gale et Thomson le confirme : l'hindouisme, l'islam, la chrétienté tout autant que les philosophies grecques anciennes ou européennes modernes abordent la notion de *mindfulness*. Et je trouve que c'est une bonne nouvelle : cela me parle de l'aspect universel d'une approche qui peut être pratiquée dans le respect de la diversité des croyances individuelles. Une seule pratique pour nous réunir tous !

La philosophie, la science et la pleine conscience

Toujours selon la Dre Trousselard, différents philosophes occidentaux se sont également penchés sur le phénomène de la pleine conscience. Montaigne, dans ses *Essais*, est certainement le plus ancien avec son idée clé du « vivre à propos » : « quand je danse, je danse ; quand je dors, je dors ; et quand je me promène solitairement en un beau verger, si mes pensées se sont entretenues des occurrences étrangères quelque partie du temps, quelque autre partie je les ramène à la promenade, au verger, à la douceur de cette solitude et à moi. » Spinoza (XVIIe siècle) vantait aussi la reconnaissance des « émotions destructrices » et leur acceptation comme remède à leur meilleure gestion. Enfin, pour clore ce tour des approches, au XXe siècle, Husserl puis Heidegger expliqueront par la phénoménologie – la science du vécu – comment l'expérience de l'instant peut mener à une certaine libération. Et cela nous ramène à Jon Kabat-Zinn. Selon lui, la pleine conscience peut être définie comme un « état de conscience qui résulte du fait de porter son attention, *intentionnellement*, dans le *moment présent*, *sans juger* ». C'est une définition que j'aime énormément, car elle contient les trois clés fondamentales pour rencontrer son reflet dans le miroir.

En réalité, sans doute depuis les temps les plus anciens, l'Homme cherche à explorer sa profondeur *en lien* avec l'immensité du vaste monde qui l'environne. L'ancienneté de cette quête est la raison pour laquelle la mère de toutes les religions – du latin *relegere*, *relire* ou *religare*, *se relier à* – serait de nature chamanique. L'intention de nous relier remonterait au paléolithique, la première période de la préhistoire, il y a environ 2,5 millions d'années. L'expérience de la transe ou de l'extase, vécue par le genre *Homo* à l'origine des espèces *Homo habilis* et *Homo sapiens*, serait en effet l'expérience religieuse de base. Selon les anthropologues, qui étudient les rites et les croyances humaines dans toutes les cultures, une religion proto-indo-européenne remonterait à la préhistoire. L'un de ces anthropologues, Georges Dumézil, linguiste et historien des religions qui maîtrisait une trentaine de langues, a émis une théorie intéressante: à l'origine, il n'y avait qu'une seule religion partagée par tous les hommes. Des traces de cette religion originelle seraient présentes dans toutes les mythologies humaines. Puis elle aurait évolué pour donner naissance au dharma, au zoroastrisme et à la plupart des autres religions que nous connaissons aujourd'hui. Autant dire que la cachette de Brahma n'était finalement pas si bonne.

Après avoir exploré presque toute la planète et entamé sa conquête de l'espace, l'Homme, avec l'avènement de la psychologie au début du XXe siècle, puis des neurosciences au commencement du XXIe siècle, a entrepris une nouvelle exploration: celle de sa profondeur. Des scientifiques, parfois lourdement appareillés, s'affairent désormais à rechercher avec zèle tout ce qu'ils peuvent trouver à l'intérieur de notre boîte crânienne. La recherche n'est plus uniquement de l'ordre de la spiritualité, des religions ou des sciences humaines. Il s'agit d'observer à la loupe ce fantastique organe qu'est le *cerveau* et qui est la structure biologique la plus complexe et la plus extraordinaire connue à ce jour. Les scientifiques s'évertuent ainsi à découvrir l'origine mystérieuse de *la conscience*. Nombreux sont ceux qui pensent encore que le siège de la conscience se trouverait dans le cerveau, alors que d'autres défendent l'idée que la conscience n'est pas « une chose » qui réside en nous, mais plutôt une manière d'être dans le monde. La conscience ne serait donc pas qu'une simple activité neuronale, mais pourrait nous être extérieure.

Alva Noë, professeur de philosophie à l'Université Berkeley, travaille sur les théories de la perception et de la conscience et sur la phénoménologie, qui se concentre sur l'étude des phénomènes vécus et des contenus de la conscience. Selon lui, nous ne sommes pas notre cerveau. Nous sommes des êtres vivants, avec un cerveau, certes, mais aussi un corps, et nous sommes *connectés à un environnement*. De ce fait, il n'est pas juste de chercher à expliquer la conscience comme on cherche à expliquer la digestion, de façon purement *mécanique*. Pour illustrer sa thèse, il propose plusieurs analogies. Par exemple, contre la tentation de restreindre la vie à des processus chimiques ou métaboliques liés aux organismes vivants, il objecte que la vie est un processus d'interactions particulier qu'entretient un organisme avec son environnement. Ceci étant dit, il avance ce type d'exemples : qu'est-ce qui fait qu'un morceau de papier représente « un dollar » ? La réponse ne se restreint certainement pas à la constitution physique de ce bout de papier. Sa valeur monétaire dépend certes de cette constitution, mais découle avant tout du rapport qu'il entretient avec un ensemble de conventions et d'institutions qui lui sont extérieures. Il en irait de même pour la conscience. Comment, en tenant compte de l'aspect interactif du vivant, peut-on encore croire que la conscience réside uniquement dans le cerveau ? La question est passionnante et n'a pas fini d'animer les débats.

Ce qui est sûr, c'est que, pendant des millénaires, toutes sortes d'approches – que nous qualifierions aujourd'hui de spirituelles, religieuses ou psychocorporelles – ont été envisagées pour comprendre l'esprit de l'intérieur. Puis, dans les années 1980, des échanges interculturels se sont créés à l'initiative de Tenzin Gyatso, le quatorzième dalaï-lama. Un dialogue fructueux entre traditions contemplatives et sciences occidentales pouvait enfin démarrer. L'institut *Mind and Life* a été créé et dédié à l'étude de la *science contemplative*. Le projet consistait à comprendre encore mieux le fonctionnement de l'esprit. À partir du début des années 2000, les chercheurs entreprirent d'étudier l'activité cérébrale de « méditants experts », c'est-à-dire de pratiquants ayant cumulé entre dix mille et soixante mille heures de pratique à leur actif. Pendant près de quinze ans, plus de cent méditants expérimentés – moines et laïques, orientaux et occidentaux, hommes et femmes – et de nombreux débutants participèrent à des expériences sur la méditation. Les études se tenaient dans une vingtaine d'universités, dont celle du Wisconsin, à Madison, aux États-Unis. Les chercheurs comparèrent l'activité cérébrale des experts et des novices. C'est ainsi que furent découverts les premiers éléments expliquant les multiples bénéfices *cognitifs* et émotionnels que peut apporter cette pratique silencieuse.

La pleine conscience n'est pas le développement personnel

Je souhaite vous préciser ceci dès maintenant : s'abreuver à l'eau de son puits intérieur n'a pas grand-chose à voir avec l'industrie traditionnelle du développement personnel – que je connais bien pour en avoir fait longtemps la promotion. Le postulat de base des techniques de croissance personnelle, c'est qu'il *manque* quelque chose à nos vies et que le succès, dans l'existence, consiste à combler ce manque. Pour cela, l'industrie du développement personnel s'appuie sur un ensemble d'attitudes et de comportements qui facilitent les interactions humaines. Pour que nous soyons, enfin, heureux, nous devrions développer, augmenter, renforcer, acquérir, accroître ce qui nous manque. Pour y arriver, cette industrie nous propose de nous former à toutes sortes de techniques de communication, de développement de la personnalité, de stratégies d'influence et de pensées positives. Pourtant, je n'ai pas cessé de constater à quel point cette vision du monde, fondamentalement basée sur le manque, a généré de l'hypocrisie en moi. Il me semblait avoir beaucoup travaillé sur moi-même, alors que je n'avais qu'effleuré *la surface de mon être.*

Grâce aux techniques que je connaissais bien, je pouvais certes paraître assuré, confiant, bien dans ma peau et capable de convaincre n'importe qui de me faire confiance à court ou à moyen terme. Mais tout cela prenait vie sur un mauvais terrain, sec et peu fertile. Les quelques plantes capables d'y pousser étaient assez piquantes et les fruits étaient rares à long terme. Il y avait quelque chose de très superficiel dans les changements que j'opérais, car il me manquait toujours quelque chose pour régler tel type de problème que la technique précédente n'avait pas abordé. Je cherchais sans cesse la technique qui me permettrait, enfin, de mieux me comprendre et de mieux me sentir avec les autres et dans la vie. J'ai aussi constaté, au contact de ténors du développement personnel, que les plus hauts niveaux de maîtrise d'une technique n'étaient pas forcément liés au fait d'être *heureux*, *apaisé* ou *intègre*. Je crois que c'est le plus souvent parce que ces techniques n'abordent en fait que l'aspect superficiel des choses. Et c'est l'une des raisons pour lesquelles les vedettes du développement personnel au caractère odieux, en privé, ne manquent pas. Certes, j'ai beaucoup appris de ce milieu et je ne regrette aucun des efforts entrepris pour apprendre ce que je sais. Cependant, les *racines de mes souffrances* ne furent jamais réellement approchées avec ces techniques et ces recettes que je considère, aujourd'hui, comme utiles, mais secondaires.

Méditer en pleine conscience, c'est se relier

Lorsqu'on leur parle de méditation, la plupart des gens voient immédiatement l'image d'une personne assise et immobile. Cependant, dans le cas de la pratique de la méditation pleine conscience, il existe d'autres façons de pratiquer qu'en position assise. La pleine conscience est en effet une *aptitude* ou une compétence naturelle que nous possédons tous et qui consiste à porter notre attention sur le moment présent, instant après instant, de façon intentionnelle. Nouveau-né, nous y parvenions très bien et enfants, en général jusqu'à un certain âge, nous n'avions aucune difficulté à être pleinement présents à ce que nous faisions, comme jouer, dessiner, écouter une histoire ou observer une abeille qui butine. Notre capacité de présence à l'instant était encore intacte.

Puis, avec le temps, l'acquisition de connaissances et d'expériences, nous prenons de l'âge et *de la distance* avec l'instant présent. Notre esprit devient préoccupé par une multitude de choses passées ou à venir sur lesquelles nous ruminons en portant des évaluations, des jugements sur nous-mêmes, les autres et la vie : bien ou mal, gentil ou méchant, beau ou laid, bon ou mauvais, fort ou faible, etc. Avec ce bavardage intérieur incessant, c'est comme si nous étions toujours « ailleurs dans notre tête que là où nous sommes avec notre corps ». La pleine conscience peut alors devenir un entraînement corps/esprit qui consiste à retrouver notre capacité à « être présent à ce qui est là pour nous, maintenant, sans porter de jugement de valeur ».

Selon des études scientifiques, un des facteurs communs au stress, à l'anxiété et à la dépression est la *rumination mentale* : vous savez, cette tendance à remâcher mentalement les événements passés, à imaginer en permanence les situations futures, à s'inquiéter, à penser à toutes sortes de choses tout le temps. Une partie de nous, le « roi des bavards », s'est fait une spécialité de *mettre en scène* notre passé et notre futur dans des superproductions mentales. Elle génère une brume qui nous empêche de voir clairement ce qui compte vraiment pour nous en nous poussant à penser « à la chaîne ». Le roi des bavards essaie de nous faire croire que nous allons résoudre nos problèmes uniquement de façon cérébrale, purement intellectuelle. Cela crée une distance, parfois un gouffre, entre nos pensées qui tournent en rond et nos actes manqués.

Il semblerait, d'après certaines études, que nous produisons entre entre trente mille et soixante mille pensées pensées discursives par jour. Or, la plupart du temps, ces pensées sont *répétitives*, voire compulsives. Nous n'en avons pas conscience, mais notre petit vélo tourne en boucle et en roue libre, de façon automatique. Nous répétons les mêmes schémas de pensée et nous obtenons les mêmes résultats frustrants. Nous reprenons sans cesse un peu plus nos automatismes en obtenant encore un peu plus de résultats frustrants. C'est un véritable cercle vicieux.

Une des raisons pour lesquelles la pratique de la méditation pleine conscience agit sur l'anxiété et les risques de rechute dépressive est qu'elle permet de quitter les cercles vicieux de la rumination en *réinitialisant* le programme, comme si nous changions les paramètres du système... Cela ne consiste pas à relaxer. Il ne s'agit pas non plus de *ne plus penser*, ce qui est impossible, ni de vouloir changer les choses, au sens strict, ou de rechercher un état particulier. Non, rien de tout cela. Le point fort de la pleine conscience, c'est plutôt de s'entraîner à « être présent à ce qui est là pour nous, ici et maintenant ». Que cela soit agréable ou désagréable n'est pas important. La pratique de la pleine conscience nous permet de créer une autre relation avec notre activité mentale : un rapport moins asservi et moins identifié, ce qui en diminue l'influence asphyxiante et modifie en profondeur notre rapport à nous-mêmes, aux autres et à la vie.

En fin de compte, il s'agit moins d'une technique que d'une *façon d'être*, ce que j'appelle un « art de vivre », reposant sur l'*intention* régulièrement renouvelée de voir la vie sous un autre angle, à chaque instant qui passe. C'est une manière d'être *relié* à soi, aux autres et à la vie qui facilite la sortie des modes *avoir* et *faire* et la sortie du pilotage automatique que nous adoptons tous inconsciemment. Cela permet de mieux appréhender différentes émotions primaires, comme la colère, la tristesse, la surprise, le dégoût et la peur.

En d'autres termes, c'est comme si nous mettions des freins à notre petit vélo. Il s'agit d'un véritable acte de soin et de santé pour soi-même, d'une pause salutaire pour un esprit qui s'emballe facilement. Mais, contrairement à ce qui est parfois véhiculé à tort, la méditation ne met pas « fin aux pensées » ; ce n'est pas un lavage de cerveau ni une lobotomie. Le petit vélo tourne toujours, mais nous devenons plus libres de monter dessus ou non.

Brève clarification terminologique

Il existe beaucoup de confusion quand il s'agit de distinguer la *méditation* et la *pleine conscience*. Afin de clarifier mon propos, il me paraît utile de préciser au plus tôt mon point de vue sur ces aspects que le lecteur retrouvera souvent à travers ce livre :

- La « méditation » c'est l'*activité* qui consiste à développer une attention délibérée à l'instant présent, sans porter de jugement.
- La « pleine conscience » – également dénommée pleine présence, présence attentive ou pleine attention – est, en tant que telle, une *aptitude naturelle*. C'est la capacité que nous possédons tous de revenir à l'instant présent, d'être attentif à ce qui émerge pour nous dans le champ de notre perception à chaque moment.
- La « méditation (de) pleine conscience » est une technique spécifique de méditation qui permet de développer intentionnellement notre aptitude à la pleine conscience.
- La « pratique de la pleine conscience » concerne les *attitudes*, les *obstacles* et les *fruits* (les vingt et un piliers abordés dans ce livre) ainsi que l'ensemble des techniques *formelles* et *informelles* de méditation qui permettent de développer cette aptitude. J'insiste souvent sur

le terme de «pratique» car il s'agit d'un entraînement. Ce dernier nous exerce à sortir du mode zombie pour «revenir intentionnellement au moment présent». Il s'agit d'un choix qui peut devenir un véritable art de vivre.

Une spiritualité laïque au service du bonheur

La pratique que je vous présente dans ce livre est fille du silence. On la retrouve sous de multiples formes et dans de nombreuses traditions, souvent naturellement parées des vêtements liés à une culture particulière. Pour ma part, je la pratique «nue», sous une forme *laïque, non religieuse* et *non dogmatique*. Pour moi, elle n'en est pas moins profondément *spirituelle* au sens où elle nourrit mon questionnement sur la nature de l'esprit et sur le mystère extraordinaire de l'existence que j'expérimente chaque instant. Il ne s'agit pas que d'une simple technique, d'une recette toute prête ou d'une version édulcorée d'une religion, comme je l'entends parfois. Je parle ici d'une véritable démarche intérieure de recherche de compréhension de l'esprit, de la nature de l'Être et de l'approfondissement de la relation aux autres et au monde par l'expérimentation d'états particuliers de conscience.

J'ajoute qu'il ne s'agit pas non plus d'une «révolution», comme je le lis parfois concernant cette pratique. Les révolutions humaines sont, par nature, violentes. Au terme *révolution*, je préfère celui de *réforme*. C'est une pratique profondément *réformatrice*, dans un mouvement doux, mais ferme qui va de l'intérieur du puits vers l'extérieur. Comme une rénovation du dedans qui reluit au-dehors. Comme la bonification lente d'un bon vin qui exhale ses parfums lorsqu'on le verse de sa bouteille pour le partager avec ses amis. C'est un processus alchimique qui produit une lente métamorphose qui commence par une quête au cœur de la forêt de l'existence, suivie par la rencontre répétée avec une sorcière qu'il faudra bien embrasser un jour pour se désaltérer, enfin, avec l'eau de son puits intérieur. Cette eau, nous pourrons alors l'offrir à goûter à nos frères et sœurs, assoiffés, qui n'ont pas pu ou pas su trouver leur puits intérieur.

Cette pratique se nourrit de la juste observation des choses, de l'accueil inconditionnel des perceptions sensorielles et des émotions qu'elles génèrent. Cette façon d'observer l'expérience personnelle est un acte qui, répété *intentionnellement*, devient une nouvelle habitude, puis un nouveau comportement, puis une nouvelle façon d'être. Petit à petit, les bienfaits de ce nouveau rapport au monde transforment l'expérience concrète du quotidien : la pratique permet d'*apprécier un peu plus la saveur unique et particulière de chaque instant*. La reconnaissance et l'observation de l'expérience de l'instant deviennent alors une pratique à part entière. C'est comme un chemin dans la forêt qui propose des pistes simples et éprouvées pour étreindre la sorcière, s'abreuver à l'eau de son puits intérieur et entrer pleinement dans son héritage. Il s'agit de cultiver et de développer un espace relationnel sain, avec soi-même, avec les autres et avec la vie. Cette attitude peut devenir un art de vivre qui contribue à alimenter la source de son bonheur.

Dans le silence de l'assise immobile, la pratique de cet art vous aide à construire un monde plus heureux dont la source se trouve en vous. Elle vous permet de retrouver le chemin authentique à chaque instant. C'est une voie étroite et défiante : celle du choix personnel conscient, celle de la responsabilité d'être et, paradoxalement, de devenir ce que vous êtes déjà réellement, en sculptant votre vie, une pratique après l'autre. Michel Ange répondit à un mécène qui lui demandait comment il s'y prenait pour maîtriser son art de la sculpture avec tant de talent qu'il ne faisait que « révéler ce qui est déjà contenu dans la pierre ». Certes, le chemin est parfois difficile. C'est pourtant celui de l'éveil à votre véritable liberté personnelle. Je propose que nous l'empruntions ensemble en commençant maintenant ce qui sera peut-être l'enquête la plus passionnante de votre vie : découvrir la personne que vous êtes vraiment.

CHAPITRE 3

Commencer à pratiquer la pleine conscience : les difficultés que l'on rencontre

Une jeune fille prénommée Nuna vivait dans un village très pauvre. Sa famille n'avait que peu de moyens. Très tôt, tous les enfants de la famille devaient travailler aux champs. Les loisirs étaient si rares que l'étonnement et la joie furent grands lorsqu'une troupe de cirque se présenta au village. La grand-mère de Nuna, qui avait un peu voyagé, lui avait raconté des histoires fabuleuses au sujet d'animaux gigantesques que les hommes capturaient et dressaient pour les aider à déplacer de lourdes charges. Ces animaux, disait-elle, descendaient d'un dieu puissant, Ganapati, capable de supprimer tous les obstacles et réputé pour sa sagesse et son intelligence. Ces créatures possédaient une force colossale et pouvaient tuer n'importe quel homme avec leur immense nez ou leurs gigantesques pieds. Et pourtant, ajoutait-elle, une fois soumis, ces géants pouvaient être facilement dirigés par un seul homme assis sur leur tête. L'un de ces animaux fantastiques venait de passer, avec lenteur, à quelques mètres de Nuna, qui n'en revenait toujours pas de pouvoir assister à un tel spectacle. C'était une bête énorme, d'une taille, d'un poids et d'une force extraordinaires, sans aucun doute. Le sol avait légèrement tremblé sous ses pas. Un petit homme était juché à l'arrière de la tête du mastodonte et semblait diriger l'animal avec ses seuls pieds et une courte baguette. Cela semblait irréel.

Après que la troupe eut fini de défiler, l'animal mythique fut attaché dans un petit pré avoisinant. Une chaîne attachée à l'une de ses pattes et à un simple pieu de bois planté en terre retenait le colosse, qui demeurait impassible. Bien que son attache fût relativement lourde à déplacer pour un homme, il semblait évident pour Nuna que même un arbre ne résisterait pas longtemps à la force d'un tel géant. En tirant fort sur le pieu, la fabuleuse créature aurait facilement pu se libérer et s'en aller. Pourquoi ne s'échappait-elle pas ? Comment pouvait-elle accepter cette sordide condition sans broncher ? Existait-il un sortilège pour que cette simple chaîne et ce petit pieu suffisent à l'immobiliser ? Nuna trouva tout cela si mystérieux qu'elle courut interroger sa grand-mère. Cette dernière lui expliqua que l'animal, appelé *éléphant,* avait été dressé par un cornac – le petit homme jugé sur sa tête – et que c'était la raison pour laquelle il ne s'échappait pas. Après quelques instants de silence, Nuna demanda avec bon sens : « S'il est dressé, il n'y a aucune raison de l'enchaîner. Alors pourquoi est-il attaché ? » Elle ne saisissait pas le lien entre la force phénoménale de l'animal, la chaîne et le dressage. Elle se sentait par ailleurs très triste à l'idée qu'une si noble créature soit attachée à un si petit pieu et semble incapable de s'en libérer.

Après avoir pris le temps d'écouter son cœur d'enfant, la grand-mère lui donna enfin la réponse :

– Cet éléphant ne s'échappe pas parce que, dès son plus jeune âge, il a été attaché à un pieu avec une chaîne. Sans doute a-t-il tiré et poussé de toutes ses petites forces, à l'époque, pour s'en libérer. Mais, pour un éléphanteau, ce piquet et cette chaîne étaient bien trop solides. Après avoir tout essayé pour s'échapper, peut-être pendant des jours et des jours, il s'est senti impuissant et a fini par se résigner. Il s'est alors soumis à son lien.

– Mais, répliqua Nuna, depuis, il est devenu grand et fort ! Il serait si simple pour lui de tirer sur sa chaîne et de se libérer.

– Tu as raison. Depuis, il a beaucoup grandi, répondit sa grand-mère. Mais depuis qu'il a renoncé à rompre sa chaîne, il y a fort longtemps, il croit toujours être incapable de se libérer de son attache. Alors, parce qu'il se croit incapable, dès qu'il sent la moindre tension à l'endroit où il est attaché, sa conviction en son incapacité se rappelle à lui. Il perd alors immédiatement toute envie d'essayer et renforce ainsi sa croyance qu'il n'a pas la force de s'échapper. Ce qu'il croit se vérifie. Ce majestueux éléphant garde en lui le souvenir d'une situation d'impuissance qu'il n'a jamais remise en question.

Et, malgré l'expérience acquise au cours des années passées, il croit toujours être un éléphanteau attaché à un pieu bien trop solide pour lui. Il suffirait qu'il éprouve à nouveau sa force et l'expérience accumulée au fil des années. Il constaterait, alors, qu'il dispose de toute la force et toute l'expérience nécessaires pour supprimer tous les obstacles et retrouver sa liberté. Mais ce qu'il ressent et croit l'emprisonne et pas un instant cette idée ne lui traverse l'esprit.

Comme l'éléphant, nous détenons en nous – je le crois et je l'ai vu si souvent –, toutes les ressources pour expérimenter la *résilience* capable de déraciner tous les pieux d'impuissance et de nous libérer de toutes nos chaînes. En dehors de la mort, il n'existe pas d'obstacles que nous ne puissions vaincre. Et même cette limite à la vie n'en serait peut-être pas une pour la conscience. Comme le démontrent les témoignages bouleversants et universels donnés à la suite d'expériences de mort imminente (EMI), même l'obstacle de « la mort » se discute aujourd'hui dans des colloques réunissant des références médicales tout à fait sérieuses. Les certitudes d'hier ne doivent pas empêcher les découvertes de demain. Rien qu'en 2018, les chercheurs ont découvert un nouvel organe humain, l'interstitium, portant le total de nos organes à 80. Un vaccin prometteur contre le cancer est déjà testé chez les souris. Les chercheurs ont aussi mis au point des robots médicaux mille fois plus petits qu'un cheveu humain et capables d'étouffer une tumeur. Un nouveau type de contraceptif pour homme sous forme de gel à appliquer sur les épaules est à l'étude.

Il existe une pléthore de choses que « les experts » déclaraient impossibles, d'obstacles qu'ils jugeaient insurmontables et de limites qu'ils considéraient comme infranchissables et qui, pourtant, ont été dépassés ! Nous sommes humains. C'est à la fois notre plus grande faiblesse et notre plus grande force. À la différence du noble éléphant, nous pouvons choisir à chaque instant de remettre en question ce que nous croyons à notre sujet, au sujet des autres et de la vie afin de progresser et de grandir.

La force des conditionnements

Les pieux d'impuissance

Vous comportez-vous parfois comme ce pauvre éléphant ? Certaines habitudes – pourtant devenues inutiles – vous maintiennent-elles attaché à différents pieux dans votre vie ? Vous pouvez être sous l'influence inconsciente de vieilles blessures, de croyances dépassées et d'anciennes histoires qui continuent d'influencer vos comportements de chaque instant. Vous pouvez, vous aussi, être soumis à de nombreuses chaînes invisibles, mais pourtant bien actives dans votre quotidien psychique. En prenant conscience de votre état de soumission, certaines questions pourraient surgir.

Parmi celles-ci : à quelles anciennes résignations ou blessures mon sentiment occasionnel d'impuissance est-il relié ? À quelles émotions frustrées ou à quels rêves brisés mes envies d'évasion non réalisées sont-elles liées ? En agissant sous l'emprise inconsciente de mes habitudes, suis-je réellement vivant ou ne suis-je que le pantin de mes conditionnements ? Si je vis comme un zombie, suis-je vraiment vivant ? Mon impression courante de traverser ma vie sans la vivre vraiment sert-elle réellement mon envie d'être heureux ? Suis-je locataire ou propriétaire de mon vécu ? Comment une plus grande attention à mon vécu de l'instant pourrait-elle m'aider à vivre une vie « plus pleine » ? Vivre pleinement chaque instant me libérerait-il de mes attaches ? Et si j'étais plus présent à mon vécu quotidien, serai-je plus heureux ? En quoi le fait de renouer avec la spontanéité de mon enfant intérieur pourrait-il m'aider à restaurer mon aptitude à être ? Comment faire tomber mes masques afin de vivre plus en accord avec mon être authentique ? Et bien d'autres…

Comme des éléphants soumis, nous sommes attachés à ce que j'appelle des « pieux d'impuissance ». Ces liens forts, et le plus souvent inconscients, nous engluent dans un passé qui n'existe plus ou dans un futur qui n'existe pas encore. Toutefois, il existe aussi des *pieux de puissance* qui peuvent faciliter la mise en œuvre de notre plus grand pouvoir personnel, celui du choix. Symboliquement, cela fonctionne ainsi : la *croyance* correspond au regard que nous portons sur une situation, l'émotion est la chaîne qui nous attache et l'*événement* à l'origine de la sensation est le pieu. Dans la plupart des cas, cependant, notre esprit erre, projeté dans un *avant* ou un *après* sans aucune substance, sans aucune réalité. Je vous rappelle une fois de plus la déclaration des chercheurs de l'Université de Harvard : « L'esprit humain est un esprit errant et un esprit errant est un esprit malheureux. »

Identifier les pieux de nos vies permet de ralentir, voire d'arrêter, le phénomène d'errance en reprenant possession de sa vie. Comme dans la métaphore de l'éléphant, ce qui s'interpose entre ce que nous percevons de notre situation actuelle et ce que nous désirons le plus se trouve *dans notre tête et dans notre cœur*. Le plus souvent, il s'agit d'une représentation mentale liée à un ressenti physique. L'association des deux peut nous éloigner de l'instant présent et du bonheur ou nous en rapprocher.

La routine des inquiétudes : l'incapacité de penser au moment présent

Être heureux dans le passé ou dans le futur est *impossible*. Tout au mieux nous pouvons nous sentir heureux *au sujet* du passé ou du futur, mais lorsque ce ressenti corporel se produit, c'est forcément ici et maintenant parce que le corps *habite le présent*. L'une des conséquences logiques de ce fait est que, si nous n'habitons pas chaque instant qui nous est offert, nous ne pouvons pas être heureux. Le bonheur n'est ni passé ni futur ; il a le parfum de l'instant présent.

Toutes les situations auxquelles nous ne sommes pas pleinement présents, c'est-à-dire attentif à notre expérience de l'ici et maintenant, ne peuvent pas être *durablement* heureuses. Dans ces circonstances d'errance, quelque chose de *substantiel* nous échappe complètement : lorsque nous sommes inattentifs à ce qui se produit dans notre for intérieur comme dans notre environnement extérieur, c'est comme si la vie suivait son cours sous nos yeux sans substance. Bien que la vie se déroule à chaque instant de façon perceptible, notre attention tout entière est distraite par des pensées imperceptibles. C'est comme si nous étions complètement absorbés par ce qui se donne en spectacle sur l'écran de notre esprit : *ruminations, projections, aveuglements, imaginations, jugements, peurs, chimères, illusions, inquiétudes, rêvasseries,* etc. Voyez-vous de quoi je parle ? J'en suis certain.

Chaque fois que cela se produit – de nombreuses fois chaque jour –, vous êtes en train, littéralement, de vous faire un film sur grand écran mental. Ce film a pour titre *Chroniques d'une errance psychique.* Il est fait d'un tissu fumeux de pensées, vagues, au sujet de ce qui n'est plus ou de ce qui n'est pas encore. Ces pensées sont sans substance. Elles n'existent pas réellement. Vous ne pouvez pas les extraire de votre tête pour les mettre dans une *pensine*, comme le fait Albus Dumbledore dans la saga Harry Potter. Or, lorsque votre film mental est lancé, vous n'êtes tout simplement pas là.

Je le répète : comment pourriez-vous être heureux en étant ailleurs que là où vous vous trouvez actuellement ?

Être heureux en étant ailleurs que là où vous vous trouvez actuellement, c'est tout à fait le genre de promesses que font les paradis artificiels et les nombreux divertissements que la société de consommation nous offre. Il s'agit d'offrir un plaisir temporaire qui détourne l'attention des vrais sujets. Il n'y a évidemment aucun mal à se divertir. C'est même nécessaire à notre bien-être. Mais si vous ne vous sentez pas bien *au-dedans* de vous, être ailleurs n'y changera rien de façon *durable.* Vous ne ferez que déplacer géographiquement votre mal-être. Tandis que si votre paradis est intérieur, alors vous pouvez être heureux, quel que soit l'endroit où vous vous trouvez.

C'est évidemment plus facile à dire qu'à faire, en particulier si vous souffrez intérieurement au point que tous vos ressentis sont profondément désagréables et que le seul fait de tourner le regard au-dedans vous donne l'impression de regarder au fond d'une poubelle sale et puante. Mais il est sûr qu'ignorer, fuir ou rejeter vos perceptions n'arrangera pas les choses. Un jour ou l'autre, vous devrez les reconnaître et les accepter pour pouvoir les traverser. Vous embrasserez la hideuse sorcière. Vous découvrirez alors qu'une fois nettoyé, même le fond d'une poubelle peut être resplendissant. D'ici là, ce qu'il est utile de comprendre, c'est que, dès que vous vous projetez dans votre film mental, vous manquez de présence à l'instant.

Que votre scénario mental et émotionnel soit de la science-fiction, de l'aventure, une tragédie, une comédie ou un biopic, à moins de posséder des capacités médiumniques, vous ne pouvez pas être présent *simultanément* ici et ailleurs. Si vous êtes présent ici, vous ne l'êtes pas là-bas, et inversement. Et même si vous êtes médium, ça n'est toujours qu'un entre-deux. Désolé, mais le seul être qui, d'après mon enquête, posséderait le don d'omniprésence a manifestement décidé de ne pas le partager ! En échange, il nous aurait filé un corps. Comme la plupart d'entre nous ne lisent jamais les modes d'emploi, nous avons tous un peu de mal à utiliser ce véhicule comme il faut. Être présent à son vécu, cela suppose en effet une *conscience corporelle* qui perçoit l'instant vécu avec le corps, mais pas seulement ça.

Avez-vous réalisé que l'espace qui existe autour de l'écran et qui le contient est bien plus grand et vaste que l'écran lui-même ? Peut-être est-il vraiment temps d'élargir votre perspective pour vous libérer de vos chaînes ?

Donner un sens à sa vie

Parmi les chaînes que j'ai portées pendant longtemps après mon enfance, l'une d'elles portait l'intitulé « accomplir ma destinée ». Elle était tressée avec une autre étiquette : « trouver ma mission de vie ». J'étais convaincu que chacun de nous naissait avec un destin particulier, un plan de vie à découvrir et une mission à accomplir. Ce plan exigeait une transformation personnelle, des changements personnels profonds et un engagement sans faille dans sa réalisation. Je pensais sincèrement que, dans la vie, soit on se trouve sur le *bon chemin* soit on a emprunté le *mauvais chemin*.

Je pensais que deux choix s'offraient à moi : soit je trouvais le sens de ma vie en me mettant en marche pour réaliser LE plan divin pour ma vie, soit je marchais à côté de mes pompes, complètement à l'aveuglette, dans une vie insensée. J'avais élaboré tout un processus d'enquête pour dévoiler les parties cachées de ce plan dont de nombreux indices indiquaient la nature. Je soutenais l'idée que je ne pouvais pas prétendre être aux commandes de ma vie si je n'avais pas *un but* clair à atteindre et *des objectifs* précis. Bien qu'elle soit trop catégorique, cette façon de penser ma vie m'a énormément aidé, je dois le reconnaître. Je pense encore aujourd'hui qu'une telle approche peut être utile à certaines étapes de l'existence, voire pour toute une vie. Tout dépend, peut-être, de ce que chacun de nous est venu apprendre au cours de son incarnation.

Et puis, la vie s'est chargée de remettre en question mes certitudes. Une connaissance a été plongée trois mois dans le coma après un dramatique accident de la route. Lorsqu'elle est revenue parmi les « vivants », sa vie et la nôtre avaient changé. Je me suis alors interrogé sur le fait que quelqu'un qui naît ou qui devient handicapé moteur ou mental ne peut pas forcément construire sa vie comme je croyais devoir le faire, c'est-à-dire autour d'un plan de *réalisation personnelle*. Cela n'est pas donné à tout le monde. Si le Dieu en qui je croyais était bien un dieu d'amour, quelle injustice criante ! Or, pour des raisons congénitales, accidentelles ou médicales, tout le monde n'est pas en mesure de bâtir sa vie autour de *choses à faire*. Que penser alors de ma notion du *sens de la vie* ?

Comment ne pas « rater sa vie » lorsque, par exemple, on est un jeune enfant atteint d'un cancer qui ne dispose finalement que de très peu de temps pour réaliser des choses ? Est-il possible de « réussir sa vie » si l'on n'atteint pas un but ou, parce que le temps ou les moyens ne le permettent pas, si l'on n'accomplit pas « sa mission de vie » ? Comment parler de sens de la vie sans culpabiliser ou réduire à moins que rien toutes celles et tous ceux que l'existence abîme ou fauche beaucoup trop tôt ? Comment, aussi, regarder une personne polyhandicapée dans les yeux sans penser que sa vie n'aura que peu de sens au regard des valides qui, eux, peuvent établir des buts, des objectifs et planifier leur existence ? À supposer que la notion de destin ait vraiment un sens, y aurait-il une destinée pour les gens valides et le rebut pour tous les autres ? Non, ça ne pouvait pas être ainsi. J'ai pris conscience que ma façon d'envisager la destinée était parcellaire, clivante et peu aimante, au sens noble du terme.

Ma conception du sens de la vie transpirait la partialité. C'était une perspective réservée aux bien-portants et aux actifs. Celles et ceux qui pouvaient se fixer des buts et des objectifs et les réaliser avaient une mission. L'existence ouvrait grand ses bras aux cerveaux gauches qui planifient et organisent. Quant aux autres, les pauvres... Ma conception était très égocentrique. Elle était très conforme et courante dans les milieux du développement personnel que je fréquentais assidûment à cette époque et qui, je l'ai déjà dit, m'ont beaucoup apporté. Cette perception de la vie faisait de moi le principal centre d'intérêt de mon existence. Je devais prendre soin de moi, moi, moi ! Il ne s'agissait que de *ma* réalisation individuelle, de *mon* épanouissement, de *mon* accomplissement personnel. Le « je » était plus important que « l'autre », que le « nous » et même que la vie en général. Cette dernière était au service de mes ambitions. Le sens que je voyais à mon existence consistait, avec l'aide de la providence, à parvenir à mes fins, par mes propres moyens et par mes propres forces, à démontrer ce dont j'étais capable. Mon quotidien était en fait essentiellement consacré à faire des choses pour atteindre mes objectifs et pour me réaliser.

J'avais un plan annuel que je révisai une fois l'an, et plus j'en faisais, plus je me sentais utile. Et si je ne pouvais rien faire là où je l'aurais voulu, je me sentais inutile, presque indésirable. Je pensais, sans bien le comprendre alors, que lorsque je serais enfin parvenu à mon but – là-bas, dans le futur – alors j'aurais accompli ma destinée et je deviendrais une personne heureuse qui a « réussi sa vie ». Youpiiii ! Et avec l'énergie de cette conception du sens de la vie, j'ai fait beaucoup de choses. J'ai même parfois soulevé des montagnes en investissant toute mon énergie dans des projets qui correspondaient à ce que je considérais être ma mission de vie. Rien de mal à tout cela, excepté une insatisfaction chronique liée, une fois chaque objectif atteint, au *sentiment de vide* produit par le fait de *n'avoir plus rien à faire*. Comment peut-on se sentir vide après avoir atteint ce qu'on voulait ? J'ai commencé à comprendre qu'il ne s'agissait pas de *faire toujours plus,* mais d'être.

Puis, j'ai perdu des proches. Et, comme beaucoup, j'ai été confronté à l'éventualité de ma propre mort. En méditant sur ce sujet savoureux, j'ai pris conscience que, s'il existe une notion de destinée, celle-ci ne s'accomplit pas pour soi-même, mais pour les autres. Nous sommes tous reliés, connectés, à des niveaux que l'ego – qui divise, sépare, catégorise – ne comprend et ne perçoit pas.

Les premiers pas vers la pleine conscience

Je désire reprendre ici deux points. *Premièrement*, il est toujours possible de se défaire des pieux d'impuissance et de se libérer de ses chaînes. *Deuxièmement*, le processus pour se sentir heureux – qui n'est pas un but en soi, mais un vrai sujet en Occident – suppose de sortir d'une forme d'illusion mentale liée à notre capacité naturelle à nous faire des films mentaux.

D'après mon expérience, lâcher prise sur l'écran mental passe par la reconnexion avec nos *sensations corporelles* et nos autres perceptions sensorielles. Il s'agit de réapprendre à *nous sentir* heureux. Cet état peut durablement découler d'une attitude intérieure particulière qu'il est possible de cultiver ou d'entraîner de façon très spécifique. Cette attitude repose sur une *capacité* naturelle, des *valeurs*, des *principes* et une certaine *perspective* au sujet de l'existence. Comprendre ces différents aspects permet de proagir en pleine conscience. C'est la raison pour laquelle j'y ai consacré toute la seconde partie de cet ouvrage.

Mais avant d'en arriver là, voyons les leviers grâce auxquels il nous est possible de nous libérer de nos pieux d'impuissance.

Il n'y a rien à développer, tout est déjà là

Si nous voulons sincèrement nous libérer de l'emprise de nos chaînes, nous avons besoin d'une autre approche de l'éducation, mais aussi de l'existence. Une vision qui libère notre potentiel en nous et qui permet d'actualiser – de rendre réel – tout ce que nous sommes *déjà*, plutôt que de nous enchaîner à des pieux d'impuissance.

Certes, l'estime de soi, la confiance en soi et notre assertivité se construisent sous l'influence approbatrice ou désapprobatrice de notre entourage éducatif. Mais ce n'est qu'une des étapes vers la maturité et l'autonomie. Cela signifie que, quels qu'aient pu être les signes de reconnaissance et d'ignorance que nous avons reçus de notre environnement, comme l'éléphanteau devenu grand, nous sommes supposés gagner en « puissance », avec le temps. Notre puissance n'est pas de la force brute, mais du pouvoir personnel : celui de *choisir notre vie*. Gardez bien à l'esprit que *tout est déjà là*, en substance. Il n'a jamais rien manqué et il n'y a jamais rien eu à ajouter ou à développer. La nature sait très bien prendre soin d'elle. Cette nouvelle approche de l'existence ne serait donc pas une nouvelle forme de « développement personnel » – qui, comme les autres, ne renforcerait bien souvent que l'ego – mais plutôt une forme de « décroissance personnelle ». Il ne s'agirait pas d'ajouter quelque chose de plus, mais plutôt d'ôter ce qui masque ce qui *EST* déjà là, en nous.

Pour toutes celles et tous ceux qui sont encore enchaînés à des souffrances liées à leur enfance, la nouvelle approche dont je parle est peut-être incompréhensible. Les empreintes émotionnelles sont bien trop présentes et entretenues par un ego blessé et en manque d'affection pour que l'idée de décroissance personnelle fasse écho.

Chacun de nous peut pourtant faire de son passé, même douloureux, une ressource puissante pour grandir et devenir un peu plus autonome. Il s'agit pour cela, entre autres choses, de surmonter les blessures de notre vie en les regardant consciemment au lieu de les gratter frénétiquement, inconsciemment, et de rouvrir les plaies en permanence sans y prendre garde. Certaines meurtrissures, amertumes, aigreurs, animosités, âcretés, rancœurs – pour guérir et se cicatriser enfin – exigent *toute notre attention*. Il faut vider le pus, désinfecter et prendre soin de la blessure. Comme le titre du livre de Ben Furman le résume fort bien : « Il n'est jamais trop tard pour avoir une enfance heureuse ».

Lorsque cela se produit, nos blessures laissent finalement une cicatrice physique, psychique ou spirituelle qui n'est plus douloureuse. Comme dans l'art japonais du *kintsugi*, qui décore les cassures des céramiques avec de l'or, l'art de la résilience peut aussi permettre de recouvrir chacune de nos cicatrices avec de l'or, magnifiant ainsi ce qui semblait brisé à tout jamais en sublimant nos fragilités. C'est souvent une question de perspective sur les événements de sa vie, une question de choix aussi. Et parfois, évidemment, cela demande indéniablement une aide extérieure pour constater que nous avons, *en nous*, bien plus de pouvoir que nous l'imaginions pour nous libérer de nos chaînes.

Ce qui subsiste de ce processus de changement, la *cicatrice*, permet alors simplement de se souvenir d'une étape, d'une page ou d'un chapitre du petit livre de notre humanité personnelle. Une humanité qui, à chaque instant, reste à dévoiler. Car, au fond, qu'il s'agisse du but supposé de l'éducation ou de l'existence, n'est-ce pas de cela qu'il s'agit : devenir une personne plus humaine ?

Suivre le chemin du corps

Même aujourd'hui, dans un monde moderne où notre attention est sursollicitée par la densité de l'information disponible et par un style de vie à haut débit, déconnecté de l'espace intérieur et de la nature, changer commence, encore et toujours, par une reconnexion avec soi, avec sa source intérieure. « La seule façon d'apporter la paix au monde est d'apprendre soi-même à vivre en paix », rappelait le Bouddha Gautama. Et dans mon expérience, cela exige d'amener de la lenteur là où les choses vont trop vite, de donner du temps et de l'espace aux situations trop prenantes et de se réapproprier le regard toujours neuf et curieux de son enfant intérieur.

Pour y parvenir, suivre le chemin du corps et de la réappropriation des sens est une voie royale de ressourcement, de transformation et de sérénité. Il n'y a pas de façon plus simple et plus juste de restaurer notre équilibre intérieur et de reprendre la responsabilité de nos choix et, plus largement, de nos vies. C'est en décidant *intentionnellement* de changer depuis l'intérieur que nous développons nos capacités à *agir sur* et *dans* le monde qui nous entoure. Par ailleurs, il est aussi utile de nous rappeler que notre première responsabilité consiste à prendre soin de ce dont nous sommes le plus proches : notre corps. Rien ni personne ne sera jamais plus proche de nous que ne l'est ce corps dont nous ignorons pourtant souvent le fonctionnement et les messages.

C'est à tout cela que nous invite *l'art de vivre en pleine conscience* : il s'agit de cultiver une pratique qui permet de mettre en valeur l'interdépendance qui existe nécessairement entre *soi, les autres et la vie*. C'est de l'équilibre entre ces différents aspects de l'existence que naît le pouvoir de transformation individuelle et collective. « Qui vit en paix avec lui-même vit en paix avec l'univers », écrit Marc Aurèle. Vivre en pleine conscience, c'est constater à quel point notre mental est agité et confus. Vivre en pleine conscience, c'est cultiver notre jardin intérieur en développant notre capacité à raccompagner notre attention sur le vécu de l'instant, à regarder notre expérience présente telle qu'elle est, sans la juger, sans la rejeter, sans se laisser embarquer dans un film mental. Le brouhaha qui existe dans notre tête peut, à chaque instant, être pacifié, apaisé, canalisé.

Au cœur même des tempêtes de l'existence existe en soi un espace calme et serein qui est toujours accessible, après s'être exercé régulièrement à s'y rendre. L'art de la pleine conscience, que nous sommes de plus en plus nombreux à découvrir, repose sur un réel entraînement qui tend à clarifier l'esprit et le processus de penser. Lorsque l'esprit est limpide comme de l'eau claire, il embrasse plus lucidement les obstacles que la vie met sur son chemin. Arracher les pieux d'impuissance et briser les chaînes devient alors une réelle possibilité.

La loi des petits riens

Mais lorsqu'une pratique demande de la régularité et de l'assiduité, la plupart des gens y renoncent. Toute pratique exige des efforts importants pour changer des automatismes ou des habitudes qui sont devenus une seconde nature. Une bonne méthode de changement consiste à aborder la pratique comme un processus d'amélioration continue qui s'insère dans la vie quotidienne. C'est ce que j'appelle la « loi des petits riens » ou la méthode « des petits pas ». Un pas après l'autre, il s'agit de démonter les automatismes dont vous ne voulez plus, de remettre en cause vos certitudes, vos croyances et de sortir de votre zone de confort.

La proposition est de mettre bas les masques au sujet de tout ce que vous pensez devoir montrer au monde et qui ne vous appartient pas. Tous les conditionnements, les fausses postures, les faux-semblants, les conventions sociales, les styles vestimentaires et les comportements imposés qui ne vous ressemblent pas. Autant de masques qui cachent votre vraie nature. Et si vous décidez de maintenir certaines façades, que cela se fasse *en conscience*, dans l'acceptation des choses telles qu'elles sont, sans attente particulière, sans jugement sur ce dont vous vous imaginez capable ou incapable, sur ce que vous pensez qu'il faudrait avoir ou ne pas avoir, faire ou ne pas faire, être ou ne pas être... Mais tout cela ne se produit pas du jour au lendemain. Il s'agit d'être attentif au parcours, pas seulement à la destination, car le changement est un long chemin de pratique qui comporte des hauts et des bas.

La lecture de ce livre et d'autres sur le même sujet est sans aucun doute un petit rien sur votre chemin. Au chapitre 4, je vous offre des pratiques formelles et informelles, des moyens simples pour vous engager dans l'art de vivre en pleine conscience.

Toute la deuxième partie de cet ouvrage est destinée à vous donner une perspective sur les grands principes qui, selon moi, sous-tendent cet art de vivre et qui vous permettront de marcher avec plus d'assurance en cheminant à la rencontre de vous-même. Vous pourriez également consacrer quelques minutes chaque jour à expérimenter de courtes méditations guidées du type de celles que je vous offre sur mon site **21joursdemeditation.com**. Vous en trouverez également sur les plateformes de partage en ligne. Dans ce dernier cas, assurez-vous toutefois des qualifications de l'instructeur et qu'il s'agit bien de *pleine conscience*. Comme le sujet est à la mode, beaucoup de gens se réclament de la pleine conscience sans aucune formation dans le domaine. Il existe également des applications pour téléphone intelligent, qui peuvent vous donner un coup de pouce provisoire. Ne devenez pas dépendant d'aucune personne ni d'aucun de ces outils. Souvenez-vous que tout est déjà là, *en vous*. Vous détenez les réponses. Tout ce qui se trouve à l'extérieur ne doit servir qu'à vous mettre le pied à l'étrier de la pleine conscience.

Se rappeler qu'il existe plusieurs chemins vers la pleine conscience

Un jour que je méditais sur un chemin de randonnée, j'ai croisé une personne. Rien que de très commun dans cet événement anodin, me direz-vous. Mais une question toute simple a surgi dans mon esprit:

je me suis demandé lequel de nous deux était *dans le bon sens* ?... Et là, j'ai ressenti comme un éclair, une illumination. J'ai vu que *le bon sens*, s'il y en avait un, c'était celui que chacun de nous avait choisi de suivre sur ce chemin pour se rendre là où il avait décidé d'aller. De toute évidence, cela signifiait qu'il n'y avait *pas de sens unique* ni de *contresens* sur le chemin. Le marcheur que je venais de croiser était autant dans le bon sens que je l'étais.

Non seulement cela, mais, bien que nous ayons été orientés dans des directions différentes, c'est le chemin lui-même qui nous *reliait l'un à l'autre*. De plus, notre *point de rencontre* sur le sentier faisait aussi office de lieu de *passage*, ce qui signifiait que, pour qu'il y ait du sens, il fallait qu'il y ait aussi du *mouvement*. Or, la vie, dont l'une des caractéristiques est le mouvement, est tout à la fois un chemin qui nous relie, un espace de rencontre et un lieu de passage. En gratifiant ce marcheur d'un immense sourire et d'un bonjour enjoué, je m'imaginais à quel point bien des conflits humains, des oppositions paraîtraient ridicules et inutiles si – avec bienveillance, coopération et partage – nous laissions chacun *libre et responsable de sa direction*. La joie et la liberté que j'ai ressenties à ce moment-là furent si intenses que les larmes m'en montent encore aux yeux, des années plus tard.

Non, sans exclure l'importance d'une éthique personnelle, il n'existe pas de *bon* ou de *mauvais* chemin. Il n'y a que des jugements de valeur qui nous séparent et nous divisent et nous mettent en rivalité sur le chemin. Nul ne peut dire réellement quel est le sens exact des choses et des événements d'une vie et, à combien plus forte raison, de la vie elle-même. Aucune approche ni aucun mode de vie ne devrait jamais prétendre être le meilleur. Celui qui a décidé de construire sa vie autour d'un but et d'une mission est tout autant dans le vrai et le juste que celui qui a décidé de vivre son existence au jour le jour. Qui sommes-nous pour en juger ? L'un et l'autre peuvent se croiser, ou pas, sur le chemin, échanger sur ce qu'ils ont appris et sur la façon dont leurs perspectives réciproques peuvent se compléter ou s'enrichir.

Quels que soient la culture, le style d'éducation reçue ou donnée, le type de personnalité ou de vécu, comme le *yin* et le *yang*, à un certain niveau, toutes les polarités peuvent s'équilibrer et s'harmoniser. Comment juger du bien ou du mal fondé de l'une ou l'autre de ces façons d'aborder le chemin de l'existence ? C'est à chacun de le faire, en prenant soin d'écouter sa petite voix intérieure. Et ce n'est pas parce qu'une vie semble avoir « plus de sens » qu'une autre que c'est vraiment le cas. De quelle autorité et au nom de qui pouvons-nous statuer sur le bon sens de la vie ? J'ai réalisé, à ce moment-là, l'impact de l'autocritique et du jugement sur ma façon de m'examiner, d'aborder les autres et d'envisager la vie : je manquais cruellement de bienveillance. Quelque chose devait changer dans mon regard.

Un « donneur de leçons » après l'autre, après des années d'errance, il me semble avoir compris qu'au final, c'est la voie qui fait l'Homme et l'Homme qui fait la voie. Il existe autant de façons d'emprunter un chemin que de marcheurs qui l'empruntent. Chercher à privilégier une façon de marcher aux dépens d'une autre ne peut que contribuer à maintenir et à entretenir le cycle de la souffrance. Ma voie est donc devenue celle de l'ancienne voie du milieu : celle du ni trop ni trop peu. Pour moi, c'est une passerelle qui peut permettre d'incarner la justesse et l'équilibre, la compréhension, la bienveillance et l'amour inconditionnel. Une voie praticable qui permet d'effectuer un entraînement de pleine conscience après l'autre, d'arracher les pieux d'impuissance, de rompre ses chaînes et de trouver la liberté en tout lieu et en toutes circonstances. Une vie humaine est nécessairement faite de hauts et de bas, de gains et de pertes, de lumière et d'ombre. C'est sur ce chemin-là que je vous invite à marcher avec moi jusqu'à la fin de ce livre, et peut-être au-delà.

CHAPITRE 4

La pleine conscience, une vie réincarnée

Il y avait une fois un jeune prince qui trouvait les gens autour de lui méchants et égoïstes. Il en parla un jour à son précepteur qui était un homme sage et avisé et qui confia une bague au prince.

— Cette bague est magique. Si tu la tournes trois fois sur elle-même, un génie t'apparaîtra. Toi seul le verras. Chaque fois que tu seras insatisfait des gens, appelle-le. Il te conseillera. Mais fais attention : *ce génie ne dit la vérité que si on ne le croit pas*. Il cherchera sans cesse à te tromper.

Un jour, le prince entra dans une violente colère contre un dignitaire de la cour qui avait agi contre ses intérêts. Il fit tourner trois fois la bague. Aussitôt, le génie apparut :

— Donne-moi ton avis sur les agissements de cet homme, dit le prince.

— S'il a fait quelque chose contre toi, il est indigne de te servir. Tu dois l'écarter ou le soumettre.

À ce moment, le prince se souvint des paroles étranges de son précepteur.

— Je doute que tu me dises la vérité, dit le prince.

— Tu as raison, dit le génie, je cherchais à te tromper. Tu peux bien sûr asservir cet homme, mais tu peux aussi profiter de ce désaccord pour apprendre à négocier, à traiter avec lui, et trouver des solutions qui vous satisfassent tous deux.

Parcourant un jour la ville avec quelques compagnons, le prince vit une immense foule entourer un prédicateur populaire. Il écouta un instant le prêche de cet homme et fut profondément choqué par des paroles qui contrastaient violemment avec ses propres convictions. Il appela le génie.

— Que dois-je faire ?

— Fais-le taire ou rends-le inoffensif, dit le génie. Cet homme défend des idées subversives. Il est dangereux pour toi et pour tes sujets.

« Cela me paraît juste », pensa le prince. Mais il mit néanmoins en doute ce que le génie avait dit.

— Tu as raison, dit le génie, je mentais. Tu peux neutraliser cet homme. Mais tu peux aussi examiner ses croyances, remettre en cause tes propres certitudes et t'enrichir de vos différences.

Pour l'anniversaire du prince, le roi fit donner un grand bal où furent conviés rois, reines, princes et princesses. Le prince s'éprit d'une belle princesse qu'il ne quitta plus des yeux et qu'il invita maintes fois à danser sans jamais oser lui déclarer sa flamme. Un autre prince invita à son tour la princesse. Notre prince sentit monter en lui une jalousie profonde. Il appela alors son génie.

— Que dois-je faire, selon toi ?

— C'est une crapule, répondit le génie. Il veut te la prendre. Provoque-le en duel et tue-le.

Sachant que son génie le trompait toujours, le prince ne le crut pas.

— Tu as raison, dit le génie, je cherchais à te tromper. Ce n'est pas cet homme que tu ne supportes pas, ce sont les démons de tes propres peurs qui se sont éveillés quand tu as vu ce prince danser avec la princesse. Tu as peur d'être délaissé, abandonné, rejeté. Tu as peur de ne pas être à la hauteur. Ce qui se réveille en toi dans ces moments pénibles te révèle quelque chose sur toi-même.

À l'occasion de la réunion du grand conseil du royaume, un jeune noble téméraire critiqua à plusieurs reprises le prince et lui reprocha sa façon de gérer certaines affaires du royaume. Le prince resta cloué sur place face à de telles attaques et ne sut que répondre. L'autre continua de plus belle et à nouveau le prince se tut, la rage au cœur. Il fit venir le génie et l'interrogea.

— Ôte-lui ses titres de noblesse et dépouille-le de ses terres, répondit le génie. Cet homme cherche à te rabaisser devant les conseillers royaux.

— Tu as raison, dit le prince. Mais il se ravisa et se souvint que le génie mentait. Dis-moi la vérité, continua le prince.

— Je vais te la dire, rétorqua le génie, même si cela ne te plaît pas. Ce ne sont pas les attaques de cet homme qui t'ont déplu, mais l'impuissance dans laquelle tu t'es retrouvé et ton incapacité à te défendre.

Un jour, dans une auberge, le prince vit un homme se mettre dans une colère terrible et briser tables et chaises. Il voulut punir cet homme. Mais il demanda d'abord conseil au génie.

— Punis-le, dit le génie. Cet homme est violent et dangereux.

— Tu me trompes encore, dit le prince.

— C'est vrai. Cet homme a mal agi. Mais si tu ne supportes pas sa colère, c'est avant tout parce que tu es toi-même colérique et que tu n'aimes pas te mettre dans cet état. Cet homme est ton miroir.

Une autre fois, le prince vit un marchand qui voulait fouetter un jeune garçon qui lui avait volé un fruit. Le prince avait vu filer le vrai voleur. Il arracha le fouet des mains du marchand et était sur le point de le battre lorsqu'il se ravisa.

— Que m'arrive-t-il ? dit-il au génie. Pourquoi cette scène m'a-t-elle mis dans cet état ?

— Cet homme mérite le fouet pour ce qu'il a fait, répondit le génie.

— Me dis-tu la vérité ?

— Non, dit le génie. Tu as réagi si fortement parce que l'injustice subie par ce garçon t'a rappelé une injustice semblable subie autrefois. Cela a réveillé en toi une vieille blessure.

Alors le prince réfléchit à tout ce que le génie lui avait dit.

— Si j'ai bien compris, dit-il au génie, personne ne peut m'énerver, me blesser ou me déstabiliser.

— Ton agacement face aux autres est comme un feu qui s'allume en toi et qui peut te brûler, te consumer, te détruire. Mais il peut aussi t'illuminer, te forger, te façonner et faire de l'autre un allié sur le chemin de ta transformation. Toute rencontre difficile devient alors une confrontation avec toi-même, une épreuve, une initiation.

— J'ai besoin de savoir encore une chose, dit le prince. Qui es-tu ?

— Je suis... ton reflet dans le miroir.

Charles Brulhart (metaphora.ch)

De toutes les rencontres, la plus difficile est sans aucun doute celle avec soi-même. Se rencontrer, de façon authentique, peut être comparé à une *confrontation*, à une épreuve et à une *initiation*. Beaucoup d'entre nous sont incapables de s'examiner plus de quelques secondes dans une glace, sans porter *de jugement* à leur sujet. Ils parviennent encore moins à se regarder avec un amour *sincère* et *inconditionnel*. Trouvez un miroir et faites l'expérience. Vous saurez immédiatement où vous en êtes sur ce plan.

Nous l'avons vu précédemment, aucun chemin n'est meilleur à emprunter qu'un autre pour vous rencontrer vous-même de façon authentique. Il n'existe pas non plus de bon moment pour le faire. Ma conviction est que, d'une part vous êtes « votre chemin » et, d'autre part, c'est toujours le bon moment pour apprendre à mieux vous connaître. Ceci dit, il est également clair pour moi que certaines approches, comme celle que je présente dans ce livre, peuvent soutenir la rencontre avec soi, particulièrement si elles prennent racine dans un terreau *relationnel* favorable.

Certes, l'approche que vous adoptez a de l'importance, mais c'est surtout *la relation* qui la sous-tend qui fait toute la différence. Ainsi, j'ai testé quelques dizaines de thérapeutes manuels dans ma vie parce que je crois à cette approche censée favoriser mes processus d'autoguérison. Elle correspond à mes valeurs et à mes croyances. Pourtant, avec certains professionnels, les soins que j'ai reçus se sont révélés peu efficaces. Si l'approche est fiable en soi, que s'est-il passé pour que les soins fonctionnent très bien dans certains cas et pas du tout dans d'autres ? Avec le recul, j'ai remarqué que si je ne me sens *pas en confiance*, pour toutes sortes de raisons, l'approche perd de son efficacité. Dans le cas contraire, la *relation de confiance* qui s'établit entre moi et mon thérapeute influence, à n'en pas douter, les effets de l'approche. Je sais que beaucoup d'entre nous ont constaté la même chose.

Cela m'apprend qu'au-delà de l'approche technique ou méthodologique, c'est surtout la *qualité de la relation* qui s'établit, ou pas, qui fait la différence. Ce dernier point se vérifie dans tous les domaines où la relation est un élément clé de l'apprentissage, du soin ou du changement :

du bon au mauvais professeur de maths, du bon au mauvais thérapeute, du bon au mauvais instructeur de méditation. Or, ce qui est vrai de la relation avec un étranger l'est tout autant pour la relation que nous parvenons à établir, ou pas, avec nous : si vous manquez de confiance en vous ou que vous entretenez une relation de méfiance ou de conflit avec vous, vous peinerez à vous rencontrer.

Établir une bonne relation avec soi est donc un premier pas important vers le changement.

Trois clés pour se réincarner

Lorsque nous sommes en mode zombie, notre attention est sans cesse happée par des trains de pensées qui nous emmènent vers le passé ou vers le futur. Mais, en choisissant d'être attentifs en pleine conscience de l'*ici et maintenant*, nous descendons du train et plaçons notre attention là où nous l'avons décidé. Au début, la pratique de la pleine conscience implique de maintenir son attention, de façon délibérée et vigilante, ici et maintenant.

Les objets d'attention

Cela peut se faire en portant intentionnellement son attention sur un « objet d'attention », comme le *souffle*, les *sensations corporelles* ou les *sons environnants*. Avec de l'expérience, il devient ensuite possible de découvrir la pratique de « l'attention ouverte », qui consiste à s'ouvrir avec curiosité à tout ce qui émerge dans la conscience sans rien choisir, puis de « l'attention sans objet qui consiste à laisser la conscience reposer en elle-même sans que celle-ci soit altérée par le passage des sensations, des émotions et des pensées ». *Consciemment* et *volontairement* sont des synonymes ici du mot *intentionnellement*. La pleine conscience implique donc le fait de décider de vivre de façon moins automatique, c'est-à-dire plus intentionnelle, plus éveillée, plus vigilante, plus incarnée.

Le moment présent

Notre attention est vigilante à ce qui se passe dans LE MOMENT PRÉSENT… Lorsque nous laissons nos automatismes nous embarquer dans le train des pensées, ils nous éloignent le plus souvent du *quai de l'instant présent*. La partie mentale de notre conscience – ce que nous appelons généralement la pensée ou la tête – repasse en boucle des événements du passé ou se projette dans des rêvasseries au sujet d'éventualités futures. «J'en ai plein la tête», «j'ai la tête à quelque chose», «je me prends la tête» sont des expressions pleines de sens dans ces moments-là où Monsieur Bavard et Madame Pipelette prennent tout notre espace mental. Nous nous racontons alors inlassablement des histoires à notre sujet, au sujet des autres ou de la vie. Ce faisant, nous ne sommes que très rarement pleinement conscients de l'instant. C'est comme si nous étions désincarnés, de vrais zombies, je vous dis! Or, la pleine conscience suppose une incarnation totale dans le moment présent, l'ici et maintenant.

Et s'il est difficile d'être pleinement conscient de l'instant présent avec sa tête, il est plus aisé de l'être avec son corps. En effet, alors que le mental oscille sans cesse entre le passé et le futur, le corps, lui, réside indiscutablement dans le présent. Il y a d'ailleurs un jeu de mots qui fonctionne bien en anglais et qui pose la question: *are you "mind full" or "mindful"?* Cela peut être traduit par: *avez-vous «l'esprit encombré» ou «l'esprit clair»?* Et, soit dit en passant, c'est aussi la raison pour laquelle écrire *mindfullness* avec deux «l» est une erreur si l'on parle de cette pratique de la pleine conscience. En effet, il ne s'agit pas d'apprendre à avoir l'esprit encombré – ce qui est déjà naturellement le cas trop souvent – mais plutôt de s'entraîner à avoir l'esprit clair… Vous en conviendrez, c'est très différent! Pour développer cette attention vigilante de la pleine conscience qui facilite la clarté d'esprit, on commencera donc par apprendre à simplement reconnaître ce qui est là pour chacun, dans la présence à l'instant. Et pour y parvenir, on apprendra à *suivre le chemin du corps*, non l'autoroute des pensées. Plus facile à dire qu'à faire!

L'absence de jugement

Nous sommes attentifs à NE PAS JUGER ce qui est là... Peut-être savez-vous déjà qu'il existe de très nombreuses formes de méditation ainsi que de nombreux mythes au sujet de la méditation. Pour ce qui concerne la méditation pleine conscience, nous ne cherchons pas à relaxer ou à nous détendre. Il ne s'agit pas non plus d'apprendre à contrôler ou à supprimer nos pensées, dans le but de « ne plus penser » ou de « faire le vide ». Au contraire ! Après avoir reconnu ce qui est là, dans l'instant, l'entraînement consiste plutôt à apprendre à accepter ce qui se présente dans le champ de la conscience. Que cela soit agréable ou désagréable n'a pas d'importance : c'est là, tout simplement. Plutôt que de *rejeter*, *fuir* ou *ignorer* ce qui est là, autant apprendre à l'accepter, puisque c'est ce qui est là.

Avec la pleine conscience, il s'agit donc d'être attentif à l'expérience telle qu'elle apparaît ici et maintenant, sans attente particulière et sans jugement de valeur. Le méditant aborde chaque pratique comme un explorateur en terre inconnue, simplement curieux de constater ce qui est là, sur le terrain, sans aucune intention de changer quoi que ce soit. En abordant chaque instant avec cette attitude, la pleine conscience nous permet, petit à petit, de nous détacher de nos automatismes habituels. Cela se produit parce que nous prenons peu à peu conscience de ce qui, le plus souvent dans la plus grande inconscience, se joue en nous. Développer cette capacité – que nous possédons toutes et tous – de prendre du recul ouvre très clairement de nouveaux espaces de choix, de nouvelles possibilités d'être, d'*avoir*, de *faire* et de *ressentir*.

Pratiques formelles et informelles, des moyens simples et éprouvés pour nous réincarner

Ce que nous appelons aujourd'hui *pleine conscience* est tout autant une aptitude humaine parfaitement naturelle qu'une pratique que l'on retrouve sous d'autres noms et formes dans diverses traditions à travers toutes les époques et sur tous les continents. Dans le cadre de cet ouvrage, j'ai néanmoins choisi de m'inspirer, entre autres travaux, du fabuleux travail de synthèse du professeur de médecine Jon Kabat-Zinn et de la technique M.B.S.R. (*Mindfulness-Based Stress Reduction* ou Réduction du stress basée sur la pleine conscience) qu'il a développée. À sa suite et parmi les experts mondiaux de la pleine conscience, il existe un consensus autour de ce que nous appelons les pratiques formelles et informelles (voir également la question 10).

Ces pratiques sont les moyens *simples* et *concrets* par lesquels nous nous *entraînons*, jour après jour, à *réincarner notre corps*. Ce faisant, en dehors des phases d'entraînement, nous reprenons petit à petit possession de notre existence terrestre en réintroduisant de l'attention, de la présence et du choix à chaque instant de notre vie. Souvenez-vous : il s'agit de sortir du fameux mode de *pilotage automatique* que j'appelle le « mode zombie ». Et le véritable match commence, une fois les phases d'entraînement passées, dans la vie quotidienne. Pour parvenir peu à peu à nous réincarner, ce qui n'a rien de magique ou de hasardeux, les pratiques formelles et informelles constituent autant d'exercices utiles pour entraîner notre *attention* et retrouver de la *concentration*.

Les pratiques formelles

Les pratiques formelles consistent à consacrer du temps pour être présent à soi-même. Cela permet de laisser décanter toutes les choses qui nous préoccupent et qui voilent notre perception des actions justes à mener. En cessant de nous agiter dans la rivière de notre vie, nous laissons la vase retomber vers le fond et l'eau s'éclaircir. Cette clarté retrouvée nous donne la possibilité d'agir ensuite d'une façon beaucoup plus pertinente, juste et efficace.

Les pratiques formelles sont au nombre de quatre :

1. L'assise immobile, dont la seule condition est de garder le dos droit. Elle s'expérimente bien assis sur un coussin, sur un banc ou sur une chaise, selon le confort de chacun.
2. Le balayage corporel ou scanneur corporel (*body scan* en anglais), qui se pratique le plus souvent allongé, avec l'intention d'explorer

toutes les parties de son corps en y déplaçant son attention. Souvent prise par les débutants comme une pratique de relaxation, c'est avant tout une pratique d'éveil à soi-même.

3. Les mouvements en conscience que, pour ma part, j'aime pratiquer avec beaucoup de lenteur. Cette pratique s'inspire de postures de yoga traditionnel et s'en différencie sur l'accent important mis sur les ressentis. Il n'est pas rare que des pratiquants aguerris de yoga, des sportifs de haut niveau ou des danseuses me disent découvrir toute une dimension de leur expérience qu'ils avaient ignorée jusque-là !
4. La marche méditative ou marche consciente, qui permet d'expérimenter le corps en mouvement, à pratiquer aussi avec une certaine lenteur.

Elles permettent de nous exercer à la pleine conscience dans les postures les plus fréquentes de notre vie : assis, allongé et en mouvement. Elles constituent la base de l'entraînement qui, comme n'importe quelle autre pratique, demande un juste équilibre entre la discipline et le lâcher-prise. En fonction des motivations et des possibilités de chacun, au moins une de ces pratiques formelles devrait être pratiquée *chaque jour*. Toutes devraient trouver place dans les priorités de la semaine au moins une fois.

Les pratiques informelles : un art de vivre

À bien des égards, entraîner son attention dans ces pratiques formelles influence déjà le quotidien de celles et ceux qui décident d'emprunter sérieusement ce chemin. Mais si vous avez su me lire entre les lignes, vous pressentez déjà les raisons pour lesquelles la pleine conscience peut réellement devenir un art de vivre : il ne s'agit pas seulement de se réincarner le temps des pratiques formelles, il s'agit d'apprendre à vivre de façon pleinement consciente ou, si vous préférez, de manière *plus attentive* à ce qui se joue, instant après instant, en vous. Et c'est là qu'entrent en jeu toutes les pratiques informelles. Elles nous permettent de transposer tout ce que nous apprenons dans la pratique formelle à notre vie quotidienne, à toutes les situations et à tous les gestes auxquels nous décidons d'être attentifs. Elles sont faites de tous les instants de votre vie dans lesquels vous décidez, intentionnellement, d'amener de la présence dans ce que vous faites.

Cela peut très bien ne durer que quelques secondes et se produire dans *mille et une situations de votre quotidien*: en ressentant vos pieds posés au sol juste après votre réveil, en vous débarbouillant, en buvant votre première boisson matinale ou en prenant votre première bouchée, en écoutant le chant d'un oiseau au lever du jour ou en ressentant les premiers rayons du soleil sur votre peau, en passant du savon sur votre corps ou la brosse à dents dans votre bouche, en enfilant vos vêtements, en soupesant votre trousseau de clés au moment de fermer votre porte, en posant vos mains sur le volant pour ressentir sa texture et son volume, en humant les odeurs de votre environnement, en touchant votre mobile avant de lire vos notifications ou en observant la sensation de contact de vos fesses sur la chaise du bureau, juste avant de commencer à travailler… Et tout au long de votre journée, les occasions de communiquer en conscience, de ressentir en présence et d'être attentif à votre expérience se multiplient à l'envi. Imaginez: si vous dormez huit heures par jour, vous avez seize heures d'éveil, soit cinquante-sept mille six cents instants à votre disposition!

Formelles ou informelles, toutes les pratiques sont autant d'occasions d'amener de l'attention dans votre quotidien, sans porter de jugement. Chaque instant vécu peut ainsi devenir une occasion d'explorer en présence les dimensions de l'être, de l'*avoir*, du *faire* et du *ressentir*; quatre filtres qui nous permettent de nous interroger sur ce que nous percevons de la réalité. En accueillant intentionnellement vos états de conscience, vous vous rencontrez dans le miroir et, ce faisant, vous apprenez à mieux vous connaître. En interrompant le flot de bavardage intérieur du roi des bavards, vous vous réincarnez dans la présence à l'instant. Et, chaque fois que cela se produit, vous sortez du mode zombie. Vous exercez alors votre plus grand pouvoir personnel: celui de choisir comment vous percevez votre existence à chaque instant. C'est ce pouvoir qui est à *la source* de votre liberté d'agir ensuite comme vous l'avez décidé dans votre quotidien. Une pratique après l'autre, et vous devenez l'artisan de votre vie. C'est ainsi que la pleine conscience peut se transformer, pour vous aussi, en un véritable art de vivre.

Les pratiques formelles et informelles au quotidien

Toutes ces pratiques consistent à consacrer du temps pour être présent à soi-même et cela permet de laisser décanter toutes les choses qui nous préoccupent et qui voilent notre perception des actions justes à mener. En cessant de nous agiter dans la rivière de notre vie, nous laissons la vase retomber vers le fond et l'eau s'éclaircir. Cette clarté retrouvée nous donne la possibilité d'agir ensuite d'une façon beaucoup plus pertinente, juste et efficace. Les pratiques informelles, elles, nous permettent de transposer tout ce que nous apprenons dans la pratique formelle à notre vie quotidienne, à toutes les situations et tous les gestes auxquels nous décidons d'être attentifs, sans que cela nous prenne une seconde de plus que ce que nous faisions déjà.

Chaque semaine, adoptez une des quatre pratiques formelles et exercerez-vous chez vous. Optez également pour une pratique informelle de votre choix, tirée des exemples de ce chapitre ou d'ailleurs et appliquez-la chaque jour, à votre domicile ou en dehors de chez vous. Choisissez quelque chose de très simple, comme de vous laver systématiquement les mains en pleine conscience. Cela vous permettra d'être attentif à une seule chose à la fois. Si vous savez précisément quel exercice vous devez pratiquer chaque jour, celui-ci occupera une partie de votre conscience. Et plus il occupera cet espace, plus il vous sera bénéfique. Pour ne pas oublier votre pratique du jour, vous pourriez vous entourer de petits rappels, par exemple en enregistrant une notification sur votre téléphone intelligent, en inscrivant un mot clé sur un Post-it^{MD} à coller sur votre frigo, dans la salle de bain, sur le tableau de bord de votre voiture ou sur l'écran de votre ordinateur... Vous pourriez aussi l'évoquer dans un journal intime, si vous en tenez un, ou en parler à une personne proche qui pourrait vous demander chaque jour si vous avez effectué votre pratique. Dans tous les cas, prenez plaisir à faire votre exercice. Soyez créatif et adaptez vos pratiques informelles à votre situation.

Si la pleine conscience était un arbre, les vingt et un piliers en seraient les racines qui nourrissent le « tronc de la pratique formelle » auxquelles s'ajoutent les « branches des pratiques informelles ». Un bel arbre équilibre harmonieusement ces trois aspects.

Plus qu'un art de vivre : une éthique

Gardons à l'esprit que la pleine conscience n'est pas seulement une approche méthodologique. C'est avant tout une *disposition naturelle* ou une capacité commune à notre espèce : celle de *porter attention à notre expérience de l'instant.* Cette faculté que, sauf à de rares exceptions, nous possédons toutes et tous naturellement, s'exerce le plus souvent à notre insu. Pour porter attention à ce que nous expérimentons, nous utilisons nos cinq sens : la *vue*, l'*ouïe*, le *toucher*, le *goût* et l'*odorat.* Nous verrons, à la question 19 de la troisième partie de cet ouvrage, qu'il en existe d'autres. Tous nos sens nous permettent de connaître le cœur de l'environnement dans lequel nous existons et d'y évoluer, exactement comme pour les autres mammifères.

Avant d'aller plus loin, je dois préciser que, si la pleine conscience se résumait *uniquement* à une aptitude sensorielle, nous ne serions pas très différents de n'importe quel autre animal. Nous pourrions même justifier le fait de générer intentionnellement de la douleur et de la souffrance comme un prolongement naturel de notre aptitude à la pleine conscience. Du coup, n'importe quel psychopathe ou sociopathe pourrait se prévaloir de cette capacité universelle pour accomplir ses méfaits. Or, le fait que ce soit une aptitude naturelle ne peut pas justifier des comportements volontairement malveillants, violents ou préjudiciables. Il existe une dimension morale et éthique intrinsèque au développement de notre capacité à la pleine conscience. Pour moi, *la morale* est essentiellement *culturelle* : elle se réfère à des valeurs et des principes relatifs qui permettent – dans une société particulière à un moment donné – de distinguer conceptuellement le bien du mal, le juste de l'injuste, l'acceptable de l'inacceptable. L'éthique intègre des valeurs et des critères moraux, mais elle est, quant à elle, essentiellement *comportementale.* L'éthique, du point de vue individuel, est un *savoir-agir* qui se préoccupe de l'orientation de nos actions, du *bien-agir.*

Sans qu'il soit essentiel d'adhérer à une religion ou à une philosophie particulière, la dimension éthique de la pratique de la pleine conscience est indispensable : l'éthique favorise la culture d'une attitude respectueuse de soi, des autres et de la vie dans son ensemble. Cette attitude paraît cohérente avec notre aptitude à la pleine conscience. S'incarner, se rencontrer, s'offrir de l'attention n'est pas un acte de violence, mais d'amour. Il est, de ce fait, profondément éthique *en soi* de pratiquer la pleine conscience. Par un entraînement régulier, cela peut même devenir une véritable éthique de vie, reposant sur des valeurs humanistes et des comportements justes. À notre aptitude naturelle à la pleine conscience s'ajoutent alors différentes dimensions d'apprentissage liées à l'approche méthodologique de la pleine conscience. La méthode, abordée dans un cadre moral et un contexte éthique, peut alors enrichir notre vécu personnel, puis collectif.

Conclusion

Ce ne sera pas facile, mais il n'y a rien d'impossible. La plupart des gens admettent volontiers qu'il faut du temps pour apprendre à jouer d'un instrument, à conduire un véhicule ou à savoir bien cuisiner. Certaines personnes s'imaginent que le changement est un événement et qu'une clarté durable de l'esprit pourrait se produire instantanément, sans apprentissage et sans assiduité. C'est évidemment faux : plus vous vous engagez dans votre entraînement de l'esprit, plus vous récolterez de fruits.

Comme pour n'importe quelle autre pratique, il faut *agir*, *pratiquer* et *persévérer.* Si vous ne vous entraînez que de temps en temps, quand bon vous semble, vous obtiendrez de piètres résultats et vous ne tarderez pas à vous trouver toutes sortes de bonnes raisons pour ne pas pratiquer puis, pour abandonner. C'est tout à fait humain. En revanche, si vous faites l'effort de vous y mettre régulièrement chez vous, si vous êtes assidu à vos rencontres avec vous-même, vous ferez de grands progrès en quelques semaines. Cela ne dépend *que de vous*, de personne d'autre. La pratique a scientifiquement démontré les bienfaits de la pleine conscience. C'est indéniable. C'est à vous, et à vous seul, de vous emparer des promesses qu'elle vous offre.

Pour les obtenir, vous devrez chaque jour *faire de petits pas.*

Comme toutes celles et tous ceux qui empruntent ce chemin, vous ferez face à des obstacles. Certains vous sembleront insurmontables, jusqu'à ce que vous constatiez qu'ils ne le sont pas. Ce sont les représentations que nous nous faisons des difficultés qui donnent l'impression qu'elles sont infranchissables. Sans doute devrez-vous changer de perspective pour constater que même les plus hautes montagnes semblent plates quand on les examine avec suffisamment de recul.

Les véritables difficultés ne se trouvent jamais en dehors du point de vue que vous avez sur de « véritables difficultés ». Autrement dit, vous êtes et resterez définitivement votre plus grand problème. Ceci étant dit, les perspectives erronées au sujet de la pratique, que j'observe chez mes étudiants, se résument le plus souvent à trois points : l'ignorance ou les fausses croyances au sujet de la pratique, le manque d'assiduité ou de régularité et le manque de soutien ou l'isolement.

Tout au long des pages qui viennent, vous trouverez des pistes simples pour dépasser chacun de ces obstacles et intégrer harmonieusement la pleine conscience à votre vie.

DEUXIÈME PARTIE

Les 21 clés incontournables pour apprivoiser votre esprit

Dans cette seconde partie, j'ai l'intention de vous montrer comment briser le cercle des conditionnements afin d'utiliser intentionnellement votre pouvoir de choisir en conscience les réponses que vous voulez vraiment donner aux circonstances de votre vie.

Les savoirs que je vais partager avec vous détiennent le potentiel de dérouiller votre clé de pouvoir et de dissoudre tout ce qui a pu se calcifier, se durcir en vous au fil du temps. Je les appelle les « vingt et un piliers de la pleine conscience ». Je les ai choisis parce que ce sont ceux qui, d'expérience, me semblent les plus utiles. Je les ai organisés en trois grandes catégories. Vous pouvez les aborder dans l'ordre que je vous propose ou en fonction des sujets qui vous interpellent. Cela n'a aucune importance. Gardez simplement à l'esprit que ces vingt et un piliers sont interdépendants et que, si vous voulez poser une solide fondation à votre pratique de la méditation, il vous sera utile alors de tous les revisiter régulièrement, humblement et sans trop vous prendre au sérieux.

À la fin de l'exposition de chacun des piliers, vous trouverez le renvoi à une méditation du jour, sous cet encadré :

MÉDITATION DU JOUR

La liste de ces méditations apparaît à la fin du livre, dans la section « Ressources en ligne ». Vous pouvez vous appuyer sur ces méditations, qui sont aussi des exercices, pour tracer votre chemin vers la pleine conscience. Elles sont disponibles sur le site **21joursdemeditation.com**.

CHAPITRE 5

Les 7 attitudes indispensables à cultiver

Le caractère de l'homme, c'est son destin.

Hérodote

Dans la première partie de cet ouvrage, j'ai largement exposé les raisons pour lesquelles nos aspirations au changement sont entravées par le mécanisme puissant de nos habitudes. J'ai également montré pourquoi et comment le changement est possible, tout en soulignant le fait que la difficulté à changer ne vient pas essentiellement de l'extérieur de soi, mais plutôt de l'intérieur. Il me paraît donc très important de considérer notre espace intérieur comme un jardin à cultiver. Pour que le changement soit semé dans de bonnes conditions, il est crucial de comprendre comment travailler le sol de notre jardin intérieur. Chaque pratique méditative peut ainsi s'enraciner dans un contexte intellectuel plus vaste qui agit comme un terreau spirituel.

Imaginez que notre mode de vie soit représenté par un arbre. Alors, chacune de nos pensées serait une feuille, à la fois nourrie par la sève de l'arbre et par la lumière du monde extérieur. Des pensées agitées par le vent et soumises aux saisons, aux intempéries et à certains parasites. Nos comportements visibles, assez répétitifs et tordus, constitueraient les branches plus ou moins grosses de l'arbre. Nos habitudes, souvent solides et rigides, seraient le tronc. La terre dans laquelle l'arbre est enraciné aurait une influence sur sa croissance et sur sa santé. Ce sol représenterait une partie de notre environnement nourricier. Les types d'arbres, d'arbustes et de plantes qui nous entourent seraient notre écosystème, aidant ou pas. Quant à nos principales croyances et valeurs, elles constitueraient les plus grosses racines de notre arbre.

De même que toutes les parties d'un arbre sont interconnectées, cultiver la pleine conscience vous invitera à veiller régulièrement aux liens étroits qui relient ce que je nomme les «vingt et un piliers de la pleine conscience». Même s'il a bien fallu ordonnancer les différents aspects, gardez à l'esprit qu'aucune des parties de l'arbre n'est plus importante qu'une autre.

Nous commencerons par explorer mon interprétation des sept attitudes fondamentales originellement proposées par Jon Kabat-Zinn dans son ouvrage de référence *Au cœur de la tourmente, la pleine conscience*. Puis, nous aborderons les cinq principaux obstacles que vous rencontrerez dans la culture de votre jardin intérieur et qui ont été initialement décrits par l'un des plus grands experts de la méditation, Siddhārta Gautama, le Bouddha. Ces obstacles représentent les intempéries et les parasites qui pourront surgir dans votre jardin intérieur. Vous ne les rencontrerez peut-être pas tous et sans doute que l'un ou l'autre se présentera à vous de façon récurrente. Tout dépend de votre terrain intérieur et du contexte dans lequel vous vivez. Enfin, je décrirai les neuf fruits que vous récolterez par votre pratique et que je vous invite à considérer également comme des attitudes à cultiver.

Je vous propose de méditer sur chacun de ces piliers de façon régulière. Que vous les lisiez dans l'ordre dans lequel ils apparaissent ici ou en fonction de vos interrogations du moment, imprégnez-vous de chaque lecture en cherchant à relier ce que je partage ici avec votre expérience personnelle. Ne prenez rien au pied de la lettre. Vérifiez tout par vous-même. Pratiquez de façon aussi régulière que possible. Souvenez-vous qu'il s'agit d'un art de vivre plus que d'une simple technique. La méditation pleine conscience n'a rien de magique en soi, même si ses effets peuvent l'être en apparence. Vous asseoir une fois et fermer les yeux ne changera rien à vos problèmes. Cela ne les fera pas disparaître. Vous aurez besoin d'une pratique régulière, voire assidue, pour que votre jardin intérieur porte de beaux fruits.

Il n'existe pas de bon ou de mauvais moments ou contextes pour méditer sur les vingt et un piliers. Un jardinier de l'esprit, expérimenté, saura différencier les avantages et les inconvénients de chaque saison de la vie d'un arbre. Il saura quand tailler ce qui doit l'être et quand laisser pousser ce qui doit venir. Il saura aussi identifier chaque type de sol. Et il sera capable de faire travailler ces différents substrats en retirant et en ajoutant ce qui est nécessaire pour en faire un sol équilibré, ce qu'on appelle une « terre franche ». Dans un sol bien travaillé, les meilleures choses pourront être semées et cultivées avec succès.

Toute cette seconde partie a pour objet de vous permettre de travailler votre terrain intérieur en conscience en y ajoutant, petit à petit, les ingrédients nécessaires pour que votre pratique s'épanouisse et votre vie avec elle.

Le non-jugement

Rien ne nous trompe autant que notre jugement.

Léonard de Vinci

Le non-jugement est le premier pilier de l'entraînement à la pleine conscience. Cette attitude consiste à observer les phénomènes qui se présentent à chaque instant à notre conscience *sans aucun parti pris.* Un peu comme un scientifique observe une expérience, dans le seul but de la décrire et non, comme nous le faisons généralement, de la juger «bonne» ou «mauvaise». Nous passons beaucoup de temps à résister, à lutter, à rejeter, à ne pas accepter les situations et les gens. Pourtant, tout est impermanent. Nous ne désirons que ce qui est plaisant, agréable et bénéfique, mais cela génère beaucoup d'anxiété et de souffrance. Si nous permettons aux choses d'être ce qu'elles sont, si nous les acceptons telles qu'elles sont, nous ressentons alors une grande paix.

La méditation pleine conscience utilise notre capacité naturelle à diriger notre attention vers un aspect plus ou moins restreint de notre vécu intérieur ou extérieur. Elle requiert *l'attention à l'expérience telle qu'elle apparaît ici et maintenant dans le champ de la conscience, sans attentes particulières et sans jugement de valeur, tel un observateur en terre inconnue, curieux de simplement découvrir ce qui est là.* Mais lorsqu'une personne commence la méditation pleine conscience, c'est souvent pour se soulager de souffrances physiques ou psychiques. Elle arrive avec l'idée de découvrir une recette pour aller mieux, pour faire les choses différemment, pour obtenir certains bienfaits qu'elle recherche activement et qu'elle n'a pas forcément trouvés dans d'autres approches. C'est souvent une étape de rejet d'anciens modes de fonctionnement et d'identification à une pratique, à un courant, à un maître, à un nouveau réseau de relations ou à un nouveau mode de vie. Comment, alors, ne pas entretenir d'attentes et ne pas porter de jugements de valeur sur ce qui était, ce qui est, ce qui pourrait être et ce qui sera? Sur un plan global, c'est quasi impossible.

Heureusement, la méditation pleine conscience est une excellente façon de créer du changement dans de toutes petites choses qui auront de grands effets, avec la pratique répétée. Il s'agit donc plutôt d'entretenir une attitude de non-jugement à une échelle « locale » plutôt qu'à une échelle « globale », où notre influence réelle est extrêmement limitée. Or, pour chacun de nous, qu'y a-t-il de plus local que notre corps ? Comment peut-on l'appliquer ?

Ne pas juger consiste concrètement, durant chaque pratique, à observer ses sensations et ses ressentis corporels tels qu'ils sont, sans les juger « bons » ou « mauvais », sans discourir, commenter ni bavarder intérieurement au sujet de ce qu'on ressent. Il s'agit de constater simplement qu'on ressent quelque chose. Que cela soit agréable, neutre ou désagréable n'a *aucune importance*, puisque cela ne durera pas éternellement. Souvenez-vous que tout est impermanent.

Ce positionnement intérieur de non-jugement permet en fait de s'approcher le plus possible du phénomène qui parvient à sa conscience, afin de l'observer avec un regard impartial. Ce faisant, graduellement, le corps et l'esprit créent entre eux un climat de confiance réciproque. Une relation d'acceptation se construit alors, petit à petit, entre ces deux parties de soi qui n'ont jamais appris à vraiment dialoguer, à réellement s'écouter. Cette attitude est à la base de l'amour inconditionnel. Lorsqu'on s'y entraîne, le non-jugement devient une pratique spirituelle qui conduit à l'équanimité, c'est-à-dire qui permet d'être avec ce qui existe sans être désorienté ou désespéré, sans prendre les choses personnellement ; c'est l'acceptation totale des choses telles qu'elles sont.

Lorsque nous pratiquons l'équanimité, chaque instant est parfait. Notre cœur s'ouvre à ce qui est, que cela soit plaisant ou déplaisant. Nous ne nous attachons plus à ce qui est *agréable* et nous sommes tolérants vis-à-vis de ce qui est *désagréable*, car nous sommes pleinement conscients que, sur les plans physique et psychique, rien ne dure éternellement. Grâce à la pratique répétée, à l'entraînement, l'équanimité se développe. Nous devenons capables de lâcher prise, d'accepter et de voir les choses telles qu'elles sont réellement. Par ce processus, qui dure toute une vie, la sagesse et la compréhension finissent par émerger, tout naturellement.

MÉDITATION DU JOUR 1/21 : Je respire

Rendez-vous au 21joursdemeditation.com pour accéder à la méditation d'aujourd'hui.

La patience

La patience est la clé du bien-être.

Mahomet

La patience est le deuxième pilier de l'entraînement à la pleine conscience. Dans un monde où tout va très vite, dans une société qui fait l'éloge de la rapidité et du haut débit, il est tout de même possible d'expérimenter la lenteur. La patience est une compétence comme une autre, qui s'apprend. Elle consiste d'abord à accepter que les événements et les choses se déroulent à leur rythme. Nous nous comportons souvent comme cet enfant qui essaie de faire sortir prématurément, mais en vain, la fleur de son bouton ou qui voudrait aider le papillon à s'extirper de sa chrysalide. Les conséquences d'une telle impatience sont, on le sait, vouées à l'échec.

Notre vie n'est pas différente. À peine commençons-nous à méditer en pleine conscience que nous voudrions déjà avoir tout compris et tout vécu. D'aucuns s'attendent à ressentir des bienfaits immédiats et durables et à régler, en quelques séances, des problèmes qu'ils traînent avec eux depuis des mois, voire des années. Mais nous sommes conditionnés, et nos habitudes sont comme une seconde peau dont il est bien malaisé de se défaire. La patience consiste à comprendre que le changement n'est pas un événement, mais un processus : le changement prend du temps et exige la volonté de maintenir un certain effort, une certaine *discipline*.

Chaque jour, notre patience est mise à rude épreuve. Que ce soit dans notre vie personnelle ou professionnelle, les situations stressantes ne manquent pas et semblent empêcher les événements ou les choses de se dérouler à leur rythme. Il faut toujours faire plus vite avec moins de temps, moins d'argent, moins de soutien de nos collègues ou de nos proches. Nous vivons dans l'urgence et générons sans cesse des émotions de peur, de colère et d'anxiété face au temps qui nous file entre les doigts, comme du sable. Tout ce qui ne peut plus attendre doit être fait à la dernière minute, dans l'agitation et, parfois, la confusion. La patience consiste à voir la vie autrement que comme une suite interminable de problèmes à résoudre rapidement.

Il s'agit, pour commencer à pratiquer la pleine conscience, d'apprendre à observer les effets de l'impatience sur le corps et sur l'esprit.

- Comment l'impatience agit-elle sur mon corps?
- Comment se manifeste-t-elle dans mes pensées?
- Quels sont ses effets sur mon comportement avec les autres?
- À quelles exigences me renvoie-t-elle?

La patience naît d'une *décision* qui nécessite une remise en question des exigences que nous avons envers nous-mêmes et envers les autres. Ensuite, elle nous conduit à apprendre à distinguer ce qui ne dépend que de nous. Autrement dit, dans n'importe quelle situation, faire preuve de patience consiste à savoir faire la différence entre ce que nous pouvons réellement contrôler et ce sur quoi nous n'avons aucun pouvoir. Par exemple, vous n'avez aucun pouvoir sur le retard du train. Toutefois, vous en avez sur votre façon de réagir – en pleine conscience – à ce retard, car elle ne dépend que de vous. En fait, chacune de nos réactions à une situation ne dépend que de nous. C'est l'essence même de notre responsabilité ou «habileté à répondre» (respons-abilité), ce qui fait de nous des êtres responsables.

Si l'impatience peut être décrite comme «une attente focalisée sur le futur», la patience est indubitablement «une attention focalisée sur le présent». Alors, pourquoi chercher à vous précipiter vers un «meilleur ailleurs là-bas», dans ce futur incontrôlable, et passer à côté de la façon dont vous vivez ici et maintenant? La façon dont vous vivez l'instant présent ne dépend que de vous. Ainsi, alors que vous observez les effets de l'impatience sur votre corps – tensions musculaires, agitation, emportements –, il ne tient plus qu'à vous de calmer en pleine conscience ces conditionnements afin d'agir autrement.

Souvenez-vous du non-jugement: entre le stimulus et la réponse, vous pouvez faire le choix conscient de respirer et de calmer ce qui, en vous, vous emporte loin d'ici et maintenant.

Ayant appris à voir naître l'impatience en vous, il devient peu à peu plus aisé de sortir de votre conditionnement – devrais-je dire « votre inhabileté à répondre » ou « votre irresponsabilité » ? – afin de vous autoriser à accepter chaque instant dans sa plénitude.

Comment ? En prenant quelques respirations lentes et profondes. En observant, sans le juger, cet endroit en vous où se manifeste de l'impatience à l'égard de vous-même, des autres ou des circonstances. En vous demandant ce qui vous semble inacceptable et quelles sont vos exigences. Ces dernières sont-elles réalistes ? Ne dépendent-elles que de vous ? Dans la majorité des cas, vous constaterez que vos exigences sont trop élevées, que ce qui se produit n'est finalement pas si grave et que, de toute façon, vous n'y pouvez pas grand-chose. Dès lors, à quoi bon vous impatienter et augmenter votre stress ? Votre impatience a-t-elle le pouvoir de changer quelque chose ? Non, dans 99 % des cas.

Pratiquer la patience en pleine conscience vous permet d'éprouver une bienveillance croissante envers vous-même. Car, quels que soient vos émotions, vos limites, vos autocritiques, vos faiblesses, vos problèmes, les circonstances, vous méritez de vous traiter avec bienveillance. Cette pratique favorise également une plus grande bienveillance envers les autres. À quoi bon insulter le contrôleur parce que le train est en retard ? Y peut-il quelque chose ? Vous comporter de façon désagréable avec lui changera-t-il positivement quelque chose à votre situation commune ? Non, bien entendu. Le moment présent est tel qu'il est. Vous ne pouvez que constater les choses et remarquer combien patience et acceptation sont liées.

La patience nous rappelle que nous pouvons décider à chaque instant de la réponse que nous donnons aux circonstances, que toutes nos exigences ne sont pas justes, que nous devons mieux planifier certaines tâches afin de ne pas nous laisser déborder, que notre impatience a un impact sur les personnes de notre entourage, que nous ne devons pas forcer les choses qui sont porteuses de vie et qui doivent évoluer à leur rythme, à l'instar de la fleur ou du papillon… Parce que le changement est un chemin de pleine conscience, pas une destination.

MÉDITATION DU JOUR 2/21 : J'observe le roi des bavards

L'esprit du débutant

Nous naissons avec tout notre avoir et nous ne changeons jamais.
Nous n'acquérons jamais rien de nouveau.
Nous sommes complets dès le début.

Ernest Hemingway

L'esprit du débutant est le troisième pilier de l'entraînement à la pleine conscience. Il s'agit en fait d'une attitude qui consiste à garder l'esprit humble, ouvert et curieux de toutes choses, comme l'âme d'un enfant.

Cela peut paraître frappé au coin du bon sens, mais l'orgueil du « sachant », de celui qui a arpenté un peu le chemin et qui pense « en savoir plus » sur tel ou tel sujet a tôt fait de voiler le cœur des jeunes pratiquants comme des plus anciens. Cela est vrai aussi lorsqu'on aborde la méditation après avoir lu plusieurs ouvrages, fait divers stages et bâti des opinions sur ce que serait ou ne serait pas la méditation. Je le constate chaque jour dans ma communauté et plus encore dans mon cœur. Il est facile de s'estimer « plus ceci » ou « moins cela » ou de juger de l'état d'avancement d'une personne sur tel ou tel aspect de son chemin. Il y a tellement de choses que mon ego pense mieux savoir parce que j'ai fait ceci ou cela, suivi tel parcours ou tel autre.

Avec l'attitude ou l'esprit du débutant, tout instant vécu est toujours nouveau et frais. Or, à cause de nos multiples attentes et désirs, de nos attachements et de nos rejets, il nous est difficile d'expérimenter le moment présent tel qu'il est. Avec la force des habitudes et du « connu », considérer les personnes, les choses et les situations autour de nous avec une véritable curiosité est un défi. Vous vous dites : je pense que c'est normal, que je sais déjà et, en conséquence, je ne prête plus attention à ce qui ne sort pas de « l'ordinaire ».

En fait, notre expertise ou notre expérience pèse lourd, au point de ne laisser aucune place à la nouveauté... Notre esprit a besoin de classer, de comparer, de sélectionner, de comprendre, de faire référence à...

Cela me rappelle cette histoire d'un maître qui reçoit un jour la visite d'un homme qui déclare vouloir étudier avec lui. Il l'invite alors à boire le thé et l'écoute patiemment lui exposer son passé, ses découvertes, ses réflexions, son expérience, ses relations, ses avis sur la vie et sur le monde. Puis, le maître verse du thé dans la tasse déjà pleine de son visiteur. Cette dernière finit par déborder, le thé coulant tout autour. L'élève s'écrie alors :

– Que faites-vous ? Ma tasse est déjà pleine.

Et le maître lui répond :

– Comment mon enseignement pourrait-il pénétrer votre esprit alors qu'il est déjà plein comme cette tasse ?

La réponse pourrait être : en entretenant l'esprit du débutant.

On peut devenir un pratiquant avancé dans n'importe quel domaine et garder l'esprit du débutant. On peut aussi, à l'inverse, être un pratiquant débutant qui ne parvient jamais à se détacher de ses préjugés, de ses opinions toutes faites. L'esprit du débutant n'est et ne doit pas être limité dans le temps ponctuel. C'est une qualité d'attention qui doit être entretenue, car plus la pratique s'approfondit, plus le pratiquant avancé devrait être en mesure de garder cet esprit humble, ouvert et curieux.

Comme dans tout entraînement, l'une des clés de la pratique est la répétition. Si vous délaissez l'esprit du débutant, cette répétition deviendra mécanique et perdra de sa substance. Garder l'esprit du débutant, cela signifie pouvoir répéter indéfiniment les mêmes pratiques avec la même fraîcheur, la même curiosité, la même humilité. C'est indispensable à votre progression, car la vie est tellement espiègle que, lorsque vous parvenez à trouver les réponses à vos questions, ce sont vos questions qui changent.

En fait, entretenir l'esprit du débutant, c'est d'abord prendre conscience que, quelles que soient les apparences, chaque instant est toujours neuf, toujours complètement frais et particulier. « On ne se baigne jamais deux fois dans la même eau d'un fleuve », nous rappelle le sage Héraclite. Ce à quoi je pourrai ajouter que celui qui se baigne n'est jamais deux fois le même. Car, même si nous n'en avons généralement pas conscience, chaque instant se produit dans un ensemble de circonstances et de conditions parfaitement uniques.

Par exemple, sur le plan biophysique, saviez-vous que votre foie se reconstitue complètement au bout d'un an (si vous mangez sainement) ? Vous perdez une centaine de poils et de cheveux par jour et ils se renouvellent en gros tous les deux à sept ans. Vos globules rouges se renouvellent complètement tous les trois mois. La muqueuse de vos intestins se renouvelle au rythme incroyable d'un million de cellules par minute ! En quatre jours, vous avez donc un intestin « tout neuf ». Comptez de trois à six mois pour le renouvellement de vos ongles. Vos muscles se renouvellent sur une période de quinze ans, et votre squelette, en dix ans. En bref, votre corps se renouvelle tout le temps. Et vous pensez être la même personne ? Vraiment ? Gardons l'esprit du débutant, car le changement est permanent.

En superficie, les choses semblent demeurer identiques, mais le changement est perpétuel. Que ce soit à l'échelle cellulaire, personnelle, familiale, sociale, environnementale, nationale, terrestre, galactique ou intersidérale, il se produit en profondeur, à chaque instant, et nous n'en avons pas conscience. Pourtant, je n'ai jamais vécu *cet instant précis* auparavant, tel qu'il se présente à moi. Et vous non plus. Il est unique. L'instant d'avant, vous n'étiez pas la même personne dans les mêmes circonstances et les mêmes conditions qu'à cet instant-là, qui ne se reproduira jamais. Et l'instant suivant, quelque chose, déjà, aura changé à votre insu. Ne serait-ce que parce que vous avez lu quelques mots de plus de ce texte ?

Il est donc clair que si tout change en permanence, rien de ce qui est su ou appris ne l'est jamais définitivement. D'où l'importance de garder l'esprit du débutant dans la pratique de la pleine conscience. En effet, chaque méditation est différente parce que chaque instant est unique. Or, l'impatience est l'un des plus grands obstacles à l'esprit du débutant. En commençant la pratique, on s'attend à des résultats tangibles... Et tout de suite, s'il vous plaît ! Si ces résultats tardent à venir, l'hésitation puis le doute font place à la déception et à la lassitude, qui entraînent l'abandon.

Un autre obstacle se présente lorsque l'enthousiasme du début retombe et que nous nous installons dans une pratique confortable, automatique. Survient alors, en plus de ce que nous avons vu précédemment, le risque de stagner, qui peut engendrer différentes formes de crispation, voire de *paralysie spirituelle.* Pour prévenir ces difficultés, il est important de se rappeler l'intention ou l'état d'esprit dans lequel nous avons commencé la pratique et les raisons qui nous y ont poussés.

Entretenir l'esprit du débutant permet de préserver notre liberté d'apprendre de chaque méditation avec une attention aiguisée – comme si c'était chaque fois la toute première – en faisant taire nos préjugés et notre orgueil et en choisissant une attitude humble, ouverte et curieuse à chaque instant. Car il existe d'infinies possibilités de considérer tous les aspects d'une expérience avec un regard neuf. Et ce regard neuf comporte des possibilités de transformation personnelle. Par exemple, si je ne pense pas que les gens sont comme ils sont d'ordinaire, j'ouvre mon cœur et mon esprit à des situations et à des relations nouvelles. Autrement dit, dès que je décide de changer mon regard sur les choses *ordinaires*, mon attention sur les choses change. Alors, tout change.

« La beauté se trouve dans l'œil de celui qui regarde », dit-on. Avec un regard neuf sur notre quotidien et sur les gens qui nous entourent, nous entretenons l'esprit du débutant. Nous décidons de voir les choses avec la curiosité d'un enfant, comme si c'était la première fois que nous voyions une fourmi, un nuage, une fourchette ou notre conjoint. Peu importe s'il s'agit d'une expérience en apparence ordinaire, car c'est en cherchant l'extraordinaire dans l'ordinaire que notre regard transforme la vie qui nous entoure en magie permanente.

Par exemple, avez-vous déjà considéré l'âge astronomique du métal qui constitue votre fourchette ? Le lieu d'où ce métal a été tiré ? Les travailleurs et les engins qui ont été nécessaires à son extraction, puis à sa transformation ? Le designer qui a imaginé la ligne de votre fourchette ? Les situations et les personnes qui ont contribué à la longue chaîne de causes et d'effets pour que vous puissiez piquer la nourriture qui se trouve dans votre assiette ? Et d'ailleurs, parlons-en de cette nourriture et de cette assiette…

Prenons conscience de ce qui est là, comme si c'était la première fois. D'ailleurs, l'instant qui vient n'est-il pas toujours le premier ?

MÉDITATION DU JOUR 3/21 : J'observe ma météo intérieure

La confiance en soi

Un homme qui ne se fie pas à soi-même
ne se fie jamais véritablement à personne.

Cardinal de Retz

La confiance en soi est le quatrième pilier de l'entraînement à la pleine conscience. Ce pilier comprend en réalité trois facettes qui, selon moi, sont interdépendantes : l'estime de soi, la confiance en soi et l'affirmation de soi. Pour résumer, on peut dire que l'estime de soi concerne l'auto-évaluation de notre valeur personnelle, que l'affirmation de soi s'exprime à travers notre comportement observable au contact des autres et que la confiance en soi est le sentiment de ce que nous sommes capables, ou non, d'accomplir.

Estime de soi et confiance en soi sont donc *invisibles*, tandis que l'affirmation de soi est, pour ainsi dire, l'aspect comportemental observable des deux premières facettes. Chacune peut être en excès ou en déficit à différents degrés. Évidemment, il existe autant de combinaisons possibles que d'individus. La pratique de la pleine conscience peut favoriser l'équilibre entre ces trois facettes.

Il devient alors plus aisé de ressentir un sentiment stable et harmonieux de confiance en soi, basé sur une évaluation juste de notre valeur – ni trop, ni trop peu – et qui se manifeste à travers un comportement qu'on appelle « assertivité », qui tient compte de nos besoins et de nos sentiments ainsi que de ceux des autres.

Toute la difficulté sur le chemin de la vie provient du fait que nous agissons le plus souvent de façon automatique, en mode zombie. Nos conditionnements inconscients en sont responsables, car ils nous installent, jour après jour, dans une zone de confort dont il peut être très difficile de sortir pour embrasser de nouvelles idées, de nouveaux sentiments et de nouveaux comportements censés améliorer notre vie.

Mon expérience est un exemple éloquent. J'ai été un gros fumeur. Ma tête savait que fumer tue. Pourtant, tant que j'étais convaincu que chaque cigarette me permettait de me détendre, je n'avais que peu de chances d'arrêter de m'empoisonner. Installé dans ma zone de confort, le tabac faisait partie de mes automatismes quand je cherchais à m'apaiser. C'est en devenant plus attentif à mes pensées et à mes sentiments – en m'écoutant – que j'ai appris, petit à petit, à faire confiance à mes véritables besoins. En fait, je n'avais pas besoin de faire une pause cigarette ; j'avais besoin de m'aérer le corps et l'esprit.

Peut-être vous demandez-vous comment il est possible de s'écouter, de faire confiance à ses pensées ou à ses sentiments ? Je dois dire que cela demande de la pratique et du temps pour sortir du fameux mode zombie et acquérir de la confiance en soi. Ça a été – et c'est encore – toute une aventure pour moi que d'apprendre à écouter ce corps qui m'accompagne depuis le premier jour de ma conception.

Être plus souvent attentif aux trains de pensées qui nous traversent – sans porter de jugement sur ce qui est là – n'est pas une attitude « naturelle ». Réaliser que nos sensations, nos émotions et nos pensées sont comme des messagères qui nous livrent à chaque instant des clés qui nous permettent de décider de l'acte juste, c'est apprendre la nature de notre plus grand pouvoir personnel : celui de choisir. Car nous avons toujours le choix, à chaque instant, de la façon dont nous réagissons consciemment à ce qui se produit dans notre vie. Et c'est ce pouvoir de choisir qui fait de nous des êtres responsables et capables de donner le sens que nous souhaitons à notre vie.

Pourtant, certains modes de pensée habituels nous mènent directement sur les sables « émouvants » de l'insécurité : ils génèrent de façon récurrente de la mauvaise estime de soi, un manque de confiance dans nos capacités et des comportements irrespectueux envers nous ou les autres. Ce sont des schémas limitants qui sapent la confiance en soi.

La pratique de la pleine conscience permet de débusquer ces vieilles ornières personnelles, d'en rire et de choisir la vie. Lorsque ces « monstres » s'animent en vous, plutôt que de les fuir, mettez-les en lumière en pleine conscience et vous constaterez que leurs terrifiants pouvoirs diminuent immédiatement, comme par magie. C'est comme braquer une lampe torche sous le lit d'un enfant pour lui montrer qu'il n'y a pas de monstres cachés, si ce n'est dans ses pensées. Cela fortifie la confiance en soi.

Pour faire face à votre peur mentale, observez vos ressentis corporels avec la lampe de votre attention. Vous découvrirez alors le plus souvent que ce qui vous insécurise – la peur – n'est qu'un rideau de fumée créé par vos pensées. Vous pourrez ensuite retrouver le chemin du sentiment de confiance en soi en vous reconnectant, par exemple, à vos valeurs ou à vos réalisations. Il s'ensuit que la confiance en votre intuition, en la valeur de vos intentions personnelles et en la valeur de ceux qui vous entourent est renouvelée et renforcée. Vous reconnectez avec votre « autorité » et avec votre capacité à ressentir ce qui est juste.

C'est ainsi que votre pratique de la pleine conscience vous facilite, jour après jour, l'accès à la personne que vous êtes vraiment, derrière le voile des apparences. Elle vous permet de prendre la responsabilité de vos ressentis, sans en avoir peur. Car, comme la plupart d'entre nous, votre éducation vous a sans doute appris à avoir peur de vos ressentis. Pourtant, c'est précisément le fait d'apprendre à être attentif à tout ce qui se produit, instant après instant, dans votre vie – et au travers de vos ressentis corporels – qui vous redonne du pouvoir sur votre existence et entretient la confiance en moi.

Vous avez, comme chacun de nous, le pouvoir d'observer sans juger ce qui se manifeste à votre conscience, avant de décider comment agir en fonction du sentiment de confiance que vous ressentez face à tel ou tel choix. Bien entendu, vous n'y parvenez pas toujours. Loin de là, même ! Mais, au fur et à mesure que vous apprenez à être présent ici et maintenant, la confiance que vous avez dans la justesse de vos ressentis s'amplifie inexorablement. Cela ne change rien au stress et à la pression, mais cela change tout dans votre manière d'y répondre d'une façon bénéfique pour votre corps et votre esprit, tout en respectant les autres. C'est l'effet de la mise en œuvre de votre plus grand pouvoir personnel : celui de choisir votre vie à chaque instant.

Plus vous pratiquez l'attention à l'instant présent, sans jugement, et plus, par un effet de synergie, vous cultivez cette confiance en vous qui se base sur une juste évaluation de votre valeur personnelle : ni trop ni trop peu. En conséquence, il vous est de plus en plus aisé d'avoir confiance en l'autre, en la vie et en quelque chose de plus vaste que vous-même dont la source se trouve en vous et en chacun de nous. Lorsque vous êtes connecté à cette source, vous n'agissez plus à partir d'un sentiment inconscient d'insécurité qui produit un cycle vicieux de découragement personnel.

Au contraire, vous agissez plutôt depuis cette source de vie intérieure qui s'exprime en vous, instant après instant, en vous donnant des indices sur l'acte juste à poser en réponse à ce qui est là. Ce sont alors comme des ronds dans l'eau qui partent de votre centre de confiance intérieure et se déploient dans toutes les directions, *de l'intérieur vers l'extérieur*, tout autour. Un cycle vertueux prend ensuite place qui modifie positivement votre vie et se répercute de plus en plus favorablement sur les personnes qui vous entourent et les situations que vous vivez.

MÉDITATION DU JOUR 4/21 : Mon inspiration est dans la nature

Le non-effort

Le sage peut découvrir le monde sans franchir sa porte.
Il voit sans regarder, accomplit sans agir.

Lao-Tseu

Le non-effort est le cinquième pilier de la pleine conscience et c'est sans doute celui qui nous place, en tant qu'Occidentaux, devant l'un des plus grands paradoxes de la pratique.

Pour bien comprendre cette notion, il faut d'abord se souvenir que le terme maladroitement traduit par «pleine conscience» est «*sati*» qui, dans la langue pali de Siddhãrta Gautama, dit le Bouddha, signifie «attention juste» ou «attention nue». La *sati* n'est pas de l'ordre de l'intellect, forcément subjectif, qui se perd dans des rêveries, des anticipations ou des ruminations illusoires. Il s'agit plutôt d'observer le corps-esprit à chaque instant de façon *pure* – c'est-à-dire sans l'intervention de la pensée. La *sati*, c'est donc une attention sans jugement à tout ce qui émerge du corps-esprit dans la conscience, au moment présent. C'est une expérience directe et immédiate qui se situe *avant* la pensée dans le processus de perception. Il serait donc plus approprié de parler de méditation «pleine attention» plutôt que «pleine conscience». Et c'est ce que je vais faire jusqu'à la fin de cette sous-partie dans le but de clarifier ces notions clés.

La *sati* est la *conscience de l'instant*. C'est l'expérience de ce qui se produit exactement dans l'instant. Elle se produit dans l'ici et maintenant. Elle habite le présent, se manifestant continuellement sur la crête de la vague ininterrompue du temps qui passe. Si vous vous rappelez votre premier amour, il s'agit de *mémoire*. Au moment où vous prenez conscience que vous êtes en train de vous souvenir de votre premier amour, c'est la *sati*, ou l'*attention*. Si vous analysez ou rationalisez ensuite l'événement en vous disant «un souvenir me revient à l'esprit», c'est *penser*.

Tout le paradoxe de la *sati*, c'est que la pratique de l'attention sans jugement, qui laisse supposer – puisque c'est une pratique – qu'il y a quelque chose à *faire*, nous conduit, en réalité, à produire un effort radical de non-effort. En effet, le pouvoir de transformation et de guérison – qui amène beaucoup d'entre nous à la pratique de la méditation pleine attention – n'a finalement que peu à voir avec quelque chose à *faire* de façon consciente.

Contrairement à la plupart de nos activités, qui s'inscrivent dans la poursuite d'un objectif, la méditation pleine attention se déploie dans le non-effort, c'est-à-dire dans la simple attention à ce qui est. Il n'y a ni saisie ni rejet face au changement. Il ne s'agit pas non plus de chercher à changer quoi que ce soit ou à obtenir un résultat. Il s'agit plutôt de nous placer intentionnellement dans la position de « ne rien faire » afin que les choses prennent soin d'elles-mêmes.

Le sanskrit a été l'une des grandes langues de l'Asie, parlée essentiellement en Inde. Dans cette langue qui remonte au moins au XIVe siècle avant Jésus-Christ, le terme utilisé pour parler de la pratique de méditation est *bhāvanā* qui, utilisé seul, signifie littéralement « développement », « culture » ou « création » dans le sens d'« appeler quelque chose à l'existence ». Ce mot apparaît souvent accolé à un autre pour parler, par exemple, de « développement mental » ou de « culture de l'esprit ou du cœur ».

Reprenons la comparaison entre la méditation et la culture d'un jardin. La culture demande une certaine dose de planification, de soins et d'efforts dans le but de créer un ensemble de *circonstances favorables* pour que le jardin produise. Pourtant, tout ce qui se trouve dans le jardin pousse jour et nuit, et nous n'avons *rien à faire* pour cela. Il suffit d'être attentif à ce qui est présent et d'en prendre régulièrement soin, n'est-ce pas ?

Le non-effort, c'est « faire un bon travail » en ne faisant presque rien

Comme dans un potager, l'utilisation d'outils favorise les conditions de culture du jardin de notre corps-esprit. En essence, le seul fait de prêter une attention sans jugement à ce qui est suffit pour que les choses prennent soin d'elles-mêmes. Mais le *mode faire* sur lequel nous sommes branchés de façon quasi permanente s'affole à la seule idée de n'être *attentif à rien*. Alors, en pratique, les leurres – les objets d'attention – permettent au pratiquant d'accomplir un bon travail en ne faisant presque rien, en diminuant radicalement le niveau d'activité et d'agitation habituel du mental. En bref, avec la technique, l'esprit se focalise sur une tâche simple et répétitive qui laisse une large place au *déploiement de l'attention*.

En définitive, la plupart des phénomènes qui se produisent dans le jardin comme dans la vie échappent à notre contrôle et à tout ce que nous pouvons faire : les végétaux poussent d'eux-mêmes, notre corps se régénère de lui-même à chaque instant et les saisons passent sans aucun effort direct et conscient de notre part. Bien sûr, nous pouvons avoir une certaine influence, mais l'essentiel des phénomènes qui se produisent dans l'univers échappe totalement à notre contrôle. Il en est pratiquement de même pour notre être – constitué de notre corps-esprit – qui a sa façon de se réorienter et de trouver son équilibre si seulement nous le laissons être. N'est-ce pas fantastique ?

Vous n'avez en définitive absolument *rien à faire*, si ce n'est de passer régulièrement du temps à ne rien faire, à ne pas agir, à ne fournir aucun effort, à part celui d'être *attentif à ce qui est*.

Avec le temps et la pratique régulière, un mouvement naturel et harmonieux prend place de lui-même, en direction de ce qu'il y a de meilleur pour chacun de nous. Cela ne signifie pas que nous ne devons plus rien planifier du tout, mais plutôt que nous devons rester ouverts et flexibles. Il s'agit d'apprendre à sentir lorsque nous essayons de faire les choses à tout prix. En bref, le non-effort consiste à ne pas chercher à nous rendre ailleurs que là où nous sommes, car, en réalité, il n'y a rien à faire, rien à atteindre et nulle part où aller.

En fin de compte, pratiquer la méditation n'a aucun autre but que d'être *simplement soi-même*. Cela nécessite de renoncer à réaliser une performance, à produire quelque chose d'agréable ou à rechercher un état particulier. Cela consiste à être attentif plutôt qu'à *faire* ou à *avoir*, de façon à ressentir les choses telles qu'elles sont.

MÉDITATION DU JOUR 5/21 : Je visite mon corps

L'acceptation

Ainsi l'être humain est une auberge.
Chaque matin un nouvel arrivant.
Une joie, un découragement, une méchanceté,
Une conscience passagère se présente,
Comme un hôte qu'on n'attendait pas.

Accueille-les tous de bon cœur !

Même si c'est une foule de chagrins

qui saccage tout dans ta maison,
et la vide de ses meubles,
traite chaque invité avec honneur.
Il fait peut-être de la place en toi pour de nouveaux plaisirs.
L'idée noire, la honte, la malice,
Accueille-les à ta porte avec le sourire
Et invite-les à entrer.

Sois reconnaissant à tous ceux qui viennent
Car un chacun est un guide
Qui t'est envoyé de l'au-delà.

Rûmî

L'acceptation est le sixième pilier de la pleine conscience. Quand bien même nous aimerions nous raccrocher aux rives supposées de la certitude, la vie s'écoule par essence vers une destination inconnue : nous ignorons totalement ce qui va se passer d'ici une heure, et cette ignorance de l'avenir peut faire naître de la peur dans notre esprit.

Si cette peur demeure trop longtemps, elle peut se transformer en anxiété et pourrir notre vie à chaque instant. De la même façon, nous pouvons nous attacher à ce que nous avons connu par le passé pour construire nos attentes du lendemain. Par exemple, si nous avons connu des succès ou des déboires, nous nous attendons parfois à la même chose et nous ne manquerons pas d'être déçus ou surpris.

Même si nos actes passés ont semé des graines dont nous récolterons les fruits un jour, rien ne garantit que la récolte sera bonne ou mauvaise. En effet, comme la météo, la vie est souvent imprévisible et capricieuse : la floraison d'hier, prometteuse d'une belle récolte, peut être détruite en un instant par une chute de grêle, une sécheresse ou un parasite dévastateur.

C'est ici que l'acceptation peut jouer son rôle salvateur. En nous exerçant à *choisir* le bonheur à chaque instant – à nous libérer l'esprit pour être heureux, à changer notre regard et à apprécier chaque jour tel qu'il est –, nous apprenons à considérer nos peurs et nos incertitudes sous un angle tout à fait nouveau. En fait, il se peut même que nous découvrions que les pires catastrophes recèlent des trésors d'amour et que derrière les plus grandes souffrances se cachent de merveilleux cadeaux.

En effet, pour peu que nous regardions les choses en face et avec un certain recul, nous pouvons constater que chaque difficulté que nous traversons cache une possibilité de grandir, d'apprendre, de changer quelque chose, de nous transformer. La chenille appelle « mort » ce que le papillon appelle « naissance ». Certes, mais la peur de la douleur et de l'inconnu n'encourage pas la chenille que je suis à accepter l'idée de la mort en la regardant dans les yeux. Mon ignorance de la nature du changement – de l'impermanence de tous les phénomènes – me pousse à rejeter ce qui est pourtant inévitable, incontournable. Tout change. Je change. Je vais mourir… Vivre dans le déni de la réalité me semble plus facile, moins terrifiant que l'acceptation des choses telles qu'elles sont. Quoi de plus naturel, en apparence ?

Pourtant, si nous acceptons les choses telles qu'elles sont, nous découvrons que, derrière le voile de fumée de la peur – la peur de souffrir, la peur d'échouer, la peur de savoir, la peur de réussir, la peur d'avoir peur, la peur de la mort –, se cache la vie. Dans les coulisses de l'incertitude de l'instant qui vient sommeillent des forces vitales qui peuvent nous surprendre et nous ravir de bonheur.

La non-acceptation nourrit le corps de souffrance

Imaginez que vous ressentez une douleur physique ou psychique. L'acceptation sera-t-elle vraiment votre première attitude ? Votre réaction naturelle ne sera-t-elle pas d'essayer de faire cesser ou d'ignorer la sensation désagréable ou le ressenti douloureux ? Peut-être ferez-vous comme si vous ne ressentiez rien ou chercherez-vous, de toutes sortes de manières, à vous changer les idées en vous distrayant ? Peut-être même tenterez-vous de noyer la souffrance ajoutée par vos ruminations en consommant de l'alcool, des médicaments ou des drogues.

Cette recherche de soulagement – par le truchement d'un comportement d'évitement – fonctionnera sans doute sur le très court terme ! Mais les artifices et les leurres venant de l'extérieur ne tromperont pas longtemps la souffrance mentale intérieure qui resurgira, parfois de façon amplifiée, tel un prédateur dévorant le corps ou l'esprit. À moyen et à long terme, le risque sera de cultiver des comportements addictifs qui s'adresseront aux symptômes et non aux causes de la souffrance.

Nous pourrons alors ressentir comme un accroissement de la douleur. Puis, petit à petit, nous construirons – avec le soutien de notre bavard intérieur – de la souffrance émotionnelle et mentale autour de cette douleur que nous cherchons pourtant à éviter, à ignorer, à refuser. Et tout cela ne fera qu'aggraver et entretenir le phénomène dans un cercle vicieux. Nous nous demanderons pourquoi cela nous arrive, à nous. Pourquoi maintenant ? Nous penserons peut-être que ce n'est pas juste, que c'est toujours sur nous que ça tombe, que ça fait mal et que nous ne voulons pas souffrir... Ou, à l'inverse, nous développerons une forme de culpabilité en pensant que nous ne méritons pas d'être en vie ou que nous méritons bien de souffrir et que c'est normal d'avoir mal.

Dans tous les cas, nous élaborerons tout un discours interne, argumenté, à notre sujet. Nous nous le répéterons systématiquement, comme un disque qui passe en boucle. Puis, nous finirons par croire et justifier toute cette imagerie mentale au point d'en faire notre identité, en disant, par exemple, *Je n'ai pas de chance dans la vie*, *Je suis quelqu'un qui a mal et qui souffre*, *Je ne mérite pas de me sentir bien*, *Je ne suis pas digne d'être heureux* ou *Si je ne souffre pas, ça n'a aucune valeur.* Et cela continuera de renforcer le mécanisme bien huilé de la souffrance en boucle, encore et encore, en produisant des réponses inappropriées à ce que nous vivons. Nous aurons créé notre « corps de souffrance », cette entité mentale autogénérée par le bavardage négatif que nous entretenons au sujet de nos douleurs.

L'acceptation des choses, telles qu'elles sont, sans porter de jugement, nous aide à rompre ce cercle vicieux. Elle nous entraîne à savoir comment poser *l'acte juste*, c'est-à-dire comment nous comporter, de façon aussi appropriée que possible, au milieu des circonstances qui nous entourent. Mais comment ?

L'acceptation est une attitude dynamique et proactive

L'acceptation de ce qui est – certains préféreront parler de « reconnaissance de ce qui est » – *n'est pas* une attitude de résignation ou de soumission. Le fait de permettre à nos émotions douloureuses d'exister dans notre vie, ici et maintenant, le fait de constater que des changements permanents, inattendus et parfois non désirés se produisent chaque jour dans notre corps, nos relations, nos projets *ne signifie pas* que nous n'agissons pas. L'acceptation n'a *rien à voir* avec la passivité ou l'abandon.

Accueillir les choses telles qu'elles sont, sans porter de jugement, exige au contraire une attitude dynamique, proactive, qui considère l'importance de *donner de l'espace* à ce qui est présent afin de choisir en pleine attention la façon de *répondre en conscience* à ce qui se présente. L'attitude inverse, qui consiste à saisir, à ignorer ou à refuser les sensations, les émotions ou les pensées, peut avoir, à la longue, des conséquences dramatiques pour l'équilibre personnel et la santé. Pourquoi ?

Parce que cette attitude de déni ou de refus – souvent inconsciente – installe des comportements automatiques, des réactions qui nous maintiennent dans le fameux mode zombie. Ce mode de fonctionnement nous pousse à vivre à l'aveuglette, car il ne tient compte ni des sensations et des ressentis réellement présents ni de leurs précieux messages pour conduire notre vie de façon éclairée. En fait, dans ce mode qui s'oppose à l'acceptation, nous agissons de façon quasi systématique à l'encontre de nos besoins réels.

Pratiquer l'acceptation des choses telles qu'elles sont permet d'accueillir toute expérience – telle qu'elle se présente, dans l'instant – afin de lui donner l'attention et l'espace nécessaires pour qu'elle se déploie dans la conscience. C'est assez facile en ce qui concerne les phénomènes agréables, mais cela l'est beaucoup moins pour ceux qui ne le sont pas. Pourtant, en prêtant attention à ce que nous percevons comme désagréable nous découvrons, par exemple, que les ressentis douloureux accompagnant certaines expériences ne durent pas éternellement : tout est impermanent et finit par passer. Une fois de plus, cela permet de se relier à chaque expérience d'une façon très différente de ce que produit le mode automatique, qui saisit, ignore ou rejette les sensations, les émotions ou les pensées liées à un événement. Avec la pratique et le temps, il devient possible de laisser tout l'espace nécessaire à la manifestation des ressentis corporels – agréables ou désagréables – sans en être durablement affecté.

Comment l'acceptation réinitialise-t-elle le système ?

Pour rompre le cercle vicieux, réinitialiser notre système de pensée et installer un nouveau logiciel vertueux, l'acceptation doit devenir une véritable *pratique quotidienne*. C'est la clé pour cesser de vous blâmer, de vous dénigrer et de vous mésestimer. Chaque fois que vous pratiquez la méditation pleine conscience, vous vous offrez un temps pour vous, pour vous entraîner à l'acceptation *inconditionnelle* qui est, disons-le sans détour, à la base du véritable amour.

En pratiquant l'acceptation dans la méditation, vous constatez d'abord les endroits du corps où des douleurs se sont installées durablement. Vous observez, sans les juger, les émotions désagréables que cela suscite et les pensées critiques qui surgissent par dizaines à ce sujet. Puis, vous acceptez intentionnellement le fait qu'il y a de la douleur ici et là, des émotions désagréables et des pensées critiques… C'est un fait ! C'est une réalité pour vous, ici et maintenant. Ensuite, vous ramenez doucement votre attention à la simple observation attentive de cet endroit du corps, là où il y a de la douleur, comme pour l'écouter, pour l'accueillir. Vous constatez son existence au lieu de la fuir, de la rejeter ou de désirer autre chose que ce qui est là. Vous lui faites face avec bienveillance. En la reconnaissant, vous lui donnez de l'espace. Un espace dans lequel elle peut, instant après instant, inspiration après expiration, *se dissoudre*.

Au début, vos sensations, vos émotions et vos pensées parasiteront grandement la pratique. Cependant, au fil du temps, dès que vous accepterez inconditionnellement la présence de ce qui est là, vous constaterez que la douleur diminue, qu'elle se transforme, voire qu'elle disparaît… puis réapparaît avant de disparaître à nouveau… Cela peut durer un certain temps, et ce n'est pas du tout important. Vous serez présent avec votre douleur, et votre expérience en sera totalement modifiée. Vous ne chercherez plus à saisir, à rejeter ou à modifier ce qui est là. Vous l'accepterez pleinement, simplement, tel quel. Cette acceptation sera comme un acte d'attention et d'amour inconditionnel *envers vous-même*. La voix de votre bavard intérieur perdra de son influence et votre corps de souffrance entamera une cure d'amaigrissement. Vous autogénérerez moins de souffrance et vous vous sentirez beaucoup plus libre dans votre quotidien.

Comme le montrent les recherches scientifiques, la perception de votre douleur diminuera au point, parfois, de complètement disparaître pour un temps ou pour longtemps. Votre seuil de résistance à la douleur augmentera en même temps que votre capacité à discerner votre corps de souffrance. Vous aurez alors découvert la puissance de l'acceptation des choses telles qu'elles sont et non telles que vous auriez voulu qu'elles soient ou telles que vous voudriez qu'elles soient.

MÉDITATION DU JOUR 6/21 : Je cultive la générosité

Le lâcher-prise

Ne recherchez pas à tout prix : les choses arrivent au moment le plus inattendu. Lâchez prise. Ne recherchez pas, mais ne fuyez pas non plus.

Bruce Lee

Le lâcher-prise, ou non-attachement, est le septième pilier de la pratique de la méditation pleine conscience. C'en est aussi l'*essence*.

Le pouvoir d'attachement de l'esprit humain est puissant. Il est à la source des liens affectifs très forts qui se tissent entre nous et les personnes ainsi qu'avec les choses matérielles ou immatérielles. Ces liens deviennent la raison de comportements *dépendants, défensifs, agressifs, possessifs, conflictuels*, qui peuvent aller jusqu'au suicide ou au meurtre. Le sentiment d'attachement génère donc beaucoup de peurs, de tensions et de souffrances.

Selon le Bouddha Gautama, l'attachement nourrit le désir et, ensemble, ils deviennent la principale cause de la souffrance humaine. Attachement et désir s'entretiendraient donc l'un l'autre dans un cercle vicieux de codépendance : plus le désir est ardent, plus l'attachement s'accroît, tant à l'objet du désir qu'à l'énergie que génère en lui-même le désir. On imagine dès lors l'importance du lâcher-prise dans notre bien-être.

Mais il n'est pas toujours facile de lâcher-prise

Qui n'a pas vécu la sensualité du désir plusieurs fois dans sa vie ? Je me souviens, par exemple, avoir désiré posséder une maison de tout mon cœur. Je nourrissais mon être de l'idée d'en prendre possession en regardant ses photos sous tous les angles et en planifiant mille aménagements pour mon confort. J'étais autant attaché à l'idée d'avoir cette maison – pas une autre – qu'au désir de la posséder. J'étais en fait totalement attaché, identifié, à la fois à l'idée et au désir d'en devenir propriétaire. Mon désir de propriété augmentait au fur et à mesure que se précisaient mes idées d'aménagement. Je m'y voyais déjà, malgré l'emprunt considérable que cette acquisition supposait, jusqu'à ce que la banque me confirme que le prêt était accordé. Que de souffrances lorsque, quelques années plus tard, est venu le moment de la quitter ! Souffrance de devoir renoncer à « ma maison » et tristesse à l'idée de ne jamais y vivre tout ce que j'avais projeté. Je m'étais profondément attaché à cette maison, et cet attachement générait en moi toutes sortes de sentiments désagréables auxquels il me fallait faire face.

Quelques années plus tard, même scénario de projet d'acquisition d'une autre maison, mais avec un dossier financier fragile. Comment tirer des leçons de ma première expérience ? Pourrais-je choisir de ne pas m'attacher à l'idée de posséder cette maison ? Me serait-il possible de me distancier tant de mon désir d'avoir cette maison que de l'idée de vouloir l'acquérir ? Ma pratique de la méditation pourrait-elle m'être d'un quelconque soutien dans cette nouvelle aventure ? J'ai finalement trouvé cet espace, en pleine conscience : m'engageant dans un projet d'acquisition, mais sans attachement à un *résultat* particulier. En étant présent dans cet espace de liberté, j'ai pu visiter plusieurs fois la maison en couple et en famille. Nous avions reçu un accord verbal de la banque : tout était OK.

Nous avons résilié le bail de notre logement et préparé notre déménagement. Nous avons inscrit les enfants dans de nouveaux établissements scolaires, fait notre changement d'adresse et, à deux semaines de la date où nous devions signer l'acte d'achat, un courrier est arrivé : emprunt refusé. Avec une lucidité que n'aurait pas permis un attachement démesuré, j'ai pu faire des choix qui nous ont donné la possibilité de trouver rapidement un nouveau logement. J'étais peiné certes, mais pas abattu. Étant libre de l'attachement émotionnel à cette maison, je m'étais aussi libéré du désir de posséder et de la dépendance psychoaffective générée par ce désir. J'ai pu ainsi continuer d'avancer sur mon chemin en étant libre et heureux. Mon comportement de lâcher-prise, dans cette situation, a été un vrai soutien pour mon épouse et mes enfants, car ils ont senti que, en fin de compte, tout ça n'était pas si grave pour notre famille.

Le lâcher-prise est une pratique en soi

Cette pratique consiste à apprendre à ne pas s'attacher aux choses *matérielles* – comme les biens, les richesses ou les personnes – ni aux choses *immatérielles* – comme les expériences, les idées ou les émotions. Car rien ne dure dans ce monde : tout change en permanence. Or, le changement entraîne le renoncement et la perte, que ce soit dans nos relations, nos occupations ou nos possessions. Si l'attachement est trop grand, si le désir de possession est trop ardent, tout changement dans la relation, l'occupation ou la possession devient une grande source de souffrance.

Cela signifie-t-il que le pratiquant devient un être froid, un robot insensible, complètement détaché de toute émotion et de toute affection à l'endroit des personnes qui l'entourent et des situations qu'il vit ? Non, absolument pas !

Pratiquer le lâcher-prise, le non-attachement, ne signifie pas qu'on refuse de vivre et d'expérimenter pleinement tout ce qui se présente à la conscience, notamment en ressentant de la peine et de la compassion face à la souffrance, du plaisir dans les moments agréables, de la peur dans des circonstances effrayantes, de la colère dans les situations inacceptables ou de la joie dans les instants de grâce. Pratiquer le non-attachement signifie plutôt être conscient que chacun de ces moments, tristes ou heureux, ne fait que passer, parce que *rien ne dure*. Alors, au lieu de s'attacher à l'impermanence, en entretenant de la mélancolie ou de la nostalgie au sujet des « jours heureux d'avant », le pratiquant vit ce qu'il y a à vivre dans l'instant, pleinement présent à ce qui est. Puis, il lâche prise pour ne pas créer d'attachement, donc de souffrance, au sujet de ce qui, déjà, est passé.

La manifestation la plus profonde de la pratique du non-attachement est, en fait, une attitude positive à l'égard de toutes les circonstances de la vie : quoi qu'il arrive, l'état intérieur du pratiquant tend à être *indépendant des circonstances extérieures*. Celui-ci est libre psychologiquement et émotionnellement des liens qui se tissent intérieurement et extérieurement par rapport à ce qu'il a ou n'a pas. Il peut ainsi avancer librement sur son chemin en interagissant de manière sage avec le « manifesté » comme avec le « non-manifesté ».

Le lâcher-prise ne nous est pas entièrement inconnu. Nous lâchons prise sur le monde matériel et immatériel chaque jour, au moins une fois : au moment de l'endormissement. Ainsi, chacun de nous sait déjà pratiquer une forme naturelle de non-attachement. Il ne reste qu'à transposer cette aptitude naturelle à l'état de veille. En bref, le lâcher-prise n'est pas du laisser-aller, mais plutôt du *laisser-être*. Cela consiste au départ à repérer nos réactions d'*attraction* et de *rejet* dans la vie courante. Dans le premier cas, nous observons notre tendance à nous saisir de certains aspects agréables, confortables ou joyeux de notre vie et à nous y attacher. Dans le second, nous repérons notre penchant à rejeter les facettes désagréables, inconfortables ou tristes de notre existence. Puis, dans un cas comme dans l'autre, nous constatons les souffrances que cela entraîne en cas de changement ou de perte, mais aussi en terme de déni. Lâcher-prise consiste simplement à *laisser être ce qui est présent*.

Le lâcher-prise est le début de la sagesse, c'est-à-dire de la capacité à voir les choses telles qu'elles sont et à prendre du recul par rapport à elles. La sagesse consolide le non-attachement. Et ce dernier renforce l'amour inconditionnel, qui est le sentiment d'être connecté et de ne faire qu'un avec le Tout. Et pour boucler la boucle, l'amour renforce la sagesse… C'est, par conséquent, une qualité primordiale à pratiquer en pleine conscience.

MÉDITATION DU JOUR 7/21 : La méditation de la montagne

CHAPITRE 6

Les 5 obstacles auxquels vous ferez face

Un conte zen raconte qu'un jeune moine décida ce jour-là de quitter son monastère pour pratiquer dans une barque, au milieu du lac. Parvenu au milieu de la grande étendue bleue, il jeta l'ancre, ferma les yeux et commença à méditer.

Après un long moment de silence, il sentit soudainement un choc contre sa coque. *Sans doute qu'une autre barque vient de me heurter*, pensa-t-il. Gardant ses yeux fermés, il observa monter en lui l'*agacement*. Seul au milieu de ce lac, il fut envahi par ses pensées qui se bousculèrent. *Comment avait-on pu ne pas l'apercevoir et le déranger dans sa pratique?* Très vite, son irritation se transforma en *colère*. Prêt à fustiger le batelier qui avait si brutalement dérangé sa méditation, il ouvrit alors les yeux et ne vit personne. Quelle ne fut pas sa surprise de constater que c'était un tronc mort, à la dérive, qui s'était heurté à sa barque! Il avait probablement flotté au gré des courants et du vent. Il s'était déjà éloigné de plusieurs mètres.

Le jeune moine comprit alors que son imagination et un tout petit événement extérieur suffisaient à ce qu'il se mette hors de lui. Dès lors, chaque fois qu'il se heurtait à une situation désagréable ou que quelqu'un l'irritait ou provoquait sa colère, il se disait: « Cet agacement intérieur est le mien. Dehors, tout passe. Il n'y a que des courants et du vent. »

L'instabilité de l'esprit

Lorsque nous décidons de changer quelque chose dans notre vie – comme de nous remettre à faire du sport, de modifier notre alimentation ou de nous coucher plus tôt –, il est parfaitement normal de faire face à toutes sortes d'entraves. Et cela est également vrai quand nous décidons de pratiquer la pleine conscience.

Si vous avez commencé à pratiquer la méditation pleine conscience, sans doute avez-vous remarqué – peut-être même plus qu'auparavant – l'*inconstance* de votre esprit et sa grande *agitation*. En l'espace d'une seule minute, il se met à jaser sur le passé ou le futur, immédiat ou lointain. Vous sautez du coq à l'âne *en permanence* au point qu'il semble plus facile de passer une minute sans respirer que sans penser. Vous-même, comme chaque être humain, êtes le sujet de ce bavardage incessant.

Un vrai vacarme alimenté par toutes vos préoccupations du moment. Pierre-Jean, un membre de mon groupe Facebook, décrit avec humour le bavardage mental comme suit :

Je vais être en retard à ma réunion…
Au Proche-Orient, les tensions…
Mais il va avancer, cet imbécile !
Zut, j'ai oublié mon rouge à lèvres.
Tiens, il commence à pleuvoir.
Faut que j'appelle maman.
Si je réessayais d'arrêter de fumer ?
…
Une fourmi se promène sur un brin d'herbe.

Parfois, un thème revient, quelque chose que nous ruminons et qui se représente en boucle avec de nouvelles interruptions. Tout s'entrechoque dans notre tête. C'est un véritable brouhaha. Nous pouvons même parfois nous demander combien nous sommes dans notre tête, tellement il semble y avoir de monde ! Et qui est vraiment le chef ? Et voilà qu'entrent en jeu notre roi des bavards et le mode zombie, qui nous empêchent d'être présents, ici et maintenant, à l'expérience de l'instant.

Lorsque nous prenons conscience de ce mode de fonctionnement, il ne s'agit pas de nous flageller ou de nous mésestimer. C'est dans *la nature* de l'esprit humain d'être instable et inconsistant. La pratique de la méditation pleine conscience nous amène à le réaliser et à apprendre pourquoi et comment revenir systématiquement à l'instant présent, ici et maintenant.

C'est comme un *entraînement* qui a l'avantage de développer nos capacités d'attention et de concentration. Il nous permet également de reconnaître des schémas récurrents, des modèles personnels que nous avons installés avec le temps et qui nous ramènent systématiquement dans les mêmes ornières. Puis, petit à petit, il nous apprend à décrypter notre langage symbolique du corps-esprit, qui fait que certains de nos états corporels produisent certains types de pensées et, inversement. Entre les deux se trouve cet espace de choix et de liberté, que Victor Frankl a mis en évidence et que la méditation pleine conscience nous donne la possibilité de défricher et d'installer.

Les obstacles à la pleine conscience

Avant d'en arriver là, il est bon de connaître les obstacles que nous rencontrons sur le chemin de la pratique de la pleine conscience et qui peuvent nous ralentir, voire nous arrêter complètement.

Il y a cinq obstacles qui n'épargnent personne, pas même les méditants les plus avancés. Ce sont le désir sensuel, l'aversion, la torpeur, l'agitation et le doute. Nous pouvons tenter de les contourner pendant des semaines, des mois ou des années, mais, à tout instant, ils peuvent surgir sur notre chemin. Si nous pouvons les reconnaître, nous pourrons mieux nous en prémunir. C'est un peu comme des guêpes. Alors que nous arpentons les chemins de la conscience à la recherche de nous-mêmes, nous croiserons sans aucun doute l'une ou l'autre de ces créatures. Si nous l'identifions pour ce qu'elle est et nous comportons adéquatement, même si le risque demeure, il nous est aisé d'échapper à une douloureuse piqûre liée à une trop grande agitation. Et si, avec la pratique et le temps, ces obstacles ne nous piquent plus autant, c'est parce que nous devenons plus attentifs aux risques d'attaque et sommes plus entraînés à les esquiver.

Tout ce qui peut entraver la méditation se catégorise dans l'un des cinq obstacles. En les étudiant, vous découvrez qu'il s'agit uniquement d'*empêchements intérieurs*, générés par l'esprit. Tout ce qui pourrait venir de l'extérieur – comme un environnement bruyant ou une mouche effrontée – n'est considéré comme un obstacle qu'à partir du moment où le pratiquant le laisse passer à l'intérieur. C'est en prêtant attention au bruit ou à la mouche que l'esprit s'irrite en désirant autre chose que ce qui est: du silence, l'absence d'insectes, etc. C'est la raison pour laquelle, autant que possible, vous veillerez à méditer dans un environnement où les distractions provenant de causes externes sont faibles, c'est-à-dire un endroit *calme et tranquille*, ni trop chaud ni trop frais et ne présentant aucune difficulté particulière.

Le désir sensuel

La tranquillité de l'âme provient
de la modération dans le plaisir.

Démocrite

Le désir sensuel concerne tous les sens. C'est le premier obstacle à apparaître lors de la pratique de la méditation. Il est là dès que nous ressentons, ne serait-ce qu'un instant, une sensation que nous étiquetons comme plaisante ou agréable et qui nous incite à rechercher le plaisir des sens.

Au cours de notre développement intra-utérin, puis pendant les premiers mois de notre vie, nous avons appris le monde au travers des sensations. Celles-ci ont guidé notre esprit dans la découverte et la connaissance de notre incarnation. Comment? Par nos sens. Bien avant que la pensée n'envahisse notre perception du monde, le goût et l'odorat, le toucher, l'ouïe et la vue ont été nos premiers guides pour apprécier la vie.

Très vite, les émotions se sont ajoutées aux sensations. Puis, plus tard, le langage et, avec lui, les pensées. Généralement, notre maman – bénie soit-elle – a nourri nos sensations agréables en nous apportant tout l'amour et toute l'attention qu'une mère donne naturellement aux besoins de son nourrisson. On sait aujourd'hui que le manque d'affection a des effets dévastateurs sur le développement. Nous nous sommes attachés à certaines sensations, à certaines odeurs, à certains goûts et à certaines émotions... de façon tellement profonde et inconsciente que, dès qu'il s'agit de sensations agréables, notre esprit les désire, les recherche et s'y attache afin qu'elles *durent*.

Par conséquent, l'esprit se charge d'attirer notre attention vers ce qui nous apporte de la satisfaction et de rejeter tout ce qui pourrait nous procurer de l'inconfort. Et il est inconfortable de méditer, surtout au commencement. Nous sommes rapidement mal à l'aise de devoir rester immobiles; nous avons mal aux jambes, au dos, à la nuque... Nous découvrons aussi des douleurs qui étaient là, en sourdine, mais auxquelles nous ne prêtions aucune attention. Notre corps nous crie des choses alors qu'enfin nous lui accordons un peu d'attention.

Du «je suis mal à l'aise» au malaise, il n'y a qu'un pas que l'esprit a tôt fait de franchir pour nous inviter à faire autre chose, à cesser la pratique, à nous faire du bien... *autrement* qu'en méditant. Il faut du temps et de la pratique pour que le désir sensuel cesse et que l'esprit goûte au simple fait de demeurer paisiblement sur son objet d'attention.

Le désir sensuel est un obstacle qui masque la véritable nature des choses, car il se focalise sur un seul aspect de la réalité: le côté *agréable* des choses. Or, ce qui apporte le véritable bonheur n'est pas lié au plaisir sensuel qui est, par nature, éphémère. Pour contourner cet obstacle, le pratiquant devra donc *prolonger* petit à petit son temps d'assise. Il devra également apprendre à rester concentré, *quoi qu'il arrive*, sur l'objet de sa méditation, comme le souffle. Il aura aussi intérêt à observer, sans les saisir ni les rejeter, tous les aspects *déplaisants* de l'expérience. C'est de cette façon que ce premier obstacle sera dépassé.

Je constate que plusieurs personnes entament la pratique de la méditation pleine conscience avec toutes sortes d'attentes – compréhensibles, pour ne pas dire légitimes – sur les bienfaits qu'elle pourrait leur apporter. Je constate aussi que ces attentes génèrent une multitude de désirs – également justifiables – de se faire du bien, de relaxer et de ressentir des choses agréables. Il me semble donc intéressant de vous proposer des questions qui peuvent vous aider à réfléchir sur la façon dont ce premier obstacle pourrait se manifester pour vous.

Questions pour réfléchir sur le premier obstacle

1. Quel rôle la recherche de ressentis plaisants ou agréables a-t-elle dans votre vie ? Quelle place prend-elle dans votre journée ? Quelles activités quotidiennes influence-t-elle ?
2. Quels effets les sensations agréables produisent-elles sur vous ? Quel type de plaisir est le plus satisfaisant ou le moins satisfaisant pour vous ? Lequel vous apporte le plus grand sentiment de bien-être ?
3. Physiquement, émotionnellement et mentalement, qu'est-ce qui différencie vos désirs sensuels de vos expériences sensuelles ?
4. Quel rôle le désir d'expérimenter des choses agréables joue-t-il dans votre vie aujourd'hui ? Jusqu'à quel point agit-il avec force sur vous ? Vous sentez-vous vraiment libre d'agir lorsque vous le ressentez ? Vous arrive-t-il de regretter la poursuite de sensations plaisantes ou agréables ? Quelles ont été les conséquences les plus désagréables de cette poursuite ?
5. Quelles expériences sont, pour vous, plus complètes, entières, que celles des seuls ressentis plaisants ou agréables ? Quels sentiments ou quelles expériences, autres que ceux et celles associés à la satisfaction du désir sensuel, sont plus significatifs ou signifiants pour vous ? Comment pourriez-vous entretenir ces sentiments ou ces expériences ?

Faites une pause. N'allez pas plus loin dans votre lecture avant d'avoir pris le temps de réfléchir à ces questions.

MÉDITATION DU JOUR 8/21 : Je marche en conscience

L'aversion

La colère est comme une avalanche
qui se brise sur ce qu'elle brise.

Sénèque

Dans la pratique de la pleine conscience, tout – sans exception – peut servir d'objet d'attention ou d'observation. La façon dont chacun des cinq obstacles se manifeste dans la vie d'une personne est *unique*; et cela vaut aussi pour l'aversion qui prend les formes du rejet, de l'agressivité, de la colère voire de la haine. Il nous appartient donc de découvrir comment chaque obstacle agit en nous et entrave notre progression personnelle sur le chemin de la pratique.

L'aversion est l'expression du fait que nous n'acceptons pas les choses telles qu'elles sont. Peut-être voudrions-nous réussir à bien faire notre méditation et, justement, le voisin fait des travaux! Ou un moustique affamé tourne dans la pièce! Peut-être même que le coussin est bien trop dur ou bien trop mou et que c'est i-n-s-u-p-p-o-r-t-a-b-l-e!!! Nous voudrions que la situation soit différente de ce qu'elle est.

En fait, nous refusons qu'elle ne soit pas telle que nous le désirons tout en ressentant une forme d'*impuissance* à la changer. Nous perdons alors notre attention à l'instant présent et nous ne parvenons pas à méditer. Au moindre sentiment de rejet, de dépréciation, de mécontentement, d'irritation, voire de haine, nous faisons face au deuxième obstacle: l'aversion.

Elle est engendrée par la plus petite pensée d'*insatisfaction*. Elle est le plus souvent une manifestation de surface de quelque chose de plus profond, de plus enfoui, dont nous n'avons généralement *pas conscience*. Elle peut provenir, par exemple, d'un désir frustré, d'une peur, d'une blessure ou d'un inconfort affectif, d'un sentiment d'infériorité ou d'abandon, d'un conflit intérieur ou extérieur, voire d'un comportement acquis pendant la petite enfance.

Si nous n'y prenons pas garde, l'aversion peut entretenir une forme de malveillance permanente envers nous et envers les autres. Elle crée de la mauvaise humeur, de l'irritabilité et même de la suspicion à l'égard des intentions d'autrui. C'est comme une maladie rampante qui s'installe et grignote inlassablement notre confiance en nous, dans les autres et dans la vie. Nous vivons alors des querelles fréquentes et des conflits dans la plupart de nos relations, avec notre famille, nos amis et nos collègues. Tant que nous ne réalisons pas que le monde n'est, en fait, que *le reflet de notre âme*, nous ne comprenons pas pourquoi notre environnement est si hostile et malveillant.

Pendant longtemps, je ne me sentais pas responsable de ma colère

Prenons l'exemple de la colère qui est une des formes de l'aversion: accepter l'idée que nous sommes l'unique responsable de notre colère peut prendre un certain temps. Ça en a pris pour moi, en tout cas, qui étais sujet à de fréquentes colères. Des colères qui, d'une certaine façon, prenaient *possession de moi*: je me voyais me mettre dans une colère furieuse, dire des choses blessantes et me comporter de façon agressive sans rien pouvoir faire pour m'arrêter. C'était comme vomir quelque chose qui se trouvait à l'intérieur de moi, sans pouvoir le contenir plus longtemps. Comme un trop-plein qui se met à couler avec la goutte de trop, vous savez, celle qui fait déborder le vase. Et Dieu sait que mon vase débordait souvent. En fait, j'étais une vraie barrique de colère liquide.

Il m'a fallu des années avant que je réalise que l'origine de ma colère remontait au décès de mon père, alors que j'avais dix ans. Derrière cette colère se trouvait en fait un enfant broyé par un immense sentiment d'impuissance et de tristesse face à un événement douloureusement *incontrôlable*. Étant d'une nature plutôt calme et introvertie, la seule façon que j'avais trouvée pour exprimer, expurger, extérioriser tout cela consistait à ouvrir une *soupape de colère* au sommet de ma barrique, juste assez souvent pour laisser s'échapper toute la pression et l'amertume accumulées.

J'étais simplement prisonnier et esclave d'une histoire que je me racontais depuis des années. Les conséquences sur ma vie et mon entourage en ont été douloureuses et, le plus souvent, disproportionnées par rapport à la nature de l'événement déclencheur. Je ne me sentais pas responsable de ma colère, comme si j'avais besoin de trouver un coupable à l'*extérieur*. Vous connaissez cela: «Je n'en peux plus de ces embouteillages qui me fatiguent !!! » « Il doit se comporter différemment avec moi s'il veut que je reste calme !!! » « Elle ne peut pas dire ça en pensant que je ne vais pas réagir !!! »

Vous prenez tellement les choses de façon personnelle – très à cœur, même – que vous êtes incapable de voir la nature profondément *impersonnelle et illusoire* de votre colère. Quelque chose en vous guette chaque occasion de pouvoir vider un peu votre barrique de colère, votre trop-plein d'impuissance. Et une fois que cela s'est produit, vous vous sentez vide, sans énergie et très honteux de n'avoir pas su vous contrôler. Bref, le remède est pire que la plaie.

Observer la colère en conscience est riche d'enseignements

Devenir conscient de votre colère et reconnaître la nature impermanente de *toutes vos émotions* peut faire partie de votre pratique de méditant. Le mécontentement, l'irritation, l'agressivité ou la colère sont des objets d'attention, au même titre que la respiration, par exemple. Puisqu'il n'y a rien à réussir, rien à atteindre et rien qui puisse être mal fait, ces ressentis ne sont rien de plus et rien de moins que des expériences à reconnaître, à observer et à accepter.

En réalité, tout ce qui émerge autour de l'aversion ne vient pas de l'extérieur de nous, mais prend sa source en chacun de nous. La pratique de la méditation pleine conscience est une formidable occasion de permettre à ces émotions d'exister dans l'instant, d'y être présent sans les juger, sans vouloir les modifier ni les ignorer.

Bien entendu, l'émotion de colère peut parfois être justifiée et même, lorsqu'elle est contrôlée, tout à fait utile. L'énergie de toute forme d'aversion peut être canalisée pour agir concrètement. Mais que de travail, dans mon cas, pour en arriver là et ressentir une saine (sainte ?) colère !

Alors, observez avec soin comment vous ressentez physiquement votre colère ; comment elle modifie votre façon de penser et de vous comporter. Notez également ses différents aspects désagréables et comment elle modifie votre niveau d'énergie personnelle et de bonne ou de mauvaise volonté pour faire certaines choses.

Il me semble à nouveau intéressant de vous proposer quelques questions qui peuvent vous aider à réfléchir sur la façon dont ce second obstacle pourrait se manifester pour vous. Et si la colère n'est pas la forme d'aversion la plus fréquente pour vous, remplacez simplement le terme par celui qui vous convient : rejet, mécontentement, irritation, agressivité ou haine

Questions pour réfléchir sur le deuxième obstacle

1. Quelle est votre histoire personnelle avec la colère ? Qu'avez-vous appris sur la colère dans votre famille, dans votre culture, avec vos amis et vos collègues ? Quelles ont été certaines de vos expériences les plus marquantes avec la colère ? En avez-vous déjà exprimé ? En avez-vous déjà subi ? Qu'en avez-vous appris ?
2. Quelle place l'irritation et la colère occupent-elles aujourd'hui dans votre vie ? Quelle part de votre temps et de vos pensées leur est consacrée ? Quelles activités quotidiennes génèrent souvent de l'irritation chez vous ? Qu'évitez-vous de faire régulièrement à cause d'elle ?
3. Physiquement, émotionnellement et mentalement, comment votre expérience personnelle de la mauvaise volonté diffère-t-elle de votre expérience des choses désagréables ? De quelle façon diffère-t-elle de vos expériences du *déplaisir* ou du *désaccord* ?
4. Quelles sont, pour vous, certaines des conséquences malencontreuses d'avoir agi avec mauvaise volonté ou irritation ? Que vous a déjà coûté votre mécontentement ? Quelles sont ses répercussions sur votre état physique, émotionnel mental et social ?
5. Quelles sont les croyances qui soutiennent votre attitude de mécontentement ? Que croyez-vous à votre sujet ou au sujet des autres qui tend à se transformer en irritation ?

Faites une pause. N'allez pas plus loin dans votre lecture avant d'avoir pris le temps de réfléchir à ces questions.

MÉDITATION DU JOUR 9/21 : Je savoure l'instant présent

La torpeur

La perfection du caractère consiste à passer
chaque journée comme si c'était la dernière,
à éviter l'agitation, la torpeur et l'hypocrisie.

Marc Aurèle

La torpeur est une forme de *paresse*. Pendant la pratique, il est fréquent qu'une certaine somnolence s'installe, en particulier si vous avez un rythme de vie fatigant et que vous méditez en vous levant plus tôt qu'à votre habitude ou après une dure journée d'activités. Il se peut alors que votre esprit et votre corps deviennent lourds et qu'une certaine nonchalance mentale s'installe. Cette paresse, associée à une langueur physique, ne permet pas de maintenir la vigilance nécessaire à la pratique méditative.

Nous ne parvenons plus à rester concentrés sur l'objet d'attention de notre méditation, par exemple notre respiration. Une sorte d'engourdissement général, physique et psychique, apparaît et la torpeur s'installe. En fait, le plus souvent de façon inconsciente, nous perdons alors complètement notre attention en cédant à cette forme d'assoupissement psychocorporel qui peut précéder le sommeil. C'est comme un décrochement inattendu de l'attention.

Cette situation peut être comparée à une forme de *captivité*, car nous ne la choisissons pas librement. Nous sommes, pour ainsi dire, happés ou emprisonnés par des circonstances qui nous échappent. Nous perdons le contrôle, un peu comme si nous nous endormions au volant de notre corps.

La torpeur est une occasion rêvée de décrocher en toute inconscience. Bien qu'il puisse arriver dans n'importe quelle posture, ce phénomène de torpeur se produit souvent durant une pratique couchée bien connue des méditants de pleine conscience sous le nom « balayage corporel » (*body scan*). Même si cette pratique n'est pas un exercice de relaxation, mais plutôt un entraînement de l'attention, beaucoup de débutants s'endorment dès les premières minutes. La position allongée, généralement suggérée, y est certainement pour quelque chose. Il ne sert à rien de ressentir des regrets ou de la culpabilité pour ces quelques minutes de repos volé. J'aime rappeler que, tant que le corps a besoin de sommeil, l'esprit ne peut pas être aussi vif qu'il en est capable. Autant laisser à notre véhicule psychocorporel cette occasion *inespérée* de récupérer. Après tout, souvenez-vous qu'il n'y a aucun objectif à atteindre et, par conséquent, rien qui puisse être bien fait ou mal fait.

Pour ce balayage corporel, le pratiquant peut être allongé. Il décontracte ses muscles, un à un. Son corps réclame alors un repos bien *légitime*, lui qui est sursollicité par notre mode de vie occidental. Il se relâche complètement dans une agréable sensation de torpeur. Puis, il se réveille, tout étonné d'avoir dormi, au moment où sonnent les cloches indiquant la fin de la pratique. Cette situation se produit fréquemment, parfois, sur une période assez longue. Il faut dire que certains d'entre nous n'offrent pas toujours à leur corps une vraie possibilité de ne rien faire. Il y en a même, je le sais, qui détournent sciemment cette pratique en l'utilisant comme moyen d'endormissement. Tant que la sensation de fatigue dépasse celle de la vigilance, le fait que le sommeil s'empare de la pratique pour offrir du repos au corps ne cause aucun problème.

Toutefois, si cet état de torpeur dure trop longtemps et qu'il se répète avec plus ou moins de force dans différentes postures, il ne nous permet pas de progresser et devient un véritable obstacle. Au-delà du besoin de repos corporel, la torpeur peut également provenir d'un manque général d'orientation, de motivation, d'exercice ou d'une incapacité à aborder la pratique avec le regard frais et neuf que demande l'esprit du débutant. Tous ces manques peuvent produire une forme d'*ennui* ou de *désengagement* à l'égard de la pratique de la méditation pleine conscience. Des manques qui alimentent la torpeur et la paresse. C'est un cercle vicieux. Pour faire face à cet obstacle, il convient de s'interroger d'abord sur notre *style de vie* – sur les plans alimentaire, familial, professionnel et social –, afin d'estimer dans quelle mesure il se répercute sur notre niveau d'énergie personnelle.

Il est possible de dépasser la torpeur en conscience

Afin de gérer au mieux notre énergie en nous redynamisant lorsque la torpeur apparaît, nous pourrions opter pour une méditation marchée ou toute autre forme de pratique méditative *en mouvement*: comme le yoga, pratiqué lentement, le taï-chi, le qi gong ou un art martial comme l'aïkido. Durant les périodes de pratique formelle en position assise ou allongée, il pourra être utile d'ouvrir les yeux de temps en temps et de les faire tourner quelques instants dans leur orbite dans un sens, puis dans l'autre, afin de rehausser le niveau de vigilance.

Nous pourrions également prendre quelques respirations appuyées dès que nous nous sentons happés par cet état de torpeur. Si nous sommes assis, le simple fait d'ajuster notre posture, pour qu'elle exprime la dignité, l'ouverture et la stabilité, pourrait aussi nous aider à redynamiser notre ensemble corps-esprit. Encore plus simplement, il ne faut pas hésiter à se lever, à faire quelques pas en conscience et, si c'est possible, à s'asperger le visage et le cou d'eau bien fraîche.

Comme pour les autres obstacles, voici quelques questions pour vous aider à réfléchir sur la façon dont ce troisième obstacle pourrait se manifester pour vous.

Questions pour réfléchir sur le troisième obstacle

1. Vous considérez-vous comme une personne énergique? À quels moments de la journée vous sentez-vous vraiment énergique? Peu énergique? Quelles activités vous donnent de l'énergie et lesquelles vous en enlèvent? De quelle façon récupérez-vous le mieux votre énergie? Est-ce en vous reposant ou par certaines activités?
2. En dehors du fait normal d'être fatigué à la fin de la journée, quelles sont les principales manières dont vous perdez votre énergie et votre entrain? Quelles sont les circonstances ou les activités qui produisent cette fatigue? Quelles sortes de pensées ou de croyances crée une telle perte d'énergie?

3. Trop dormir ou pas assez a une influence sur l'état de fatigue. Dormez-vous régulièrement plus, ou moins, que vous le devriez? Votre sommeil est-il réparateur?
4. Quels produits utilisez-vous chaque jour pour lutter contre la fatigue ou pour vous donner de l'énergie (caféine, théine, magnésium, etc.)? Qu'est-ce que cela pourrait signifier si ces produits ne suffisent pas ou plus à vous maintenir énergique?
5. Dans votre pratique de la méditation pleine conscience, qu'est-ce qui peut vous aider à dépasser l'obstacle de la torpeur ou de la paresse?

Faites une pause. N'allez pas plus loin dans votre lecture avant d'avoir pris le temps de réfléchir à ces questions.

MÉDITATION DU JOUR 10/21 : C'est bon de manger en pleine conscience

L'agitation

La fatigue est la ruine du corps et l'inquiétude,
la faucille de l'âme.

Proverbe arabe

Le quatrième obstacle à la pratique de la méditation pleine conscience est l'agitation, qui est une forme d'*inquiétude*.

Nous nous agitons lorsque nous nous tracassons au sujet de choses passées, lorsque nous nous préoccupons du futur et lorsque nous avons envie de *faire des choses*. Certains chercheurs estiment que l'esprit humain produit en moyenne 60 000 pensées par jour. Avec la pratique de la méditation, on comprend vite, d'une part, que beaucoup d'entre elles ne sont pas nouvelles et, d'autre part, qu'elles constituent le miroir dans lequel nous croyons percevoir la réalité. Ainsi, si l'essentiel de nos pensées est sombre, c'est ainsi que le monde nous apparaîtra. Nous dirons que le monde extérieur EST sombre, alors qu'il n'est que le reflet de notre état intérieur.

Car nos pensées sont organisées en un véritable « Syndicat du drame personnel », réunissant toute une bande de penseurs compulsifs qui se droguent à grandes doses d'agitation. Si, si, si… Il y a, par exemple, un agité du bocal et un paresseux intellectuel, un juge intransigeant et un libertaire ultra-tolérant, un despote illuminé et un bienfaiteur aveugle, un sorcier psychorigide et un magicien chaleureux, un lâche manipulateur et un courageux authentique, un casseur malhonnête et un réparateur loyal, un imbécile brutal et un doux rêveur, un rebelle grossier et un conformiste soumis, un mercenaire sans foi ni loi et un soldat intègre.

Ces *opposés complémentaires* existent en chacun de nous, créant ainsi tous les contrastes de notre personnalité. Ce sont, en fait, autant de parties de nous, de nos ombres et de notre dualité, que nous pouvons, que nous devons apprendre à reconnaître et à accepter avant, peut-être un jour, de les aimer inconditionnellement. Cela demande une longue pratique. Peut-être même, selon certaines traditions ou croyances, plusieurs vies…

L'agitation obscurcit l'esprit

En attendant que ce processus alchimique fasse son œuvre, toutes ces parties de nous, soumises à une folle agitation, produisent des pensées répétitives qui *obscurcissent* notre esprit en générant, par exemple, de la peur, du jugement, du rejet, de l'hostilité et de l'attachement ou en justifiant nos points de vue. Beaucoup d'entre nous adorent râler ou parler en boucle de leurs problèmes sans réaliser que cela les entretient dans l'illusion. Comment ? Simplement en créant – de façon inconsciente et persistante – de la souffrance pour eux-mêmes et pour autrui.

Tant que l'esprit n'est pas bien attentif à son objet d'attention – la respiration, par exemple –, il peut manifester une sorte d'ennui pour la pratique, voire de lassitude, en produisant de l'agitation à travers toutes sortes de pensées parasites. Contrarié par l'invitation à exister sur le *mode être*, il cherche désespérément à s'accrocher au *mode faire* afin de compenser sa peur de ne plus exister dans l'être. Il tente alors de se divertir en évoquant des souvenirs ou des projets qui font penser à un zapping incessant et frénétique. L'esprit cherche à s'occuper en trouvant une tâche à accomplir et il le fait en ressassant des tonnes de choses. Ces pensées répétitives peuvent concerner notamment l'argent, une situation conflictuelle ou l'organisation d'un événement futur. L'agitation intérieure est telle qu'elle peut même provoquer des sensations physiques de fourmillement, de démangeaison ou de malaise.

Dès qu'il s'agite, l'esprit devient incapable de rester fixé sur l'objet de sa pratique. Il s'obscurcit à l'image d'un ciel chargé de nuages qui masquent la lumière du soleil. C'est un peu comme lorsqu'on laisse un morceau de fruit sur la nappe du pique-nique : si l'on permet à une guêpe d'y goûter, on se retrouve très vite envahi par d'autres guêpes. De la même manière, si nous commençons à prêter attention au discours de l'un des membres de notre Syndicat du drame personnel, nous invitons tous les autres membres avec leurs essaims d'inquiétudes. Et cela produit inévitablement de l'agitation autour de la table, n'est-ce pas ?

L'agitation, c'est donc cet état mental d'égarement qui amène l'esprit à *vagabonder dans les couloirs du temps*, entre le passé et l'avenir. Nous rebondissons entre la peur et l'espoir, comme des balles de tennis : nous avons peur d'avoir manqué quelque chose et nous espérons que ce qui vient sera mieux que ce que l'instant présent a à nous offrir. Cet état mental s'accroche le plus souvent à des pensées qui génèrent des sentiments désagréables, avec cette fausse perception qu'il n'est pas possible de continuer à pratiquer tant que le problème qui surgit n'est pas réglé.

Nous pouvons alors, par exemple, nous observer en train de réfléchir à la façon dont nous aurions dû réagir dans telle situation passée, à dresser des listes de choses à faire pour mener à bien des tâches futures ou à compter impatiemment chaque seconde en espérant que la fin de la pratique arrive vite. Sur certains sujets, ces états passagers – que nous connaissons tous et qui sont parfaitement normaux – peuvent même se transformer en inquiétude. Il s'agit alors plutôt d'une forme d'état persistant de regret pour des circonstances passées ou de rumination pour des situations à venir.

L'immobilité du corps révèle l'agitation de l'esprit

Toute cette agitation est favorisée par l'état de calme induit par la pratique formelle et immobile de la méditation pleine conscience. Lorsque l'activité corporelle est *réduite au minimum* et que l'esprit n'est plus absorbé dans toutes sortes de choses à faire, les regrets et la culpabilité liés à des situations même très anciennes remontent, pour ainsi dire, à la surface de la conscience. C'est aussi pour cette raison que la pratique seule de la méditation – sans attitude vertueuse au quotidien ou, autrement dit, sans éthique – ne reste qu'un vaste champ d'obstacles. Par exemple, un pratiquant dont le comportement manque d'intégrité dans sa vie personnelle, familiale, professionnelle ou sociale se prépare à vivre des pratiques méditatives dans lesquelles se manifesteront forcément tous ses écarts, par une myriade de pensées parasites. « Qui sème le vent récolte la tempête » dit le proverbe ou, si vous préférez, « qui n'agit pas avec intégrité est sacrément agité du bocal ».

Heureusement, comme un ouvrier qui a sous la main tous les outils nécessaires pour accomplir son travail, le méditant dispose de toutes sortes d'astuces pour *contourner* cet obstacle de l'agitation qui attire son attention vers des objets ou des sujets extérieurs. Toutefois, pour commencer, il est utile de se souvenir que l'esprit peut sauter sur n'importe quelle occasion pour abandonner son objet d'attention. La nature instable de l'esprit étant (re)connue, nous pouvons décider d'arrêter toute cette agitation à chaque instant, car, où que nous soyons, nous avons le choix :

- de prendre deux ou trois grandes respirations conscientes ;
- de ressentir attentivement notre corps à l'aide de nos sens ;
- d'ouvrir notre cœur sans porter de jugement…
- … et de rester en dehors de cette histoire sans fin que produit notre cinéaste mental, avec l'aide du Syndicat du drame personnel et dans lequel nous sommes, sachons-le, acteur, spectateur et metteur en scène.

En entretenant une ferme volonté de *demeurer à notre pratique*, sans bouger d'un iota, nous découvrons que l'agitation mentale – lorsqu'elle est reconnue – est un phénomène comme un autre, qui finit par s'estomper avant de disparaître. En ramenant simplement notre attention à l'objet d'attention de la pratique – par exemple, notre respiration – sans saisir ni rejeter aucune des pensées liées à l'agitation, nous renonçons simplement à nourrir l'inquiétude. Et, petit à petit, même lorsque la pratique sera terminée, nous reconnaîtrons la façon dont l'agitation se manifeste dans notre vie, sans plus l'entretenir par un comportement inadéquat. Un grand pas aura alors été franchi sur le chemin.

En attendant, voici quelques questions pour vous aider à nourrir votre réflexion sur ce quatrième obstacle.

1. Comment l'agitation se manifeste-t-elle dans votre corps et votre esprit ? Quels effets a-t-elle sur votre vie ? De quelle façon agissez-vous lorsque vous êtes agité ? Quelles sont les situations qui créent de l'agitation ou de l'inquiétude en vous ?

2. Quels sont les moments de la journée où vous vous sentez le plus calme et posé ? Quelle importance accordez-vous au calme dans votre vie ? Qu'est-ce qui vous aide à l'installer en vous et autour de vous ? Dans quelles situations le perdez-vous le plus souvent ?
3. Pendant quelques jours, notez dans un carnet les situations qui produisent de l'agitation ou de l'inquiétude en vous. Après avoir fait cet exercice, pouvez-vous remarquer des schémas récurrents, des modèles ? Lorsque vous vous sentez agité ou inquiet pendant une journée ou plus, cela concerne-t-il plutôt des événements passés, actuels ou futurs ?
4. Inscrivez, toujours dans votre carnet, les croyances qui sous-tendent votre agitation mentale et vos inquiétudes pendant quelques jours. Puis, remettez en question ces croyances. Comment les avez-vous acquises ? Sont-elles réellement vraies ou utiles ? Comment sont-elles liées à votre sentiment d'estime de vous, de confiance en vous ou d'affirmation de vous ? Écrivez toutes vos réflexions.

Faites une pause. N'allez pas plus loin dans votre lecture avant d'avoir pris le temps de réfléchir à ces questions.

MÉDITATION DU JOUR 11/21 : Trois choses positives

Le doute

Il faut savoir douter où il faut, se soumettre où il faut, croire où il faut.

Blaise Pascal

Le cinquième et dernier obstacle à la pratique de la méditation pleine conscience est le doute.

Il ne s'agit pas ici du doute raisonnable, cette forme de pensée critique, basée sur l'expérience, qui est *indispensable* à toute pratique saine et constructive. Le doute raisonnable amène des questions, par exemple, sur la façon de bien faire ou de ne pas mal faire les choses ou sur les effets parfois inattendus de la pratique de la méditation pleine conscience. On peut aussi se demander: *Que diront les gens autour de moi? Et si ça ne marchait pas pour moi? Vais-je y arriver?*

Ces interrogations – et beaucoup d'autres – sont parfaitement légitimes, saines et naturelles. Et même si nous savons qu'elles peuvent troubler la clarté de notre esprit en ajoutant de l'agitation supplémentaire à un état initial déjà souvent perturbé, elles sont *normales* au début de la pratique.

Ce qui fait obstacle à la pratique de la méditation est plutôt une attitude de doute extrême, captive du scepticisme ou de l'indécision. C'est une forme de doute non raisonné, une sorte de pensée conceptuelle et erronée, basée sur une appréhension qui nous éloigne de nous et de la pratique de la méditation pleine conscience. Cette façon de douter nous conduit à remettre en cause, entre autres,

- notre capacité à changer quelque chose dans notre vie;
- l'intérêt véritable de la méditation;
- la qualité de «notre guide» ou de «notre enseignant»;
- la méthode enseignée.

Cette attitude de scepticisme et d'indécision nous amène à perdre confiance en nous. Elle génère des conflits internes et externes et remet en question notre engagement dans la pratique en nous plaçant dans une forme d'hésitation persistante. Nous demandons alors à être convaincus et, même lorsque les preuves sont là, nous trouvons mille raisons de ne pas y croire, d'argumenter, de ne plus nous impliquer. La difficulté à prendre des décisions, la confusion, le retrait, la procrastination, le déracinement, la passivité ou la rigidité sont autant de manifestations de ce type de doute.

Autrement dit, nous n'arrivons plus à avancer ou, pire, nous ne voulons plus progresser sur le chemin. Un sentiment de blocage paralyse tout souhait éventuel de persévérance dans la pratique. En creusant, nous découvrirons peut-être que ce doute non raisonné repose le plus souvent sur un affect inconscient de peur, de frustration ou de culpabilité.

Le doute nous pousse irrémédiablement vers les quatre autres obstacles

Lorsqu'il se présente, le doute non raisonné a aussi tendance à nous précipiter vers l'un des autres obstacles : le désir sensuel, l'aversion, la torpeur et l'agitation. Il est évidemment *impossible* de contrôler tous les aspects de notre vie qui nous mettent face à ces obstacles, car nombre de choses ne dépendent pas que de nous. Apprendre à trouver l'équilibre, à lâcher prise, à cultiver un certain sens de l'intégrité sont autant d'aspects nécessaires à notre paix intérieure. Plus que dans les circonstances elles-mêmes, notre véritable liberté réside dans notre capacité à choisir, à chaque instant, comment nous accueillons et répondons à ces circonstances.

Alors, il peut être utile de nous interroger sur la place que le doute occupe dans notre vie et, surtout, sur notre façon personnelle de douter et de remettre en cause notre pratique de la méditation pleine conscience. Considérez attentivement les doutes que vous avez en relation avec la pratique de la méditation pleine conscience.

1. À quel point êtes-vous sceptique ou incertain à propos des bienfaits de la méditation pleine conscience ? À quel point doutez-vous de

votre capacité à y arriver ? Quelles ambiguïtés percevez-vous au sujet de certaines pratiques ou de certains résultats de la pratique ? Quelles répercussions le doute a-t-il sur votre pratique ? De quelles autres façons vos doutes interfèrent-ils avec votre méditation ?

2. Sur une échelle de 1 à 10, comment évaluez-vous votre confiance en votre pratique de la méditation ? Depuis que vous méditez, de quelles façons votre confiance a-t-elle fluctué ? Quelles sont les raisons de cette fluctuation ?
3. Lorsque vous pratiquez, quelles peurs ou quelles hésitations peuvent surgir au sujet de la méditation ? Êtes-vous effrayé à la possibilité de vivre certaines expériences à travers la méditation et y résistez-vous ?
4. Quels conflits ressentez-vous en pratiquant la méditation alors que d'autres activités vous appellent ? Quels aspects de votre vie vous semblent menacés par cette pratique ?
5. Quelles sont les situations, les conditions ou les croyances qui génèrent le plus facilement le doute en vous ? De quelle façon vos frustrations et vos difficultés inhérentes à votre pratique de la méditation se répercutent-elles sur votre niveau de doute ? Que pouvez-vous mettre en place pour soutenir votre confiance en vous et progresser dans votre pratique au-delà des doutes ?
6. Comment vivez-vous la notion d'engagement, en général et en particulier, avec vous-même ? Que pensez-vous de votre façon de suivre vos engagements ? Comment décririez-vous votre engagement dans la pratique de la méditation pleine conscience ? En comparaison avec d'autres activités, à quel point êtes-vous engagé dans votre pratique ?

Faites une pause. N'allez pas plus loin dans votre lecture avant d'avoir pris le temps de réfléchir à ces questions.

MÉDITATION DU JOUR 12/21 : Désactiver stress, inquiétude et anxiété

CHAPITRE 7

Les 9 fruits que vous récolterez par la pratique

Sois satisfait des fleurs, des fruits, même des feuilles,
si c'est dans ton jardin à toi que tu les cueilles !

Edmond Rostand

Histoire de Bayani

Un sage vivait depuis de nombreuses années dans une forêt luxuriante, à l'écart des hommes et des bruits de la ville. Sa modeste cabane était faite de branches de bambou et de grandes feuilles de fougères offertes par la forêt. De temps en temps, des citadins lui rendaient visite. Ils savaient toutefois qu'ils ne pouvaient lui poser qu'une seule question à chaque rencontre. C'était la règle imposée par le sage.

Un jour, un homme du nom de Bayani se présenta devant sa porte. Il semblait très fatigué. Il ne tarda pas à exposer les nombreux problèmes et inconforts qui surgissaient dans sa vie. Il faisait de grands efforts personnels et dans sa communauté pour devenir un homme bon, mais il était régulièrement confronté à toutes sortes d'obstacles qui lui donnaient le sentiment de stagner et de s'épuiser en vain. Il cherchait donc le conseil avisé du vieil homme, qui l'écouta en silence et avec beaucoup de bienveillance. Lorsque Bayani eut fini de parler, le sage précisa qu'il ne répondrait qu'à une seule question et invita l'homme à la formuler.

Après un moment de réflexion, Bayani demanda :

– Existe-t-il une seule bonne raison pour que je ne m'avoue pas complètement vaincu ?

Le vieil homme sourit, puis répondit :

– Regarde la forêt autour de toi et écoute sa sagesse. Vois-tu la fougère et le bambou ?

– Oui, répondit Bayani.

– Lorsque j'ai semé les graines de la fougère et du bambou, j'ai été très attentif. La première année, la fougère s'est répandue très vite. Ses larges feuilles vertes ont recouvert le sol. Mais le bambou n'a rien donné. Je n'ai pourtant pas oublié que j'avais semé du bambou.

» La deuxième année, la fougère s'est répandue avec abondance et son brillant s'est accentué, mais, cette fois encore, la graine de bambou n'a rien produit. Mais je n'ai pas oublié le bambou que j'avais semé.

» La troisième année, les fougères sont devenues si grandes et si belles que j'ai pu les utiliser pour me mettre à l'ombre. Quant à la graine de bambou, une fois de plus, elle n'a rien donné.

» Mais je n'ai pas oublié que des graines de bambou étaient en terre.

» La quatrième année, comme les précédentes, le bambou n'a pas poussé. Mais je n'ai pas renoncé au bambou.

» La cinquième année, enfin, de toutes petites pousses de bambou sont sorties du sol. En comparaison des immenses et verdoyantes fougères, elles paraissaient très fragiles et insignifiantes.

» L'année suivante, le bambou a poussé de plus de 20 mètres, surpassant de loin toutes les fougères et se répandant à son tour un peu partout dans la forêt. Il avait passé cinq années à fortifier ses racines afin de soutenir son incroyable croissance. Ses racines étaient invisibles à l'œil nu, mais elles l'ont rendu fort et lui ont permis de puiser dans le sol tout ce dont il avait besoin pour grandir au bon moment...

» Sais-tu, Bayani, que tous ces combats que tu mènes depuis des années t'ont permis, en réalité, de développer tes racines ? Ne regrette pas un seul jour de ta vie ni aucun de tes efforts. Certains jours sont agréables, d'autres désagréables. Tous t'apportent la force et l'expérience nécessaires pour embellir ta vie et celle des autres. La lumière et l'ombre sont toutes deux essentielles à la vie. Les moments agréables t'adoucissent. Les efforts dans les moments désagréables te fortifient. Les chagrins te rendent plus humain. Les échecs te gardent dans l'humilité. Les victoires te font briller.

» Souviens-toi que, dans la forêt de ta vie, le bambou et la fougère peuvent être semés au même moment. Tous deux sont indispensables à l'équilibre des choses. Cependant, chacun fait ses racines à sa manière, exactement au bon moment. Ainsi en est-il de chacun de tes efforts.

Chacun peut imaginer que Bayani a quitté la forêt avec une foi renouvelée dans la vie et, peut-être, la volonté de ne pas renoncer. Si vous êtes venu à la méditation pleine conscience avec une intention claire, vous ne devriez *jamais* abandonner, quelles que soient les difficultés ! Ne vous convainquez pas de la grandeur de vos problèmes, mais dites à vos problèmes à quel point vous êtes grand. Dans les périodes de démotivation et les moments où vous perdez l'intérêt, souvenez-vous que, comme le bambou, vous êtes peut-être en train de fortifier vos racines. Toute période de grands changements est précédée d'une période de grands inconforts. C'est parfaitement normal.

Les fruits de la pratique

Les sept attitudes indispensables à cultiver et les cinq obstacles que nous avons explorés précédemment sont autant de points d'appui pour fortifier nos racines. Ces douze aspects nous aident à comprendre comment cultiver notre espace intérieur en conscience afin de favoriser l'enracinement de la pratique dans notre vie quotidienne. Ils nous permettent également d'identifier ce sur quoi nous avons besoin d'avoir un œil attentif à chaque pratique, c'est-à-dire dès que nous faisons un pas dans notre jardin intérieur. Apprendre à mieux nous connaître implique de nous confronter régulièrement au terrain. Plus nous explorons notre jardin, mieux nous en connaissons tous les aspects. Il n'existe pas de position neutre. Il s'agit toujours d'un choix : celui de cultiver le jardin ou pas.

Une fois notre décision prise, nous pouvons considérer la méditation pleine conscience comme un outil parmi d'autres. Ce point de vue comporte toutefois le risque d'*instrumentaliser* la pratique en cherchant à l'appliquer dans des cas particuliers et pour atteindre des objectifs précis. Or, il n'y a en essence rien à atteindre et rien à obtenir de cette pratique. TOUT EST DÉJÀ LÀ. Il ne s'agit pas de faire, mais d'être, comme j'en ai longuement parlé précédemment.

Alors, si nous souhaitons dépasser le simple stade de l'outil pour adopter la méditation comme *art de vivre*, il est important de ne pas la restreindre à une simple activité occasionnelle ou régulière, à « quelque chose de plus à faire ». Pour que méditer devienne *un style de vie*, il faut que, au moment où nous quittons notre coussin d'entraînement, commence la véritable pratique. C'est la vie concrète qui est notre terrain d'application de tout ce qui a réellement été compris et intégré sur le coussin. Autrement dit, les apprentissages réalisés pendant l'entraînement devraient pouvoir être transposés *en dehors*. Ainsi, le temps que nous consacrons à nous enraciner et à cultiver notre jardin intérieur devrait finir par produire, à l'extérieur, un fruit visible pour notre entourage et pour autrui. L'idéal serait que ce fruit soit comestible.

Sur le plan scientifique, les bienfaits de la pratique de la méditation pleine conscience ont été démontrés en ce qui concerne la sensation durable de calme, de sérénité et d'équilibre ; la réduction des sentiments de colère, d'anxiété, de confusion et de dépression ; la réduction de la douleur et le renforcement de la réponse immunitaire ; la baisse de la tension artérielle et du rythme cardiaque ; un meilleur contrôle des ruminations et des pensées parasites ; l'augmentation de la vitalité et de l'énergie ; l'amélioration de la qualité du sommeil et, enfin, le renforcement global du sentiment de bien-être perçu par le pratiquant.

Les sept attitudes et les cinq obstacles ne se placent évidemment pas sur le plan scientifique, mais plutôt sur le plan psychologique, voire philosophique. Et c'est également sur ces plans que je vous propose d'explorer les neuf fruits ou bienfaits de la pratique. Les douze premiers aspects clés de la méditation pleine conscience concernent la dimension du travail intérieur – celle de l'*enracinement* – que nous effectuons dans les pratiques formelles et informelles. Ce que j'appelle « les neuf fruits » est plutôt lié à la dimension des relations – celle du *déploiement* – que nous entretenons avec le monde extérieur, en particulier, avec autrui.

Notez que ces fruits ne sont pas les seuls qui soient liés à l'adoption de la méditation pleine conscience comme art de vivre. Ce sont ceux qui me paraissent les plus évidents à ce stade de culture de mon jardin intérieur. Ils ne sont pas normatifs, définitifs et encore moins gravés dans la pierre. Ce sont simplement des aspects que j'ai vu changer, croître et se renforcer dans ma vie. J'ai donc envie de les partager avec vous, comme des piliers à part entière.

Par ailleurs, les neuf fruits de la pratique ne parviennent pas à maturité de façon automatique ou passive. Ils demandent, eux aussi, que vous en preniez soin et que vous les mettiez en œuvre consciemment en dehors du coussin d'entraînement, dans *vos relations* avec les gens, que vous les considériez comme proches ou lointains. Vous verrez alors certaines choses s'enraciner dans votre vie, puis se déployer, en poussant comme des fougères ou des bambous.

La transformation

Prendre conscience, c'est transformer le voile
qui recouvre la lumière en miroir.

Lao-Tseu

La transformation est, pour moi, un autre pilier de la pleine conscience. C'est un sujet qui, dans mon rôle de coach professionnel et de formateur, me passionne depuis des années.

Depuis des millénaires, les êtres humains ont recours à des pratiques psychocorporelles pour équilibrer et transformer leur vie et leur personne. Bien entendu, la transformation personnelle est l'un des facteurs essentiels sur lesquels s'appuie la méditation pleine conscience pour que nous expérimentions une vie épanouissante. Grâce aux pratiques de pleine conscience, notre esprit améliore sa capacité d'autotransformation en nous permettant d'actualiser notre capacité intrinsèque à nous libérer de nos souffrances et à contribuer à l'éveil des êtres qui nous entourent.

Mais qu'est-ce que la transformation, comment se produit-elle et où débute-t-elle ?

Dans les milieux du développement personnel et de la formation – que je connais assez bien –, j'ai pu observer un modèle de transmission, très largement répandu, qui prétend produire le changement, mais qui s'avère plutôt inefficace. Dans ce modèle, lorsqu'un changement est nécessaire, on donne un enseignement à son sujet, on écrit des livres, on présente une information, on offre une formation ou on tient une conférence. En amont des aspects purement mercantiles de cette approche du changement se cachent deux croyances principales : premièrement, diffuser la bonne information produit la bonne action et, deuxièmement, le changement personnel peut être imposé par l'effet d'une volonté extérieure. Or, l'information seule ne produit pas la transformation et le changement personnel se produit toujours de l'intérieur vers l'extérieur.

La première croyance est très largement répandue aujourd'hui en Occident. Elle s'inscrit dans notre culture depuis fort longtemps et se décline sous toutes sortes de formes dans nos modèles éducatifs : le savoir est dispensé de la chaire à une audience « ignorante » qui utilise essentiellement son intellect pour intégrer ce qui doit être su, sans que la *mise en pratique* constitue un aspect clé de l'apprentissage.

Ce modèle des *sachants* est fondé sur la supposition qu'une personne qui dispose de la bonne information saura ce qu'il faut faire et choisira d'agir. C'est vrai dans certains contextes, mais rarement lorsqu'il s'agit de changement personnel. Par exemple, combien de personnes savent que fumer tue et, pourtant, elles continuent, au mépris de leur santé et malgré les avertissements sur les paquets de cigarettes ou de tabac !

Alors, pourquoi des personnes a priori « normalement intelligentes » et détenant une information aussi cruciale et factuelle pour leur survie ne changent-elles pas leur comportement ? Comment peuvent-elles continuer de fumer tout en sachant qu'elles prennent le risque de mourir dans la souffrance ? Si détenir une information suffisait pour produire automatiquement un changement, le fait de savoir que fumer tue devrait entraîner l'arrêt du tabagisme ! Cependant, comme pour des milliers d'autres exemples, ce n'est pas ce qui se produit dans cette situation où l'information est pourtant clairement connue.

C'est comme si la vie se déroulait au milieu d'un océan d'icebergs qui risquent d'envoyer la personne qui fume par le fond à tout instant. Cependant, tant qu'elle n'est pas touchée *personnellement*, fatalement percutée par un bloc de glace, elle néglige l'information et agit comme si elle était insubmersible. Or, tout le monde sait comment finit l'histoire du navire qui ne pouvait pas couler, n'est-ce pas ?... Certes, informer est important. Mais les faits montrent qu'une information n'est pas suffisamment personnelle, intime, pour ne pas dire *intérieure*, pour produire le changement attendu.

En effet, le problème avec ce premier paradigme – l'information produit la bonne action ou le changement –, c'est qu'il néglige le fait que le choix du changement est interdépendant avec *le contexte* dans lequel nous évoluons. Par exemple, l'ayant vécu, je sais qu'il est très difficile d'arrêter de fumer quand notre conjoint ou notre conjointe fume. Cela provient de la force des habitudes qui soutient et renforce le mode pilotage automatique sur lequel nous fonctionnons généralement. En réalité, aucun changement durable ne peut se produire en dehors du contexte réel dans lequel vit une personne. Il faut donc tenir compte aussi bien du navire que de l'océan sur lequel il vogue ainsi que des dangers qui s'y trouvent. L'information seule ne produit pas la transformation, car nos habitudes sont un peu comme le *Titanic*: leur force d'inertie est considérable. Cela demande donc une intention ferme et une grande volonté pour prendre en compte l'information concernant la dangerosité des icebergs, la résistance toute relative du navire et les répercussions potentielles d'une mauvaise décision sur l'équipage et les passagers avant de décider de fournir l'effort nécessaire pour redresser la barre.

Le second paradigme – le changement personnel peut être imposé par l'effet d'une volonté extérieure – est que nous croyons disposer du *pouvoir* nécessaire sur une personne ou sur un groupe de personnes afin de forcer, de l'*extérieur*, la transformation.

Il y a, derrière cette fausse croyance, une mauvaise compréhension et utilisation du *pouvoir*. Car il existe deux types de pouvoirs: le pouvoir *sur* la relation et le pouvoir *pour* la relation. Le premier est souvent malsain et source d'injustices. Il évoque celui des dieux tout-puissants sur les hommes. C'est une forme de pouvoir qui exige et qui nie les besoins profonds et véritables de l'autre en opposant les forces naturelles de changement. Elle produit le combat. Le second type de pouvoir est source de coopération et de justice. Il évoque plutôt celui d'une personne qui utilise ses capacités au service d'autrui. C'est une forme de pouvoir fondé sur le respect des besoins des autres et qui conjugue l'élan naturel de transformation afin de produire une alliance.

Lorsque, pour obtenir un changement, nous exerçons un pouvoir sur les personnes qui nous entourent, cela revient à penser qu'elles sont comme des pièces que le potier modèle à son idée et qu'il décide de modifier au gré de ses envies. Il est bien évident que si cela fonctionne avec une assiette ou un vase, c'est différent avec des humains qui, généralement, sont plus difficiles à modeler que des morceaux d'argile! Pourtant, cette idée qu'il est possible de *changer l'autre* est tellement ancrée en nous que, dans les situations qui nous déplaisent, nous désirons spontanément que l'autre soit différent de ce qu'il est, qu'il se comporte comme nous le désirons et qu'il devienne à l'image de la personne que nous idéalisons.

Ce paradigme mène un certain nombre d'entre nous à, par exemple, se comporter de façon inappropriée: en imposant leur aide à des gens qui n'ont rien demandé ou en se posant en *sauveur de victimes présumées* qui ne veulent pas que les choses changent ou en modifiant les règles d'une profession sans consulter les principaux intéressés, mais en espérant que les changements décidés en haut lieu seront appliqués sur le terrain. Évidemment, tout cela ne marche pas et devient la source de conflits, voire de combats.

Ces deux paradigmes conduisent naturellement à utiliser un large éventail d'événements presque uniquement dans le but de produire un changement, une transformation chez les auditeurs, au moyen d'informations qui touchent essentiellement l'intellect. Même si nous pouvons en retirer certains bénéfices, ce modèle très occidental – que j'appelle « modèle informationnel » – ne produit généralement pas de transformation majeure en nous. Il existe un modèle plutôt oriental qui opère, en revanche, des transformations personnelles majeures. C'est le « modèle relationnel » qui a montré, dans toutes les traditions, que la transformation personnelle s'accomplit bien mieux dans le cadre d'une relation qui tient compte du « pouvoir *pour* ». On trouvera, parmi ces relations, des rapports du type maître/apprenti ou maître/disciple, guide/guidé ou thérapeute/patient.

Voyons l'exemple que nous a donné le Bouddha Gautama. Lorsqu'il entreprit d'atteindre l'éveil – la transformation personnelle ultime –, il pratiqua la méditation avec deux maîtres différents. Avec le premier, il apprit la méditation qui transcende tous les objets des sens et conduit à demeurer dans la sphère du néant. Mais, malgré le calme intérieur que cela lui apportait, il n'atteignit pas l'éveil stable qui met fin à la souffrance. Il se rendit alors auprès d'un autre maître, qui enseignait une méditation fondée sur l'état d'absence de connaissance comme de non-connaissance. Mais ce n'était pas non plus ce qu'il recherchait.

Avec leur « pouvoir *pour* », les deux maîtres de Gautama ont pu l'accompagner sur une partie du chemin de sa réalisation – il a d'ailleurs repris, plus tard, certains aspects de leurs pratiques dans son enseignement. Toutefois, c'est seul, après une période de pratique ascétique intense, qu'il a finalement atteint l'éveil. Cela signifie, il me semble, qu'un maître extérieur peut disposer du pouvoir nécessaire pour nous accompagner, dans le cadre d'une relation, jusqu'à un certain point, mais qu'il ne peut réaliser l'éveil intérieur à notre place. Aucun maître n'a de pouvoir *sur* notre éveil, notre transformation ou notre compréhension.

Jésus, un autre Oriental, enseignait aux foules la vérité en paraboles afin qu'elles ne la comprennent pas, nous dit l'Évangile selon saint Matthieu 13:13-14. Pourquoi une telle affirmation ? D'après moi, c'est que Jésus savait que celui à qui on annonce la vérité en dehors de l'expérience d'une relation entend une information qui ne produira aucune véritable transformation dans sa vie. Pour qui sait le lire sans a priori, le passage 17:12-19 de l'Évangile selon saint Luc est criant de vérité à propos de l'inefficacité de nos méthodes modernes de (trans)formation. Il raconte comment dix lépreux vinrent voir Jésus pour demander guérison. En les voyant, celui-ci leur donna cette information : « Allez vous montrer aux sacrificateurs ». Pendant qu'ils y allaient, ils furent guéris *extérieurement*. Parmi eux, un seul, un étranger, revint sur ses pas pour rendre grâce à Jésus. Ce dernier s'étonna de l'absence des neuf autres et dit à celui qui était revenu que sa foi venait de le sauver. Pour ce Samaritain, la véritable transformation avait eu lieu, à l'*intérieur*.

Il me paraît évident que Jésus a suscité des transformations intérieures essentiellement sur la base du « modèle relationnel ». L'Évangile décrit une stratégie tacite qui consistait à construire des relations intimes, de l'intérieur vers l'extérieur, avec un petit cercle de disciples éclairés. Jésus savait que la vérité transmise dans le contexte d'une relation, ajoutée à l'expérimentation dans le contexte réel de la vie, était *transformationnelle*. Ce petit cercle initial a essaimé en créant d'autres petits groupes *relationnels* dans lesquels les disciples expérimentaient le changement personnel. Bien que l'homme de Nazareth n'ait jamais quitté la Palestine, deux mille ans plus tard, son message transformationnel influence encore des millions d'adeptes partout dans le monde.

Une transformation personnelle réelle et durable prend toujours racine au cœur de l'être avant de se déployer vers l'extérieur. Puisque nous ne naissons pas humains, mais que nous le devenons, la transformation est un chemin qui nous permet de devenir des êtres plus humains et qui fait de nous de meilleures personnes. Cela ne signifie aucunement qu'il nous faut adhérer à un dogme ou à un ensemble de règles morales censées nous libérer de notre condition naturelle. Il n'est pas question d'adhérer à un culte, mais de *se relier*, ce qui est le véritable sens du mot *religion*. Nous devons plutôt nous engager à cultiver, par exemple, une plus grande lucidité à notre sujet, des émotions positives, des sentiments de paix intérieure, de générosité et de bienveillance. Il ne s'agit pas, c'est évident, d'une transformation physique, mais plutôt d'un changement profond de perception, de compréhension, de personnalité et d'orientation, bref, d'une nouvelle *vision du monde*. C'est un processus de lâcher-prise qui commence par un choix personnel lié à la façon dont nous traitons l'information que nous recevons, soit en la laissant glisser à la surface de notre être, soit en nous l'appropriant pour agir honnêtement en fonction de nos besoins.

La transformation personnelle est donc un changement profond de l'individu, qui se produit *de l'intérieur vers l'extérieur*, dans le double contexte d'une relation et de la vie réelle. Le « modèle relationnel » que nous ont transmis bien des sages à travers les âges nous invite à incarner le changement en prenant exemple sur une personne qui est – pour un certain temps ou pour longtemps – une source d'inspiration et un modèle d'action. Cela peut être en partie ou tout à la fois :

- un disciple qui a réalisé profondément le sens de la pratique et, dans certains cas, a été autorisé à la transmettre par quelqu'un d'autre ;
- un guide, un ami spirituel qui arpente le chemin et accompagne l'apprenti dans son cheminement ;

- une personne qui incarne ce qu'elle enseigne, qui a notamment la capacité de mettre en lumière ses illusions et qui, consciente de ses ombres et du chemin qu'elle est en train de parcourir, permet à chacun de voir tous les aspects de son être sans faux-semblant ni culpabilité ;
- une personne qui se remet en question et qui évite à ceux qu'elle guide de s'enfermer dans les impasses d'une mauvaise compréhension de la pratique ;
- une personne pouvant témoigner qu'une vie éveillée est possible, ici et maintenant, en harmonie avec la pratique qu'elle enseigne.

Au contact d'une telle source d'inspiration, nous apprenons l'action juste qui nous conduit à devenir des agents de transformation dans ce monde. En décidant de ne plus entretenir les poisons mentaux qui détruisent notre existence – ce qui constitue une pratique en soi –, nous gagnons en clarté et en force instant après instant, jour après jour, année après année. Nous comprenons que le fait de disposer de l'information au sujet de ce qu'il faut changer ne suffit pas et que, de la même façon dont nous passons des années à apprendre à parler, à lire, à cuisiner ou à jouer d'un instrument, notre transformation personnelle passe par un entraînement long et régulier. L'équation suivante se met alors en place :

Inspiration + Action = Transformation

En pratiquant la méditation pleine conscience, nous ne devenons pas du jour au lendemain une personne radicalement différente, mais nos traits de caractère s'améliorent, s'adoucissent et s'équilibrent. Nous commençons par devenir le changement que nous voulons voir avant de le susciter autour de nous en exerçant notre *pouvoir pour* faire changer les choses.

La pratique de la méditation pleine conscience peut sembler être une discipline ennuyeuse, faite de longues périodes pendant lesquelles on reste assis dans un endroit calme et retiré, souvent sans personne à proximité, à s'observer en train de penser ou de respirer. Franchement, vue de l'extérieur, elle n'a pas l'air d'un processus très dynamique. Pourtant, cette simple pratique recèle un immense pouvoir de transformation. C'est un entraînement attentionnel qui agit en amenant de la présence dans notre mode de pilotage automatique – c'est-à-dire notre mode interne de réactivité. Ce faisant, et tout en exerçant notre attention à maintenir cette conscience tout au long de la journée, il nous permet de retrouver notre capacité de choisir comment agir en conscience face à ce que nous vivons.

La pratique nous entraîne alors à écouter en profondeur nos besoins et ceux des autres afin d'y apporter les changements que nous jugeons nécessaires à chaque instant. Cette attitude, qui transforme profondément, permet de repérer les icebergs flottant à la surface de notre vie et de rompre le cercle vicieux des habitudes d'attachement ou de rejet, de saisie ou d'évitement, devenues indésirables. Elle facilite l'installation de spirales ascendantes et vertueuses qui produisent les changements nécessaires à notre évolution personnelle, tout en inspirant les personnes que nous côtoyons à se transformer.

N'est-ce pas à cette sorte de transformation que chacun de nous devrait aspirer ?

MÉDITATION DU JOUR 13/21 : Réaction ou proaction, comment accueillir les circonstances

L'authenticité

Reste toi-même, car c'est dans
l'authenticité que l'on puise ses forces.

Daniel Herrero

Dans une société qui fait une large place au *paraître*, faire le choix de l'authenticité peut sembler un pari risqué, car il suppose une forme de *vulnérabilité*. Mais lorsque nous assumons la pleine responsabilité de nos sensations, de nos émotions et de nos pensées, nous *incarnons* plusieurs des aspects clés de la pleine conscience, comme le non-jugement ou l'acceptation. Et ce qui peut ressembler à une faiblesse devient en réalité une *force* qui – au travers de l'alignement entre le sentir, le penser et l'agir – se manifeste dans l'intégrité ou l'impeccabilité du comportement de la personne. L'authenticité est donc l'une des fondations sur laquelle devrait bâtir tout pratiquant de la méditation. Mais pourquoi l'authenticité est-elle si importante ? De quoi s'agit-il exactement ? Comment la manifester dans notre vie ?

Qu'est-ce que l'authenticité ?

Commençons par définir ce qu'est l'authenticité. Nous utilisons souvent ce terme avec l'idée de *transparence* et de *vulnérabilité*. En fait, il s'agit d'une qualité qui se caractérise par la capacité d'être vraiment soi-même, par-delà les masques, les « il faut que je me comporte ainsi » et les « je devrais réagir de cette façon sinon… ». Faire le choix de l'authenticité implique que nous nous *reconnections* à notre vie intérieure. Cela consiste à ressentir que, tant que nos actes *ne nuisent pas* à autrui, plutôt que de toujours faire ce que nous jugeons « devoir faire », nous devons aussi simplement faire ce que nous estimons « juste » ou ce que nous avons « envie de faire » sans nous soucier de l'opinion d'autrui. Il nous faut redevenir *fidèles à nous-mêmes* en étant à l'écoute des messages transmis par nos émotions, en nous reliant consciemment à nos valeurs afin de choisir en conscience comment nous engager dans l'action ou la non-action.

Être authentique, c'est s'exercer à être présent à cent pour cent à ce que nous sommes dans chacune de nos conversations. Il s'agit également, dans le cadre de nos relations les plus précieuses, de *rendre accessible* une partie de notre vie intérieure à d'autres. Sur ce dernier point, plusieurs personnes ont une opinion erronée de l'authenticité: elles ont peur que le fait d'être authentique les pousse à donner trop d'informations, à être indiscrètes, à manquer de tact ou de discernement ou à dominer une conversation en parlant trop d'elles. Ce n'est pas du tout ça quand je parle d'authenticité.

L'authenticité est un des savoir-être et des savoir-faire nécessaires au bien-être personnel et social. En pratiquant l'authenticité de façon *systématique*, nous accédons à une forme de profondeur et d'honnêteté avec nous-mêmes. Nous apprenons à vivre une relation ouverte, amicale et intime avec *notre expérience*, qui est au cœur des valeurs de la pleine conscience. Cette relation ne peut se faire que dans ce *climat d'acceptation* que favorise la pratique. Ce climat nous permet d'assumer, petit à petit, toutes les facettes de nous-mêmes que nous découvrons dans l'observation attentive et *sans jugement* de ce qui est présent en nous. Cette présence à tout ce qui se passe *au-dedans* va finalement de pair avec une ouverture consciente à tout ce qui se passe *au-dehors*, dans nos conversations et dans nos relations.

En étant authentiques, nous mettons également en place les conditions propices à l'établissement de *relations saines*, exemptes de faux-semblants. Ces relations sont construites sur le *don* et la *transparence* plutôt que sur le *gain* et l'*opacité*. Le secret de l'authenticité, en fait, est qu'en nous acceptant dans toutes nos parts sombres et lumineuses, nous apprenons aussi à accepter l'autre dans toutes ses ambivalences. C'est libérateur et cela favorise l'amour inconditionnel et la bienveillance.

L'inauthenticité

Pour parvenir à l'authenticité, il me paraît important de rappeler que tous les conditionnements que nous avons subis ont formé une espèce de carapace autour de notre être véritable. Le cœur de ce que nous sommes est caché derrière des masques culturels, éducationnels et personnels qui sont comme autant de couches de protection que notre espèce a façonnées pour faire face aux nécessités relationnelles du vivre-ensemble. Pourquoi se protéger? Parce que, comme vous l'avez sans doute constaté, les relations humaines peuvent générer de profondes *blessures émotionnelles*. Codifier toutes nos relations a donc été une stratégie pour faire face à toutes sortes de souffrances créées par notre peur de l'autre afin de mettre en place entre nous des logiques de coopération plutôt que de concurrence.

Ces logiques de coopération ont été cruciales pour l'étonnante survie de notre espèce qui, contrairement à bien des prédateurs, est dénuée de crocs, de griffes et de carapace, possède des sens assez peu développés et doit prendre soin de sa progéniture pendant plusieurs années avant qu'elle soit autonome. Le fait d'être des animaux sociaux nous a permis de survivre jusqu'ici. Le problème, c'est qu'en masquant systématiquement notre véritable nature derrière les apparences et les faux-semblants que nécessite l'*adaptation sociale*, nous avons aussi appris à moins nous écouter, voire à nous renier, pour « entrer dans le moule ». Les conditionnements sociaux nous poussent à « devoir être » une autre personne que celle qui est présente en nous à chaque instant. Ils exigent que nous combattions notre soi intérieur pour satisfaire une conception de nous-mêmes qui nous a été imposée par notre culture et notre éducation. Mon père disait toujours: « Sois un bon garçon », « Sois poli », « Ne pleure pas comme une fille », « Sois gentil avec les gens », « Travaille bien à l'école », « Ne gaspille pas la nourriture, finis ton assiette », « Tiens-toi tranquille, arrête de bouger », « Respecte tes aînés », etc.

Toutes ces manières d'être, ces injonctions, ont façonné mon attitude en société, en apprenant à une partie de moi à se comporter selon les attentes des autres, pour le meilleur et pour le pire. J'ai commencé à me sentir obligé de faire des choses pour plaire à autrui, puis, avec le temps, j'ai oublié ce sentiment d'obligation et, la plupart du temps, ce que je ressentais vraiment. Ce faisant, comme chacun de nous, j'ai appris à masquer, puis à renier ma vie intérieure qui ne semblait jamais adéquate pour celles et ceux dont, en tant qu'enfant, je recherchais l'amour et l'approbation.

Retrouver le chemin de l'authenticité passe donc par un réapprentissage de l'écoute de soi, par la prise de conscience et l'abolition des masques et, finalement, par la mise à distance – voire la destruction – du moule des *conditionnements* personnels et sociaux. Cela dit, que les choses soient claires : je ne vous invite pas à devenir un inadapté social ou à vous retirer du monde comme le prônent certains *renonçants*. Pour moi, le renoncement peut constituer une phase du processus de transformation du cœur. Cependant, en nous éveillant à ce qui est au-delà de notre intérêt individuel, nous découvrons que nous sommes toujours « le blé pour le moulin d'un autre ». Cela signifie que l'isolement peut précéder le retour à la communauté, mais qu'il ne doit pas en être l'issue. Il n'est pas une marque d'authenticité. Celle-ci consiste plutôt à trouver sa place *au sein de la société* en étant vraiment soi, alors que nous faisons souvent comme si nous étions quelqu'un d'autre, parce que c'est ce qui est implicitement ou explicitement attendu par le groupe. Vous m'accorderez que cela demande plus qu'une simple opinion sur le sujet : cela exige une vraie conviction sur l'importance et les bienfaits de vivre avec authenticité au sein de nos groupes d'appartenance. Nous faisons face ici, selon moi, au premier des problèmes : beaucoup d'entre nous partagent des *opinions*, mais peu ont des *convictions*. Or, il n'y a pas d'authenticité sans conviction.

Le philosophe Platon représentait la nature humaine en utilisant l'allégorie de la caverne. Elle décrit la façon dont nous pouvons vivre dans l'illusion et l'ignorance, en observant des *ombres* projetées par un feu sur un mur et en les prenant pour la *réalité*. J'observe souvent que la plupart d'entre nous ont, sur les choses de la vie, des avis qui reposent sur des influences personnelles, familiales ou sociales très incertaines, donc éphémères. Pour moi, une opinion est faite à la fois de *croyances faibles* et d'émotions fortes. Il s'agit d'un jugement *incertain* qu'on porte sur soi, sur les autres ou sur la vie et qui est de l'ordre de la pensée ou de l'émotion collective ou dominante. Ce jugement n'est ni nécessairement juste ni obligatoirement faux et, du fait de sa nature instable, il est l'objet de revirements fréquents.

Les sondages, tout autant que les résultats changeants des élections, sont des manifestations modernes criantes de la faiblesse de nos croyances, de la force de nos émotions collectives et, en définitive, de l'incertitude de nos opinions. À l'ère des médias, la variation de nos avis repose souvent sur le rabâchage d'émotions collectives aisément manipulables par des groupes d'intérêts industriels, financiers ou politiques qui, par exemple, jouent sur la peur ou le sentiment de sécurité.

Platon enseignait déjà dans l'Antiquité que le premier pas de la philosophie consiste à *reconnaître son ignorance*. Cela commence par prendre un certain recul par rapport à ses préjugés. Et ce n'est pas chose aisée ! En pratique, je constate, en effet, qu'il n'est ni facile de se défaire de ses opinions « toutes faites » ni simple de se distancier de ses émotions.

La sortie de la caverne représente le fait que, lorsqu'on commence à réfléchir, nous prenons une certaine distance par rapport à nos opinions et nous apprenons à distinguer ce qui est réel de ce qui est *apparent* ou *illusoire*. Le fait est que, en ce début de XXIe siècle, peu d'humains ont réellement quitté la caverne platonicienne : en ce qui concerne les « choses de la vie », il n'y en a guère qui ont dépassé le stade de la seule émotion forte pour atteindre celui de la *conviction intime*. Or, c'est exactement ce que facilite la pratique de la pleine conscience.

Une conviction est forte quand elle est engendrée par des *valeurs fortes* et des émotions fortes. C'est une certitude à la fois de l'esprit et du corps qui se manifeste, premièrement, parce que nous sommes *convaincus* de ce que nous pensons et de ce que nous disons, deuxièmement, parce que nous agissons en *cohérence* avec ce en quoi nous croyons. Évidemment, tout en étant de l'ordre de l'intime, cette croyance ne doit pas devenir aveugle ou dogmatique. Elle doit toujours laisser une place au doute raisonnable et à la *remise en question*. Elle doit aussi produire une forme d'*enthousiasme* dans l'action, envers et contre tout, y compris au péril de sa vie. Certes, cela peut paraître excessif, car vous m'accorderez que, à moins d'être enrôlés de force, peu parmi nous sont disposés à mourir pour défendre leurs convictions plutôt qu'à sauver leur peau… Certains sceptiques affirment même que l'instinct de survie l'emportera toujours sur les convictions et l'authenticité. Parfois, sans doute. Toujours, certainement pas.

En effet, les exemples héroïques et inspirants ne manquent pas. Notre histoire est faite d'hommes et de femmes *de conviction* qui, parfois au prix de leur vie, ont contribué à faire évoluer nos consciences malgré l'opprobre, l'injustice ou la torture. Comment ne pas admettre que toute l'espèce humaine s'est élevée vers des valeurs plus nobles grâce à l'*authenticité* de ces personnes ? Qu'avaient donc de si différent – pour n'en citer que quelques-uns – Jean Moulin, Malala Yousafzai, Nelson Mandela ou Simone Weil ? Je crois que, contrairement à la majorité de l'espèce, ils savaient précisément *ce en quoi ils croyaient et pourquoi ils y croyaient.*

Ces personnes ne sont pas demeurées au stade très inconstant et inconsistant des émotions fortes qui les avaient ébranlées. Au-delà des émotions qui les ont poussées à agir, elles ont – sur la base de valeurs claires et en assumant la responsabilité d'être vraiment les personnes qu'elles étaient – acquis des convictions fortes qui dépassaient leur seul ego. Leurs certitudes se sont mises au service de quelque chose de plus grand qu'elles-mêmes : un peuple ou une cause profondément humaniste. Puis, elles se sont engagées corps et âme dans la défense de leurs convictions, malgré la pensée dominante et la pression sociale du qu'en-dira-t-on. Elles ont incarné leurs certitudes avec une forme de cohérence et d'authenticité, parfois jusqu'à la mort. Elles sont devenues ces grandes figures inspirantes qui ont élevé notre niveau de conscience collective en modifiant pour le mieux le cours de l'histoire humaine. Un « pour le mieux » qui ne peut vraiment être jugé qu'avec le recul. Je représente le processus à l'œuvre de la façon suivante :

Émotion → Conviction → Engagement → Transformation

Derrière leur histoire se trouve un *modèle d'authenticité* qui nous montre que, lorsqu'une émotion forte se transforme en conviction –

basée sur des valeurs fortes – puis en engagement, la transformation personnelle et sociale se produit. Comme tout modèle, celui-ci a ses limites, puisque certaines formes d'engagement, par exemple dans des politiques totalitaires ou eugénistes, peuvent produire des transformations personnelles et sociales qui *abaissent* notre niveau de conscience collective en nous privant de notre liberté de choisir et, donc, de notre responsabilité personnelle. Il est donc utile de se pencher maintenant sur les ingrédients qui soutiennent l'élévation de notre humanité.

Comment vivre l'authenticité en conscience ?

Une attitude authentique nous permet de *vivre en cohérence* avec nos valeurs et nos croyances tout en faisant confiance à nos ressentis corporels. Ce faisant, nous développons notre intelligence émotionnelle, notre conscience de nous, notre confiance en nous ainsi que notre empathie. Notre santé physique s'en trouve améliorée parce que nous savons mieux écouter notre corps. Notre santé mentale se bonifie parce que nous favorisons, au travers de tout cela, notre capacité de *résilience*.

Faire le choix de l'authenticité, c'est accorder du crédit à notre corps en lui faisant confiance pour ce que nous ressentons. Nous avons le courage de briser le moule des conditionnements, de nous conduire avec confiance dans la vie et, si nécessaire, d'inspirer les autres. Nous permettons également à ceux qui nous entourent de prendre soin d'eux parce que nous ne sommes que peu ou pas dans ce mode défensif qui provient de l'insécurité générée par l'ego.

Être authentique, cela signifie « être vraiment soi-même » dans *toutes les circonstances* et à *tout instant*. Cela n'est possible que lorsque nous savons vraiment qui nous sommes intérieurement, quelles sont nos valeurs, nos croyances et les priorités auxquelles nous tenons ou aspirons dans notre vie. L'authenticité est un mode de vie qui actualise notre plus haut potentiel, de manière éthique. Il implique en effet une transparence qui n'est possible que lorsque nous voulons être ouverts et flexibles, donc *vulnérables*.

L'authenticité est liée à ce qui nous passionne et au fait d'agir avec cœur ET avec raison. Elle exige l'intégrité de tout notre être, l'intégration du corps, de l'âme et de l'esprit dans tout ce que nous faisons.

La pleine conscience nous permet d'acquérir toutes les compétences requises pour être pleinement authentiques. Elle nous offre un chemin qui assure le développement et la compréhension de « l'ensemble de la personne ». C'est une forme *holistique* d'épanouissement de l'individu qui va au-delà d'une simple technique superficielle de développement personnel. Elle touche *la source profonde* de ce que nous sommes et – comme dans la vieille histoire irlandaise en introduction de ce livre – elle nous permet de nous abreuver à l'eau de notre puits intérieur. Pratiquer l'authenticité nous permet également de passer à une « mentalité d'abondance » alors que nous commençons à manifester une plus grande appréciation pour *tout ce que nous sommes, tout ce que nous faisons, tout ce que nous avons* et *tout ce que nous ressentons.*

Vivre à partir de cette attitude authentique est joyeux. Tandis que nous nous laissons aller de plus en plus dans le flux naturel de la vie, notre vie s'écoule dans le non-effort, sans combat contre nous-mêmes.

MÉDITATION DU JOUR 14/21 : S'étirer en conscience

L'engagement

Qui a dit qu'une vie sans engagement
est une vie sans substance ?
Un phraseur pompeux quelconque, sûrement...
Mais ce gars a quand même touché la vérité du doigt.

Douglas Kennedy

Si, avec authenticité, vous prenez quelques minutes pour passer votre vie en revue, il est presque certain que les moments les plus agréables et mémorables dont vous vous souviendrez sont ceux où votre esprit était totalement *engagé dans la présence à l'instant*. À l'opposé, je fais le pari que les fois où vous étiez *absorbé* par vos problèmes – comme, d'ailleurs, toutes celles où vous étiez ailleurs dans votre tête que là où se trouvait votre corps – ne vous ont pas laissé un souvenir impérissable. Dans ces derniers cas, vous étiez simplement désengagé de votre expérience de l'instant et, comme le dit l'expression consacrée, « perdu dans vos pensées ».

Malheureusement, pour la plupart d'entre nous, l'essentiel de la vie se passe de cette façon, sur ce mode pilotage automatique que j'appelle le « mode zombie ». L'engagement bénéfique dans la présence à l'instant cède la place à des superproductions mentales, parfois toxiques, dans lesquelles nous nous faisons tout un cinéma. Comment ? Tout simplement en ruminant sur un passé qui n'existe plus ou en nous projetant avec inquiétude dans un futur qui n'existe pas encore. Nous vivons comme dans un film, déconnectés de nous-mêmes et de la seule « réalité concrète », celle de l'*instant présent*.

C'est un peu comme si nous vivions toute une partie de notre vie, parfois très conséquente, en étant *absents à notre expérience*. Nous faisons quelque chose à un endroit, tout en pensant à des choses que nous ne faisons pas et à des endroits où nous ne sommes pas. N'est-ce pas extraordinaire ? Le temps défile alors sans que nous nous en rendions compte et c'est une perte, pas un gain, car des pans entiers de notre vie nous échappent complètement.

L'engagement dans l'instant est une clé pour notre épanouissement

Avez-vous remarqué que, dans le vaste domaine de la connaissance de soi, presque tous les courants religieux ou spirituels affirment que l'engagement dans la présence à l'instant détermine en grande partie notre capacité à être heureux ? Chamanisme, bouddhisme, hindouisme, jaïnisme, judaïsme, christianisme, soufisme invitent tous leurs adeptes à *se rapprocher de l'instant présent*. Les pratiques psychocorporelles anciennes comme les différentes sortes de yoga ou les arts martiaux traditionnels prônent également la *présence à soi-même* dans l'instant.

Et que dire des auteurs ou enseignants reconnus internationalement – comme Henry David Thoreau, Ralph Waldo Emerson, Ram Dass, Thich Nhât Hanh, Eckhart Tolle, Byron Katie et bien d'autres encore – qui nous enjoignent tous d'actualiser le gigantesque potentiel de transformation personnelle dissimulé dans la simple *attention au moment présent* ? Beaucoup de celles et de ceux qui sont connus pour avoir trouvé un chemin vers une joie pleine et permanente parlent clairement de se rapprocher de l'instant présent comme d'une pratique *essentielle* pour se transformer et reprendre le pouvoir de sa vie.

Les bienfaits de l'attention au moment présent sont tels que, aujourd'hui, de nombreuses techniques permettant de la développer font, avec un certain succès, leur entrée dans les milieux d'affaires, de la santé ou de l'éducation. La communication interpersonnelle avec la programmation neurolinguistique (PNL), l'analyse transactionnelle ou la communication non violente (CNV), les approches thérapeutiques comme l'écoute active rogérienne, l'entraînement autogène, la relaxation, l'hypnose humaniste, la sophrologie, la cohérence cardiaque, les thérapies cognitives et comportementales ou la méditation pleine conscience, entre autres, font tous implicitement ou explicitement appel à notre capacité d'être *attentif à l'instant présent*. Les « emballages » sont différents, mais le cadeau qu'ils contiennent est toujours le même : une meilleure connaissance de soi, des autres et de la vie. Mais qu'y a-t-il donc de si particulier dans cet instant présent pour que cela se produise ?

Dans l'instant présent, en soi, *il n'y a rien*. Oui, je sais que cette affirmation ne conviendra pas à tous ceux et celles qui viennent à la méditation avec un objectif – comme de mieux être – mais, en fait, il n'y a rien à faire et nulle part où aller. Il n'y a rien à attendre de l'instant présent en soi. C'est plutôt dans notre façon d'aborder cet instant que se trouve le pouvoir de ce qui nous transforme. Car l'instant peut être particulièrement violent et douloureux parfois, exactement comme l'est la vie quand survient un accident, une maladie grave ou la perte d'un être cher. La réponse ne réside donc pas dans l'instant lui-même, mais bien dans *notre façon de l'accueillir*. Ce n'est que lorsque nous sommes présents à notre expérience de l'instant, dans l'*acceptation* et le *non-jugement*, que nous voyons la beauté *au-delà* de la laideur, que nous ressentons la gratitude même *derrière* la souffrance et que nous faisons l'expérience du bonheur *malgré* la peine.

Par conséquent, il est tout à fait raisonnable de favoriser *la présence personnelle* à l'instant par des pratiques attentionnelles. Cette implication nous aide à développer toutes les qualités dont nous avons besoin pour nous changer avant, éventuellement, de contribuer à changer le monde. En nous engageant dans l'expérience de l'instant présent, nous nous améliorons en choisissant d'abandonner la réactivité et les automatismes produits par le mode zombie. Nous reprenons possession de notre vie et de notre *pouvoir de choisir* la façon d'accueillir chaque instant. Tout cela, beaucoup d'entre nous le savent déjà, intuitivement au moins, ou l'ont déjà expérimenté. Pourtant, la plupart – les gens normaux qui ont un travail, font des courses et écrivent des listes de tâches – passent la majeure partie de leur temps à considérer leur passé ou leur avenir plutôt que ce qu'ils vivent *dans le moment présent*. Pourquoi ne comprennent-ils pas naturellement que quelque chose ne tourne pas rond ?

L'engagement est fait d'habitudes utiles

Tout ce que vous faites *régulièrement* finit par prendre le dessus. Si vous voulez vous engagez à devenir un pâtissier professionnel et que vous passez plus de temps à faire autre chose que de pâtisser, vous prenez l'habitude inutile de… ne pas pâtisser. Pour tenir votre engagement, vous devrez utiliser une partie conséquente de votre temps disponible à apprendre la pâtisserie. S'engager dans la méditation pleine conscience au point d'en faire un art de vivre relève du même constat. L'habitude prise de pratiquer régulièrement facilitera l'acquisition des vingt et un piliers. Comme la plupart d'entre nous ne sont pas attentifs à l'instant présent pendant la majorité du temps, les moments occasionnels où ils le font sont rapidement submergés par la colossale force d'inertie d'une vie passée dans « la marmite des pensées parasites ». Vous me suivez ?

Pour faire de la pleine conscience un style de vie, il y a *des étapes à traverser*. Beaucoup essaient de grandir en prenant des résolutions répétées pour « remarquer davantage les petites choses » ou « vivre dans le maintenant ». C'est très bien, tout ça, mais ces bonnes intentions sont trop vagues pour être vraiment utiles et pour vous faire progresser dans la pratique. Vous avez peut-être le sentiment furtif d'être plus présent parce que vous venez de lire un livre inspirant sur le sujet ou que quelqu'un vous a parlé de la pleine conscience. Toutefois, à long terme, il y a peu de chances que ce genre de « recettes imprécises » produisent de grands effets. Votre habitude – qui est aussi la mienne et celle de tous les humains – d'être absorbé et préoccupé par vos pensées est si incroyablement forte que votre frêle attention ne demeurera pas vigilante très longtemps. L'attention est trop subtile et délicate, trop légère et vulnérable, pour résister aux vents impétueux d'un esprit qui cède en permanence au mode zombie. C'est l'une des raisons pour lesquelles il est *primordial* que vous vous engagiez dans des habitudes positives qui seront comme des points de repère dans votre vie quotidienne.

Tout d'abord, oubliez cette idée folle de rester présent et attentif vingt-quatre heures sur vingt-quatre et sept jours sur sept. C'est un objectif trop extrême. De plus, afin de profiter des bienfaits de la pleine conscience, il n'est *ni souhaitable ni nécessaire* que vous demeuriez systématiquement présent à l'instant. Ce que je vous invite à faire, c'est plutôt à prendre l'engagement régulier – avec vous-même – de vous familiariser avec *la sensation d'être présent*. Et puisque vous ne pouvez pas compter sur un esprit trop préoccupé par le passé ou le futur pour vous rappeler l'importance d'être pleinement présent – ce serait comme un vendeur de rêves qui vous suggère de garder les pieds sur terre –, vous avez besoin de quelque chose d'autre qui vous y fait penser. Alors, pendant la semaine qui vient, plutôt que d'essayer d'être présent ici et maintenant tout le temps, prenez l'engagement d'être pleinement attentif chaque fois que vous accomplirez l'une de ces deux actions simples :

- ouvrir une porte ;
- vous asseoir sur une chaise.

C'est tout. Tout le reste est superflu pour les sept jours à venir. Laissez le reste des choses qui traversent votre esprit agité l'entraîner dans des trains de pensées, si vous le voulez. Laissez votre esprit s'échapper pendant vos réunions au travail. Continuez de fantasmer au sujet de la prochaine cagnotte du loto pendant que vous attendez le bus. Mais, chaque fois qu'elles se présenteront, soyez *pleinement attentif* à ces deux pratiques informelles. Vous vous devez bien ça, non ?

Alors, lorsque vous ouvrez une porte, descendez de votre train de pensées (vous pourrez y remonter sous peu) et *regardez* votre main saisir la poignée. *Sentez* le contact de vos doigts avec cette dernière. Poussez ou tirez la porte avec une attention particulière et une intention claire. Suivez le *mouvement* d'ouverture dans votre bras et le reste de votre corps. *Observez* la scène qui vous est révélée de l'autre côté. *Sentez* l'air de la pièce dans laquelle vous entrez. *Vivez* cette transition avec une attention toute particulière. Tout cet engagement dans l'instant ne vous demande pas plus de *deux ou trois secondes* au départ, puis moins par la suite. Cela étant fait en conscience, votre pratique est terminée. Vous pouvez replonger dans la marmite des pensées au sujet de cette conversation avec votre fille ou de ce que vous a dit votre maman récemment. C'est vous qui voyez.

Puis, lorsque vous vous assoyez sur une chaise, abaissez-vous *en conscience*. Ne vous laissez pas tomber sur le siège comme une loque. Écoutez les éventuels craquements, crissements ou grincements que fait le meuble. *Ressentez* le poids de votre corps et le soulagement de vos jambes. Portez attention à la *sensation de contact* de vos fesses avec ce support. Quel que soit l'endroit où se trouve la chaise, élargissez votre attention à toutes vos autres sensations corporelles. *Observez* la pièce à partir de votre nouvel angle de vue. Après avoir focalisé une attention vigilante pendant les cinq à dix secondes nécessaires à l'expérience, vous pourrez reprendre votre train de pensées.

La plupart du temps, nous ne plaçons pas notre attention à un *endroit précis*. Elle est donc noyée dans notre bavardage incessant. Or, vous pouvez vraiment la fixer *intentionnellement* sur quelque chose de particulier, même si cela n'arrive pas souvent. Cette semaine, utilisez la poignée de porte ou la chaise. Si vous pouvez prendre l'engagement d'accorder votre attention sans réserve à ces deux choses, vous commencerez à voir la clarté incroyable qui vous est donnée lorsque votre esprit n'est pas submergé de pensées. Après plusieurs pratiques, cela commencera à devenir plus automatique, et ce genre d'habitudes est utile à la pleine conscience.

Petit à petit, le simple contact de la poignée de porte ou le mouvement de votre corps quand vous vous assoyez vous rappellera d'être *attentif*. Il vous deviendra presque impossible d'ouvrir une porte ou de vous asseoir sans présence à ce qui est là pour vous. Et je dois insister ici sur l'importance qu'il y a à en prendre *un engagement*. Les bénéfices sont incroyables. Nous parlons peut-être ici de trois à cinq secondes d'attention vigilante à la fois, quelques fois par jour, pour engager fermement un pied dans une plus grande présence à vous-même et une attention plus profonde à votre environnement. Si vous avez cherché un moyen puissant de vous retrouver, voilà un premier engagement facile à réaliser et à tenir.

Si ce n'est pas déjà le cas, vous allez bientôt constater que les trains de pensées que vous devez interrompre pour être présent ici et maintenant sont rarement intéressants ou utiles. La plupart d'entre eux ne sont que du « vacarme mental », qui se perpétue uniquement parce que vous ne mettez pas votre *intention* quelque part, dans un acte conscient d'engagement dans l'instant. C'est comme de la malbouffe pour votre esprit. Avec ces rituels simples de la poignée de porte et de la chaise, la pratique de la pleine conscience – et le bonheur qui l'accompagne – établira, un pas après l'autre, une attitude solide dans votre comportement. Vous pourrez cultiver aussi largement et intensément que vous le souhaitez cette attitude en élargissant votre pratique à d'autres moments de votre quotidien. Vous commencerez alors à remarquer ce qui se passe dans votre tête, vous surprenant, la plupart du temps, en train de ruminer des choses sans importance. Bientôt, vous vous tournerez *plus souvent* vers l'ici et maintenant – et plus seulement lorsque vous rencontrez une porte ou une chaise.

Vous ne voudrez probablement pas vous abandonner tout le reste du temps, mais vous devriez le faire… Pas seulement en acquiesçant de la tête lorsque vous lisez ce texte et en pensant que cela se produira tout seul, sans effort, comme par magie. À l'échelle d'une journée, ce sont ces toutes petites pratiques faciles qui apporteront de grandes récompenses au fil du temps. Mais rien ne se passera si vous ne vous engagez pas à pratiquer !

Souvenez-vous que c'est votre attitude d'engagement, quand vous accomplissez ces gestes simples, qui *change tout*. Cela ne dépend que de vous !

MÉDITATION DU JOUR 15/21 : L'art de ne rien faire

La créativité

La créativité est faite d'attention et de respect pour les petits faits de la vie.

Francesco Alberoni

Le lien entre la créativité et la pleine conscience ne paraît pas forcément évident.

Grâce à l'immense impact dans le domaine de la santé du programme M.B.S.R (*Mindfulness-Based Stress Reduction* ou *réduction du stress basée sur la pleine conscience*), beaucoup de gens découvrent la pleine conscience dans une perspective liée au mieux-être, à la gestion du stress et des émotions. La pratique est reconnue pour ses effets bénéfiques sur les facteurs de stress de la vie quotidienne. La pratique régulière de la méditation pleine conscience peut contribuer à réduire la pression sanguine, à améliorer la qualité du sommeil et à diminuer la fréquence et la sévérité des symptômes de maladies mentales comme la dépression.

Mais il y a plus : la méditation pleine conscience *calme le mental*, et un esprit apaisé est plus enclin à générer de meilleures idées face aux défis de la vie personnelle et professionnelle. Les chercheurs ont aussi constaté l'énorme influence que peut avoir la pleine conscience sur la créativité.

La pratique de la méditation pleine conscience, dont le cœur est l'application du principe du non-jugement, ne favoriserait pas la « pensée convergente », ce *mode de fonctionnement structuré* capable de générer une seule solution pour un problème particulier. Elle induirait plutôt un état qui soutient la « pensée divergente », sans censure, c'est-à-dire un *mode de penser improvisateur* permettant à de nombreuses nouvelles idées d'émerger. Méditer en pleine conscience serait ainsi un terreau fertile pour les idées novatrices. Une étude a même montré qu'elle réduit la « rigidité cognitive ». Les chercheurs qui ont mené l'expérience donnaient aux gens six problèmes à résoudre. Les trois premiers exigeaient des méthodes de résolution complexes, alors que les trois suivants étaient de plus en plus simples. Les non-méditants continuaient d'appliquer des solutions complexes à des problèmes simples et avaient plus tendance à se frustrer. Les méditants étaient plus à même de déceler que les derniers problèmes pouvaient être résolus de façon plus simple.

Cela étant dit, il n'en reste pas moins que l'équilibre entre le mode divergent et le mode convergent est très important, exactement comme l'est, dans le jazz, la complémentarité entre la structure musicale et l'improvisation. C'est le bon dosage entre, d'une part, le respect de la structure du thème, de sa mélodie et de sa trame et, d'autre part, l'inspiration personnelle qui produit l'expression créative unique du musicien avec son ensemble. Mon propos consiste à souligner ici le fait que la créativité est le fruit d'un équilibre subtil entre l'acceptation des contraintes liées à un contexte et la liberté créative prise au sein de ces contraintes. Nous avons indiscutablement besoin des deux faces de la pièce : un manque total de liberté est tout aussi préjudiciable qu'un manque total de contraintes. La pratique de la pleine conscience est une clé pour trouver cet équilibre fécond d'où peut jaillir l'inventivité nécessaire à la résolution de problèmes simples ou complexes. Cette phrase d'Albert Einstein illustre bien l'importance de cet équilibre : « Les ordinateurs sont incroyablement rapides, précis et stupides ; les êtres humains, incroyablement lents, imprécis mais brillants. Ensemble, ils sont puissants au-delà de toute imagination. »

Comment la pleine conscience influence-t-elle le processus créatif ?

Certains spécialistes estiment que le cerveau dispose de deux modes de fonctionnement. Le psychologue Guy Claxton, dans son livre *Hare Brain, Tortoise Mind: How Intelligence Increases When You Think Less*, suggère un mode rapide et un mode lent. Nous savons aujourd'hui que le fait de garder notre esprit occupé en permanence équivaut à un gaspillage de nos plus précieuses ressources. C'est vrai : notre cerveau peut faire des merveilles sous pression et dans l'urgence, mais il en accomplira tellement plus si nous lui donnons de temps à autre le loisir de se détendre. C'est, encore une fois, une question d'équilibre.

Si nous comparons notre cerveau à un orchestre de jazz, celui-ci fonctionne avec différentes sections ou pupitres d'instruments. Dans un *big band*, il y a le pupitre des instruments à anche, celui des trombones, celui des trompettes et la section rythmique. Toutes ces sections jouent de façon complémentaire, synchrone, à différents moments du morceau afin de produire un résultat *harmonieux*. Si un pupitre joue en décalage, trop fort, trop rapidement ou de façon désaccordée, le résultat global sera déséquilibré. Il en est de même pour notre fonctionnement cérébral : la clé pour optimiser notre capacité créative consiste à équilibrer les différentes zones du cerveau.

Selon Scott Barry Kaufman, directeur scientifique au centre de psychologie positive de l'Université de Pennsylvanie, quatre étapes, dont je m'inspire ci-dessous, sont nécessaires dans le processus créatif : la préparation, l'incubation, l'illumination et l'affinage.

La préparation

La recherche a montré que nous pensons de façon plus créative lorsque nous sommes calmes, tranquilles et détendus, alors que la pression nous met comme des œillères. D'ailleurs, certains des plus grands penseurs de l'histoire connaissaient assurément les vertus de ce changement de vitesse cérébral. Charles Darwin se définissait comme un penseur lent. Le très célèbre et efficace détective Sherlock Holmes évaluait les preuves d'un crime en entrant dans un état quasi méditatif avec, selon son créateur Arthur Conan Doyle, le regard vide. Albert Einstein était aussi connu pour passer des heures dans son bureau de l'Université de Princeton, les yeux rivés au plafond...

Comme pour un scientifique ou un auteur, il n'y a pas d'improvisation créative du soliste de jazz sans une solide préparation. Alors, certes, la méditation pleine conscience stimule la pensée divergente, mais, pour générer un large éventail d'idées en utilisant une pensée divergente, il vous faut apaiser votre réseau neuronal de contrôle cognitif, ce qui permet à votre réseau du mode par défaut – le système de réalité virtuelle du cerveau – de fonctionner plus librement. Cette étape implique beaucoup d'apprentissages: c'est le moment de recueillir des informations, d'utiliser votre imagination et de ne pas être trop rigide sur l'aspect désordonné et aléatoire de l'exercice. Essayez de méditer avant vos séances de réflexion et de remue-méninges afin d'être moins distrait, d'être entièrement concentré et capable de produire des idées initiales de meilleure qualité.

L'incubation

La pleine conscience est particulièrement utile pour cette phase importante et souvent négligée. Beaucoup de gens ont du mal à rester déconnectés, à ne rien faire et à cesser d'être obsédés par ceci ou cela. Une méditation pleine conscience, même de courte durée, peut calmer vos pensées distrayantes, réduire l'anxiété ou le stress et vous aider à entrer dans un état de réelle ouverture. Peut-être même qu'une excellente idée apparaîtra pendant votre temps de méditation! Ça m'est arrivé plus d'une fois. Le but n'est pas d'essayer de le faire, car, si cela doit arriver, ce sera sans effort de votre part, tout naturellement. Le sommeil et toute forme de pratique consciente qui n'implique pas une réflexion active sur la tâche créative sont utiles.

La méditation en marchant est aussi une pratique idéale pour réduire le stress et l'anxiété qui peuvent survenir lorsque vous ne faites rien. Détendez-vous et laissez l'inspiration venir naturellement! D'un certain point de vue, vous avez déjà autant d'idées qu'il est possible et peut-être même trop. Il est temps de demeurer déconnecté. Dormez, reposez-vous, nagez, cuisinez, profitez de la vie qui s'écoule pendant que votre cerveau prend automatiquement soin d'organiser votre mémoire et d'ouvrir la voie à une vision créative.

L'illumination

Lorsque nous pratiquons la pleine conscience, nous sommes plus clairs et nous pouvons mieux percevoir nos pensées. En d'autres termes, la pleine attention augmente la conscience de soi. Si une idée brillante apparaît dans notre esprit alors qu'il est encombré et bruyant, nous pouvons la manquer, voire l'oublier. Donc, quand le moment de l'inspiration vient, assurez-vous d'être dans les meilleures conditions pour recevoir un signal clair. Ce moment vient souvent de façon soudaine, inattendue et inexplicable. C'est le fameux « eurêka, j'ai trouvé », le véritable moment de la vision créative où des idées indépendantes et subconscientes sont brusquement reliées entre elles, présentées brièvement à notre conscience par le *réseau par défaut* ou *réseau de salience*, qui détecte et attrape immédiatement ce petit éclair de lumière dans notre vaste océan de pensées.

L'affinage

Vient enfin le moment de vérifier la réalité de notre vision créative et brillante, mais brute. Cette dernière étape nécessite de revenir à un mode de réflexion convergent, qui utilise moins notre qualité d'imagination et plus de contrôle cognitif. Il s'agit ici de faire de nouveau appel à l'évaluation analytique afin d'affiner une idée dans quelque chose qui est à la fois novateur et utile. Dans cette phase, où le principe de réalité est posé sur votre idée de génie, il est important de rester concentré, positif et motivé, sans être défaitiste. Même si vous n'obtenez pas les résultats souhaités à la première tentative, dites-vous que chaque essai ajoute de la créativité au suivant.

Souvenez-vous de la sagesse de Thomas Edison qui, en remplacement de l'ampoule à filament de bambou – qui grillait après trente heures d'utilisation – a co-inventé l'ampoule à filament de carbone: « Je ne me décourage pas, car toute tentative infructueuse qu'on laisse derrière soi constitue un autre pas en avant. » Continuez de méditer en pleine conscience pendant le processus d'affinage et de vérification de la faisabilité de votre idée géniale. Pour en choisir les options les plus novatrices et les plus efficaces, maintenez la pratique méditative, car elle favorise l'attention et le développement des compétences nécessaires au processus de structuration induit par la pensée convergente.

Le processus créatif est comme une fenêtre dans nos tendances cognitives – une occasion qui nous est offerte de bien mener l'orchestre tout en improvisant. C'est une occasion fabuleuse de pratiquer le non-jugement et la confiance en soi, surtout quand les choses ne tournent pas parfaitement ou comme nous l'avions imaginé. Une fois votre créativité déployée, je ne peux que vous encourager à la *persévérance*, cette forme d'engagement dont j'ai parlé précédemment. Lorsque nous agissons ainsi, équilibrer le processus créatif devient également un processus d'affinage de notre esprit. La créativité devient ainsi à la fois un pilier et un fruit de votre pratique.

MÉDITATION DU JOUR 16/21 : Accueillir les émotions désagréables

La bienveillance

La bienveillance est le nectar de l'âme qui vibre d'amour.

Shimshaï Ben Elqanah

La pratique de la pleine conscience peut se définir comme étant simplement le fait de *prêter attention à l'instant présent.* Mais alors, cette pratique ne risque-t-elle pas de devenir rapidement assez sèche et égocentrique, de nous isoler des autres et du monde plutôt que de nous en rapprocher? Prendre du temps pour soi n'a-t-il pas un petit arrière-goût d'égoïsme, en particulier lorsque des personnes que nous aimons comptent sur notre présence? Ce genre de questions n'est pas rare lorsqu'on commence la méditation pleine conscience, et je les entends le plus fréquemment de la part de mères ou de femmes sur lesquelles pèse trop souvent le poids culturel de l'injonction «prends d'abord soin des autres, c'est ton rôle». En effet, se disent-elles, si je prends du temps pour moi, je ne suis plus disponible pour mes proches, et cela ne me semble pas bienveillant.

Dans la première partie, j'ai parlé de la nécessité de la dimension éthique dans la pratique de la pleine conscience. L'éthique favorise la culture d'une attitude respectueuse de soi, des autres et de la vie dans son ensemble. Apprendre à se connaître, faire une pause avec soi-même pour prendre un peu de distance avec un quotidien souvent stressant est intrinsèquement *un acte d'amour envers soi et les autres.* Mais, en quoi le fait de pratiquer la pleine conscience contribue-t-il à améliorer notre bien-être, voire à diminuer la souffrance individuelle et collective? Est-ce vraiment une pratique basée sur la bienveillance et, si oui, pourquoi et comment? La réponse à ces questions ne paraît pas évidente et fait l'objet de débats.

Il existe, d'après ce que j'observe, deux courants de pensée: le premier considère que, puisque Jon Kabat-Zinn – créateur et promoteur mondialement connu du programme de réduction du stress basée sur la pleine conscience – est un pratiquant bouddhiste zen, alors la pleine conscience est une technique bouddhiste qui a été *déracinée* de son contexte philosophique, sécularisée et simplifiée, pour ne pas dire édulcorée. Le second courant, dont je me sens plus proche à l'heure où j'écris ces lignes, est détaché de toute chapelle. Il estime que la pleine conscience – comme la bienveillance, d'ailleurs – est une *aptitude universelle* qu'on trouve non seulement chez tous les individus, mais aussi dans *toutes les traditions*. Un entraînement spécifique de cette aptitude permet une réduction des perturbations mentales et une connaissance plus juste de la réalité et des phénomènes qui s'y manifestent. Comme nous l'avons vu dans la section sur la petite histoire de la pleine conscience, les formes que peut prendre cet entraînement dépendent des cultures et des traditions, mais, sur le fond, la connaissance intime qui en résulte débouche sur la libération de l'individu.

Bien entendu, il ne s'agit pas pour moi d'affirmer que j'ai raison et que d'autres ont tort, car toutes les perceptions sont vraies, dans un certain contexte. Ce que je remarque, c'est simplement que plusieurs décisions immorales et comportements non éthiques proviennent d'un manque d'attention à soi, aux autres et à la vie en général. Ne pas prendre suffisamment soin de soi conduit régulièrement des personnes à agir d'une façon regrettable envers elles-mêmes, autrui et la vie. Et cela n'aurait sans doute pas eu lieu si elles avaient plus souvent pris du temps pour elles. Je constate aussi, dans mon entourage, que cultiver l'aptitude de la pleine conscience conduit l'immense majorité des personnes – enfants comme adultes – à agir de façon de plus en plus éthique. Je remarque que ce constat empirique n'est pas uniquement le mien.

Cela signifie non pas que les détournements non éthiques ou de contrefaçons autour de la pleine conscience – qu'il faut reconnaître et dénoncer – n'existent pas, mais qu'il y a un lien important entre le fait de pratiquer la pleine conscience et celui d'agir avec éthique. Une étude, *Dans l'instant, les effets de la pleine conscience sur la prise de décision éthique*, réalisée en 2010 à l'Université Wharton de Pennsylvanie sur quatre-vingt-dix-sept participants montre d'ailleurs l'existence de ce lien.

Pourquoi la méditation pleine conscience cultive-t-elle la bienveillance ?

Étymologiquement parlant, la bienveillance est une disposition favorable de notre volonté à viser le bien et le bonheur d'autrui. Il s'agit en fait de *veiller au bien-être de l'autre*, par exemple, avec notre langage, notre écoute ou notre comportement. Cela passe par le fait d'offrir une *attention de qualité*, chose très difficile si nous ne sommes pas attentifs à nos besoins personnels. Lorsque nous pratiquons la méditation pleine conscience, nous ne sommes pas les seuls à en bénéficier. Même si nous n'en sommes pas conscients, notre pratique fait également du bien aux autres et contribue à leur bien-être.

En effet, plus nous sommes apaisés intérieurement et calmes extérieurement, plus nous pouvons offrir aux autres le meilleur de nous-mêmes. Cet apaisement ne provient pas d'une absence d'émotions ou de ressentis qui nous isolerait des autres – comme le craignent certains débutants dans la pratique – mais plutôt d'une forme d'acceptation et de lâcher-prise qui nous *rapproche* de nos semblables. C'est cette attitude bienveillante qui permet d'accueillir la vie intérieure sans porter de jugement, sans s'identifier à elle et sans réagir en mode zombie aux blessures du passé, aux attachements ou aux envies qui peuvent nous pousser à nous comporter de façon conditionnée, voire contre notre volonté, et non éthique.

Pour le dire autrement, lorsque nous nous entraînons en pleine conscience au non-jugement, à l'attention inconditionnelle à ce que nous percevons au cœur de l'instant présent, nous cultivons nécessairement de la bienveillance. Cela se produit d'abord envers nous-mêmes, puis envers les autres. Après avoir travaillé le terrain de notre cœur par la méditation, vient le temps de partager cette nouvelle compréhension de notre nature profonde avec d'autres êtres, en reconnaissant qu'il y a une connexion qui nous relie tous. En accueillant nos parts d'ombre et de lumière, puis en apprenant à les aimer inconditionnellement, nous apprenons aussi à aimer le monde *tel qu'il est*, dans ce qu'il présente de plus sombre et de plus brillant. C'est un fondement pour une bienveillance authentique.

Nous découvrons alors que ce que nous voyons du monde n'est pas le monde, mais le simple reflet de ce qui se trouve en nous. Car plus nous cultivons « la noirceur » en nous, plus la vie nous paraît sombre et plus nous irradions de noirceur en répandant de la froideur autour de nous. C'est un cercle vicieux. Mais plus nous cultivons « la lumière » en nous, en acceptant « les ombres » avec bienveillance, plus la vie nous paraît lumineuse et plus nous rayonnons de lumière en projetant de la chaleur autour de nous. C'est un cercle vertueux. C'est pour cela que ce que nous pratiquons dans notre méditation pleine conscience a réellement un effet profond sur tous les autres êtres et dans l'univers entier. C'est comme une vibration ou une onde qui fait résonner tout ce qu'elle touche. Par conséquent, en matière d'éthique, la méditation pleine conscience est, de mon point de vue, une des pratiques les plus bienveillantes que nous puissions adopter dans notre vie.

Comment cultiver la bienveillance au quotidien ?

Comme nous l'avons vu, la pratique de la pleine conscience consiste à simplement prêter attention, sans aucun jugement, au moment présent. Il n'en reste pas moins que, pour entretenir en soi la paix, la douceur ou la tranquillité, il est indispensable d'avoir sa conscience pour soi ou, si vous préférez, d'avoir *bonne conscience*. Il faut se sentir aimable et être aimable. Car comment pourriez-vous sincèrement trouver la paix, la douceur et la tranquillité si vous savez que vos décisions sont immorales et vos comportements non éthiques ? C'est une question de cohérence et d'engagement dans la vie.

Et c'est là toute l'importance de la bienveillance *envers vous-même et envers les autres*. L'attention à l'instant présent et la bienveillance sont les deux ailes qui vous permettent de trouver la sagesse, la paix profonde et la joie. L'attention à l'instant présent sans bienveillance peut devenir une pratique sèche, froide et ennuyeuse. Alors, à partir d'aujourd'hui, je vous invite à faire de la bienveillance un objet d'attention. Oui, mais comment ?

Avec l'anxiété et l'incertitude auxquelles nous devons faire face aujourd'hui et avec la tendance de notre esprit à voir le verre à moitié vide plutôt qu'à moitié plein, il peut sembler que le monde et les personnes de notre entourage manquent de bienveillance. Pourtant, si vous *décidez* de vraiment percevoir et apprécier toute la bienveillance qui vous entoure chaque jour, vous pourriez être très surpris et constater à quel point elle vous rend heureux *quand vous la remarquez et l'appréciez.*

Par exemple, si je regarde les derniers jours, je suis conscient:

- de la bienveillance dont font preuve à mon égard un grand nombre de personnes qui me suivent sur mon blogue ou sur les réseaux sociaux;
- de la bienveillance que m'a exprimée l'amie que j'ai rencontrée hier soir;
- de la bienveillance que mon voisin m'a témoignée en me donnant un coup de main pour transporter des objets beaucoup trop lourds pour moi et mes proches;
- de la bienveillance presque continue et explicite que me témoignent les membres de ma famille, même lorsque je suis dans un creux;
- de la bienveillance de la caissière qui, en voyant ma mine déçue, m'a quand même fait profiter de la réduction sur la paire de sandales que je voulais acheter, alors que la vendeuse s'était trompée de promotion et de produit;
- du sourire bienveillant du chauffeur d'autobus lorsqu'il a ouvert la porte à ma fille qu'il avait vue courir pour ne pas rater le bus.

En fait, lorsque nous sommes vraiment attentifs, nous découvrons une *abondance de bienveillance* autour de nous, dans de tout *petits gestes.* Une grande partie de cette profusion est facile à manquer, car, à cause des *biais cognitifs* – ces mécanismes de pensée qui altèrent notre jugement –, beaucoup de choses peuvent nous sembler banales ou évidentes. Nous pouvons les trouver justes, normales ou flagrantes, alors qu'il n'en est rien. Nous avons besoin, en fait, d'entraînement pour les observer. D'un autre côté, si ces tout petits gestes sont vraiment normaux, cela signifie que nous avons une énorme quantité de bienveillance à disposition, chaque jour, tout autour de nous.

Ayant pris conscience que les stocks de bienveillance débordent dans votre vie et que vous en bénéficiez chaque jour sans même vous en apercevoir, vous commencerez peut-être à comprendre que c'est comme si vous en disposiez d'un magasin entier ! Alors, peut-être, pourrez-vous commencer à répandre la bienveillance autour de vous, à en donner aux personnes que vous rencontrez, avec un *sourire* ou une petite *attention généreuse*. Plutôt que de véhiculer les ténèbres et la froideur, peut-être déciderez-vous d'entretenir la lumière en vous et d'éclairer, même faiblement, le chemin de ceux qui vous entourent ?

Vous et moi pouvons choisir d'être des *sources de bienveillance*, comme pour renvoyer avec gratitude toute la bienveillance que nous recevons objectivement et véritablement chaque jour, des autres et de la vie. Et ce qu'il y a de fantastique, c'est que plus nous offrons de bienveillance, plus nous en recevons en retour, comme un écho qui multiplierait à l'infini le son originel, la vibration initiale. Et c'est un des secrets de la pratique : le don de la bienveillance se multiplie lorsqu'on le partage. C'est une pratique qui commence par soi-même, dans l'observation attentive et sans jugement de ce qui se joue pour vous ici et maintenant, dans l'instant.

MÉDITATION DU JOUR 17/21 : Sourire au présent

Le bonheur

Le bonheur est un art à pratiquer, comme le violon.
John Lubbock

Le lien entre la quête du bonheur et la connaissance de soi est souvent établi par les spécialistes du développement personnel. Mais il me semble peu pertinent de parler de poursuite du bonheur sans tenir compte du fait que ce terme très usité ne signifie pas la même chose pour tout le monde. Pour les uns, le bonheur est une *sensation fugace* qui provient de l'extérieur, un *plaisir éphémère* que nous devons savoir saisir dans toutes ces petites choses que le quotidien nous offre et que nous ne voyons plus, tellement elles nous paraissent banales. Pour les autres, c'est un *objectif* que nous devons nous appliquer à atteindre et qui peut être lié, par exemple, à la satisfaction de besoins matériels. Pour d'autres encore, le bonheur est une *attitude* de positivisme de principe qui exclut toute forme de négativité. Et je ne parle pas de ceux qui pensent que nous sommes, ou non, heureux « de naissance » ni de ceux qui s'interdisent d'être heureux par *peur* d'être déçus ou frustrés.

Alors, qu'en est-il vraiment du bonheur et en quoi la pratique de la pleine conscience peut-elle nous aider ?

Lorsque nous commençons la pratique de la méditation pleine conscience, nous réalisons souvent à quel point une partie de notre esprit, que j'appelle le « roi des bavards », a pris le *contrôle* de nos pensées, voire de notre existence. Ce bavard commente, juge et papote *en permanence* dans notre tête au sujet de ce que nous sommes ou ne sommes pas, de ce que nous faisons ou ne faisons pas, de ce que nous avons ou n'avons pas, etc. Il peut devenir tellement *envahissant* qu'il devient très difficile de le faire taire plus de quelques secondes. Le pratiquant qui persévère découvre ensuite que le roi des bavards a souvent tendance à orienter l'attention sur la saisie plutôt que sur le lâcher-prise, sur la douleur plutôt que sur le plaisir, sur la peur plutôt que sur la confiance en soi, sur la tristesse plutôt que sur la joie, sur le déni plutôt que sur l'acceptation, sur le gain plutôt que sur la perte, etc.

Son rôle, bien qu'essentiel à l'apprentissage du choix et de la liberté, se cantonne à un espace bipolaire qui nous maintient dans une vision *dualiste* de la vie. La dualité est *nécessaire* à notre évolution, car si nous pouvions réellement atteindre un état de bonheur permanent, nous n'aurions plus aucune motivation pour mettre en marche le mouvement et les changements indispensables à notre progression – ce que je ne pense évidemment pas souhaitable. Si la dualité existe, s'il y a du manque, du mal, du malheur et de la souffrance, c'est pour que nous évoluions *vers le haut*. En effet, quand tout va bien, qu'il n'y a pas d'épreuves, nous n'apprenons rien ou très peu à notre sujet ou au sujet de la vie. Cela peut paraître choquant ou inacceptable pour plusieurs, mais c'est pourtant bien vrai.

C'est en effet dans le creuset des épreuves, ces circonstances opportunes dont la vie nous fait cadeau, que nous trouvons l'énergie et la motivation du changement. Si vous refusez de quitter une vision du monde « à l'eau de rose », de telles affirmations peuvent vous paraître dures, voire impitoyables. Mais si vous acceptez cette réalité *intrinsèque* de l'existence, l'inévitable et nécessaire tension entre les pôles opposés de votre existence peut devenir une véritable *source de progrès*. Quand le bonheur est là, vous en jouissez pleinement tout en sachant que tout est *impermanent* – que rien ne dure. Quand le malheur frappe à votre porte, une fois que vous avez reconnu et accueilli les émotions désagréables liées à cette situation, vous savez que c'est le moment d'*apprendre*, de *changer*, d'évoluer. Conscient de cela, vous pouvez alors plus facilement vous réjouir de ce qui est en train d'émerger de nouveau dans votre vie, car vous savez intérieurement que la mort de la chenille est la naissance du papillon.

Le bonheur ne peut pas venir d'une vision déséquilibrée de la réalité

Une des premières étapes de la pleine conscience consiste à apprendre comment « accueillir son expérience de l'instant présent dans une attitude de non-jugement ». Puisque le bavard n'en est pas capable et que cette étape est un des aspects fondamentaux de la plupart des grandes traditions spirituelles, c'est probablement que les sages ont découvert qu'*une autre partie* de nous peut le faire. Vous ne croyez pas ? J'aime nommer ce qui, en nous, pratique la pleine conscience comme étant « le témoin », « l'observateur » ou « la présence ». Cet aspect fondamental de l'être est « cela qui, en nous, connaît et sait ». La présence qui peut observer le bavard en nous est *en dehors* ou *au-delà* de la dualité. Elle l'intègre et la dépasse simultanément, car, de ce point de vue, tous les aspects de la dualité sont aussi valables et *intimement liés* que le sont les côtés pile et face d'une pièce.

Dans cette dimension, il n'y a *plus de séparation*, plus de sujet et d'objet, de haut et de bas, de bien et de mal, de lumière et d'ombre, de vie et de mort. Il n'y a que la réunification des opposés complémentaires. Ne subsistent dans cette dimension, pour ainsi dire, que la *totalité* et la *complétude*. Dans la dimension de la présence, il n'y a plus que l'union et la relation indicibles de toutes les choses entre elles, l'intégration et le dépassement ineffables des contradictions qui conduisent à la liberté complète et au bonheur total. La pratique de la pleine conscience devient ainsi une merveilleuse approche du réel, laquelle augmente la prise de conscience de ce qui se passe véritablement à chaque instant, parce que cette *présence* en nous n'ignore pas ou n'accentue pas certains aspects de la réalité sur la base de préférences dualistes, partisanes ou, si vous préférez, de biais cognitifs.

Si vous m'avez suivi jusqu'ici, vous comprendrez sans doute pourquoi je réfute l'idée que la méditation pleine conscience puisse nous mener à un bonheur basé sur une sensation de plaisir, même extatique, sur l'atteinte d'un objectif, la satisfaction d'un besoin matériel ou le rejet des aspects désagréables de notre expérience, comme nos peurs. En effet, comme toutes ces perceptions du bonheur sont nécessairement basées sur des jugements dualistes – c'est-à-dire qui amputent la réalité des choses « telles qu'elles sont dans leur ambivalence » – le bonheur que recherchent la plupart des gens est, de mon point de vue, une *illusion* fondée sur des préférences. Et ces appétences n'ont rien de commun avec le fait d'accueillir et d'accepter – comme l'exige une authentique pratique de pleine conscience – l'*impermanence* de l'existence dans une attitude de non-jugement.

Tout cela signifie que si vous pratiquez avec justesse la méditation de pleine présence, votre étape ultime ne sera pas un « bien-être merveilleux fait d'extase sensorielle », mais plutôt une « conscience élargie, spacieuse, de ce que vous percevez » ici et maintenant. Et que cela plaise ou non à vos sens n'aura plus *aucune* importance. Le plaisir sensuel ou la douleur seront juste des *aspects* de votre expérience, des parties incomplètes du puzzle de l'instant présent que vous aborderez avec la conscience qu'ils sont comme l'arbre qui cache la forêt.

Précisons ici, car la question m'a déjà été posée, que pratiquer la pleine conscience ne signifie pas que nous n'avons « aucune préférence » ou que nous ne « faisons rien » dans notre vie pour soulager la douleur ou la peine lorsqu'elle se présente. Non, nous ne sommes pas des mollusques décérébrés qui subissent *passivement* les aspects sombres de l'existence ! Cela ne signifie pas non plus que nous sommes *insensibles* au sentiment de satisfaction ou aux innombrables plaisirs éphémères que procure une attention vigilante à toutes les beautés que la vie nous offre au quotidien. Nous ne souffrons pas non plus d'alexithymie, cette incapacité à identifier et exprimer ses émotions. En fait, comme pour tout un chacun, c'est plutôt le roi des bavards qui nous empêche d'être *pleinement présents* aux plus beaux aspects de notre existence. Il nous débite toutes sortes de commentaires au sujet des choses et des circonstances : ce qui a été, ce qui aurait dû être, de ce qui devrait être ou ce qui sera.

À cause de ce matraquage mental, la plupart des gens se trouvent inconsciemment sous son influence, en mode zombie ou en pilotage automatique. De ce fait, beaucoup ont bien du mal à accéder à leur *observateur intérieur* autant qu'ils le pourraient et le devraient. Cela leur permettrait pourtant d'accueillir les sensations, les émotions, les ressentis et les pensées sans porter de jugement, sans saisir un aspect préférentiel, donc, déséquilibré de leur expérience. Ils apprendraient ainsi à embrasser la totalité de ce qui est présent pour eux à chaque instant. Malencontreusement, l'immense majorité d'entre nous ne perçoit qu'une image tronquée de la réalité que l'accès à *la présence* permet d'accueillir pleinement. Comment un bonheur authentique pourrait-il provenir d'une vision partielle et déséquilibrée des choses ?

En effet, le manque d'équilibre est l'une des principales causes de la souffrance et du manque de bonheur. Nous sommes tellement *absorbés* par les jugements émis en permanence par le roi des bavards que nous sommes incapables d'accueillir la vie telle qu'elle se présente à nous. Nous nous saisissons d'expériences difficiles qui deviennent de véritables échardes que nous remuons dans une chair meurtrie par la souffrance mentale que nous ajoutons à notre douleur physique et à notre peine. À la fois auteur, metteur en scène, acteur et spectateur de notre bonheur ou de notre malheur, nous ne voyons pas que c'est notre ego qui scénarise une image tronquée de ce que nous appelons la réalité. Nous finissons même par croire à la vérité de notre scénario, par justifier tout ce qui nous arrive et par rejeter, sans le savoir, des expériences qui pourraient pourtant nous aider à progresser dans notre histoire. Nous nous évertuons à vouloir changer des expériences qui nous arrivent et que nous n'acceptons pas, manquant ainsi les nouvelles connaissances que la vie voudrait nous offrir. Nous manquons finalement la plénitude qui se trouve au cœur de chaque instant, comme si nous avancions dans la vie avec des œillères.

À cause de toutes ces zones d'ombre, nombreux sont ceux qui se lancent dans la pratique de la méditation pleine conscience dans le but, plus ou moins reconnu, d'atteindre un état particulier de bien-être ou de félicité. Quoi de plus compréhensible ? Effectivement, parvenir à désactiver le roi des bavards pour être attentif au seul instant présent peut produire des sensations physiques *très agréables*, même si l'expérience ne dure que quelques secondes. Ces gens en viennent alors à rechercher cet état de félicité qui efface *momentanément* la souffrance que génère le roi des bavards en émettant des jugements négatifs sur les choses. Avec beaucoup de pratique, certains méditants parviennent même à des états tellement agréables qu'ils sont convaincus d'avoir trouvé le chemin de l'illumination et le but de la méditation. Plutôt que de ressentir des douleurs atroces, ils éprouvent, par exemple, de doux frissons agréables qui parcourent leur corps comme une onde électrique. Ils atteignent ainsi des sommets de plaisir. Malheureusement, ils ne sont que tombés dans un autre des pièges de leur ego : celui du *désir sensuel*, l'un des cinq obstacles à la pratique authentique. Ce guet-apens concerne le bonheur illusoire et les sensations extatiques extrêmement agréables que peut parfois procurer la pratique soutenue de la méditation.

L'extase des sens, qui peut être produite par certaines pratiques méditatives intensives – comme par l'usage de certaines drogues – nous amène à nous soustraire aux différents aspects complémentaires du monde sensible. La mauvaise nouvelle, c'est que de courir après le désir sensuel n'est pas un aspect attendu de la pratique de la méditation pleine conscience, bien au contraire. Cette recherche du bien-être et de l'extase sensorielle est une des *distractions* de l'esprit qui se retrouve, une fois de plus, pris au piège du monde de la dualité: quand vous méditez, ressentir des «sommets de plaisir» découle d'un jugement de valeur qui signifie que vous ressentez (reniez?) aussi des «vallées de déplaisir». Or, le bonheur authentique se trouve au-delà de la dualité sommet/vallée, donc, au-delà de la seule extase sensorielle. Voulez-vous en connaître le secret?

C'est que le véritable bonheur existe tout autant, intrinsèquement, dans les sommets que dans les vallées, dans le plaisir que dans la douleur. Sommets et vallées font simplement partie du chemin, et le bonheur est disponible à chaque instant, que vous vous sentiez au plus haut ou au plus bas. Et ça, c'est vraiment une bonne nouvelle, si vous prenez le temps d'y réfléchir sérieusement…

Si vous ne trouvez pas le bonheur, peut-être ne cherchez-vous pas au bon endroit

Sainte Thérèse d'Ávila, la mystique chrétienne ayant réformé l'ordre du Carmel, a passé une bonne partie de son existence à la recherche de la béatitude, cet état de jouissance extrême qui, pense-t-on, donne au croyant un aperçu de l'allégresse céleste attendant les élus qui rejoignent Dieu après leur mort. Elle a souffert toute sa vie de douleurs physiques. Elle a d'abord pensé qu'elle ne pourrait atteindre la félicité promise qu'en s'affranchissant assez longtemps de la douleur pour pouvoir expérimenter cet état d'extase sensorielle. Elle s'est finalement rendu compte de son *erreur* et a fini par trouver ce à quoi elle aspirait. Décrivant la différence entre l'extase et le bonheur, elle a déclaré: «La douleur est toujours présente, mais elle me dérange si peu, maintenant, que j'ai l'impression qu'elle sert mon âme.» Le bavard en elle avait certes perçu tout son tourment. En même temps, Thérèse d'Ávila a fini par accueillir le bonheur que seule la présence en elle pouvait percevoir dans son *entièreté*. Somme toute, par la pratique répétée, elle a appris à se distancier de son bavardage mental en grandissant dans son *acceptation des choses* telles qu'elles étaient. Oui, la douleur existait en permanence et, oui, elle pouvait lui servir de guide pour découvrir quelque chose de plus grand. Finalement, elle a trouvé ce qu'elle cherchait en accueillant « l'image tout entière ».

L'étape ultime de la pleine conscience *n'est pas* l'extase sensorielle, la félicité, la béatitude ou même le bien-être. Si la pratique y conduit parfois, elle nous amène aussi, et peut-être surtout, à expérimenter plus pleinement les douleurs physiques bien réelles dont nous souffrons tous un jour ou l'autre, mais aussi les souffrances mentales que nous y ajoutons, qu'elles soient émotionnelles, psychologiques ou spirituelles. Nous découvrons la nature de notre esprit et son mode de fonctionnement. La pratique de la méditation pleine conscience nous mène alors au *bonheur authentique*. Mais, afin de l'accueillir pleinement, vous devez d'abord bien comprendre la différence entre l'extase passagère et le bonheur authentique. *Chaque instant* de notre vie est une possibilité d'expérimenter le bonheur, mais nous la rejetons ou l'évitons parce que nous pensons, souvent inconsciemment, que les expériences difficiles doivent *d'abord* être supprimées. C'est comme si nous nous interdisions d'être heureux tant que tous nos problèmes n'étaient pas réglés, comme si nous mettions toute notre énergie dans la recherche de plaisirs sensoriels, voire sensuels, dont la durée est somme toute très relative, aux dépens des autres aspects moins agréables de notre expérience. Pourtant, nous ne sommes jamais aussi proches du bonheur que dans ces moments difficiles, car ils nous défient de briser notre attachement à l'idée d'un *bonheur sensoriel* qui n'est en fait lié qu'à un plaisir passager dépendant de circonstances, elles aussi, éphémères.

Il ne s'agit pas vraiment d'un bonheur authentique si l'expérience que nous étiquetons « bonheur » *disparaît* à la moindre douleur physique ou souffrance mentale. Le bonheur est au-delà de l'expérience dualiste heureux/triste, gain/perte, plaisir/déplaisir ou même santé/maladie. Nous ne connaissons pas la vraie nature du bonheur tant que nous sommes incapables de voir ce qu'il y a d'heureux dans notre peine, de gagné dans notre perte ou de plaisant dans notre douleur. Tant que nous ne voyons que des aspects parcellaires de l'expérience, il manque quelque chose pour que le puzzle de l'existence soit complet. Tant que nous ne percevons qu'un seul côté de la pièce, nous n'avons pas d'idée de sa véritable valeur. Toutefois, une fois que nous expérimentons le bonheur malgré la douleur ou la peine, c'est un signe que nous devenons aptes à le trouver *partout*. Cela se produit parce que notre esprit accueille les circonstances dans une perspective différente, plus complète, plus entière. C'est comme s'il percevait les deux faces d'une même pièce simultanément, sans en favoriser ni en rejeter aucune. Au lieu de se tenir du côté pile ou du côté face, il reste, pour ainsi dire, sur la tranche, réunifiant les deux aspects de la dualité en une seule et unique expérience de la réalité. Plus rien ne manque à ce qui est présent. Cette complétude est *la source* d'un bonheur indicible qui ne peut être ôté ni sur les sommets ni dans les vallées.

Lorsque nous acquérons cette compréhension de la vie, le sentiment du bonheur n'est plus conditionné par certains états passagers, mais devient une pratique *en soi*. La source de ce bonheur est, en fait, l'équanimité, qui considère que tous les phénomènes parvenant à notre expérience sont valables et peuvent être une source de progression. Et c'est cette équanimité, dont l'essence est faite de non-jugement, qui devient le cœur de la pratique d'un bonheur lié à un profond sentiment de complétude intérieure et de liberté. Ce bonheur est fait à la fois d'acceptation, de contentement et de détachement. Il irradie de l'intérieur vers l'extérieur et se maintient dans la vie avec une certaine constance ou stabilité, d'où provient une certaine sagesse.

Alors, quels que soient les goûts et les dégoûts du roi des bavards, le pratiquant sait maintenant, « du fond de ses tripes », que le bonheur provient de la façon dont il accueille chaque aspect de l'instant présent. Qu'il soit agréable ou désagréable n'a vraiment aucune importance.

Et si l'équanimité était le bonheur !

MÉDITATION DU JOUR 18/21 : Eustress et distress, méditer avant d'agir

La liberté

La liberté n'est pas l'absence d'engagement,
mais la capacité de choisir.

Paulo Coelho

« [...] la reconnaissance de la dignité inhérente à tous les membres de la famille humaine et de leurs droits égaux et inaliénables constitue le fondement de la liberté, de la justice et de la paix dans le monde. » Ainsi débute le préambule de la fameuse *Déclaration universelle des droits de l'homme et du citoyen*, adoptée en 1948 par 58 États membres de l'Organisation des Nations Unies qui sortaient de l'un des conflits les plus inhumains de notre histoire avec, rappelons-le, un nombre de morts estimé entre cinquante et plus de soixante-dix millions.

« Tous les êtres humains naissent libres [...] », peut-on lire au début de l'article premier. Puis les mots « liberté », « libertés », « libres », « libérés », « librement » se multiplient dans un texte magnifique qui – bien que n'ayant aucune portée juridique – proclame haut et fort un *idéal* poursuivi par l'humanité depuis qu'elle existe : *vivre la liberté*, sœur aînée de la justice et de la paix.

En effet, c'est bien d'un idéal dont il s'agit. La liberté n'est pas un objet que nous pouvons donner ou dont nous pouvons nous séparer. Elle n'est pas non plus héréditaire. Ce n'est donc pas quelque chose qui se transmet d'une génération à une autre. La liberté se *gagne* à chaque instant. Elle se prend au prix d'une décision et d'un effort volontaire pour la conserver que je résume ainsi : « demeurer aussi libre que j'ai décidé de l'être ». La liberté n'est en soi ni bonne ni mauvaise. C'est l'*usage* que nous en faisons qui détermine si elle sert ou dessert notre aspiration à la justice et à la paix.

Bossuet n'affirme pas autre chose lorsqu'il écrit : « Le bon usage de la liberté, quand il se tourne en habitude, s'appelle vertu ; et le mauvais usage de la liberté, quand il se tourne en habitude, s'appelle vice. » Chacun peut ainsi user de sa liberté de penser ou d'expression pour nuire à autrui, pour offenser ou pour détruire. Chacun peut aussi user de cette *même* liberté pour soutenir, pour pardonner ou pour bâtir un monde plus juste et paisible. Liberté et responsabilité sont ainsi, de mon point de vue, deux aspects indissociables à équilibrer en conscience pour plus de justice et de paix entre les hommes.

En quoi liberté et pleine conscience sont-elles liées ?

Ce que Bossuet nomme « habitude », permettez-moi de l'appeler « le connu ». Les chercheurs qui étudient le fonctionnement de l'esprit et les bienfaits de la méditation le nomment « conditionnement » ou « mode automatique ». Le *connu*, en bref, c'est tout ce que nous pouvons reconnaître et nommer en catégorisant ou en mesurant : objets, êtres et phénomènes que nous subissons ou sur lesquels nous agissons en portant des jugements. Le monde du connu comprend à la fois une *aptitude* et une *attitude* – tout à fait uniques dans le règne animal – qui nous conduisent à nous limiter avec des croyances, à donner du sens, à réagir d'une certaine manière et, parfois même, à nous emprisonner dans des dépendances qui nous privent d'une partie de notre liberté chérie.

Mais tout ce qui est connu nous *rassure* et nous permet d'exécuter nos routines en entretenant une forme de *familiarité* avec le train-train quotidien. Dans cette marche régulière et monotone du connu, beaucoup de gens s'imaginent être libres – tout particulièrement parmi ceux vivant dans des « démocraties ». Mais la réalité n'est-elle pas très éloignée, en fait, de ce que peut véritablement signifier le concept de liberté ? La conformation culturelle et sociale ou l'autoconditionnement ont-ils le moindre lien avec la liberté ? Je ne le pense pas. Entretenir quotidiennement *l'esprit du débutant* pour se libérer du connu est d'ailleurs, sans aucun doute, l'une des tâches les plus ardues et les plus satisfaisantes du méditant en pleine conscience.

Songez que, dans le contexte très hostile de nos plus anciens ancêtres, notre espèce était l'une des plus fragiles : rien pour attaquer, pour se défendre ou pour se protéger, peu de force, peu rapide, une vue, une ouïe et un odorat très moyens et une progéniture incapable de subvenir à ses besoins pendant plusieurs années après sa naissance ! Du point de vue de la force physique, nos chances de survie et de développement en tant qu'espèce étaient quasiment nulles. Seulement, voilà, nous avions un cerveau plus gros que la moyenne qui nous a permis de mémoriser, d'apprendre, de faire preuve de créativité et même d'ingéniosité, de coopérer et, finalement – en instaurant toutes sortes de *routines* issues de nos apprentissages –, de nous répandre sur toute la Terre.

L'humain est descendu de son arbre, puis a quitté sa grotte. Très certainement, nous nous sommes libérés de notre condition d'espèce parmi les plus faibles et nous avons inventé la technologie, la science et la civilisation. Il va sans dire que l'esprit humain est un outil fabuleux. Il ne s'agit pas ici de nier tout intérêt aux routines. Gardons simplement cette question à l'esprit : suis-je au service de mes habitudes ou sont-elles à mon service ? Dans le premier cas, nous sommes *dépendants* de notre connu ; dans le second, nos habitudes peuvent véritablement nous être *utiles* dans notre quête de liberté.

Cela étant dit, en observant comment le culte moderne du matérialisme et du consumérisme a envahi notre quotidien, je m'interroge sur la nature de notre liberté. Un culte de l'objet qui trouve son apogée dans la démesure orgiaque du *Black Friday*, qui se manifeste aussi lorsque des gens sont prêts à se battre pour avoir accès à des pots de pâte à tartiner au chocolat en promotion, comme on l'a vu récemment en France, ou font la queue pendant des jours pour être les premiers à acheter le dernier téléphone intelligent à la mode ou la dernière console japonaise.

Combien de commodités technologiques modernes *dominent* notre vie actuelle et entretiennent nos illusions égotiques ? Combien d'entre nous seraient capables aujourd'hui de se passer de tous ces objets : téléviseurs, téléphones intelligents, ordinateurs et autres robots ménagers, initialement destinés à *libérer notre quotidien* ? Sommes-nous vraiment libres de vivre des vies qui ne dépendent pas du système socioéconomique et ne l'entretiennent pas ? De ce même système qui nous fournit l'argent nécessaire pour nous procurer notre eau, notre nourriture, notre lumière ou notre chauffage ? Bien qu'un nombre grandissant d'entre nous se tournent vers des solutions alternatives, celles-ci suffiront-elles à s'affranchir complètement du style de vie destructeur que l'espèce humaine entretient vis-à-vis d'elle-même et de la planète qui l'accueille ? Sérieusement, à quel point sommes-nous « libres de vivre la vie que nous vivons » ?

Beaucoup se plaignent d'être sous l'influence inconsciente de leur passé et de revivre en permanence des scénarios frustrants, stériles, voire débilitants, avec leurs relations proches ou lointaines. C'est un des nombreux pièges de l'ego qui nous maintient dans le connu en nourrissant l'image illusoire que nous nous faisons de nous-mêmes, de nos possessions et de nos réalisations, image que nous appelons notre *identité* ou personnalité et qui occasionne de nombreuses souffrances. Toutefois, pour trouver le bonheur, il ne s'agit pas de se faire une image *extérieure* de soi. Il s'agit plutôt d'être intimement connecté – en relation – avec ce que nous sommes, notre *nature profonde*. En français, on ne dit d'ailleurs pas « faire libre », mais « être libre ». Peut-être est-ce en partie dû au fait que nous ne sommes pas des « faire humains », mais des « êtres humains ». En tout cas, c'est ce que bien des gens cherchent à devenir.

La liberté, c'est un état de l'Être provenant de la capacité d'être – ou de devenir – soi-même, c'est-à-dire d'actualiser le potentiel qui sommeille en chacun de nous, à l'*intérieur*. Pour un pratiquant de la méditation pleine conscience, cette actualisation repose sur la pratique qui consiste à diriger *intentionnellement* son attention vers l'expérience éprouvée instant après instant, sans porter de jugement. Ainsi, à la différence du monde moderne qui se tourne vers la possession d'objets extérieurs qui satisfont l'ego et l'apparence, le méditant se tourne vers l'observation du sujet intérieur qui nourrit le sentiment d'unité et la présence. Ce choix intentionnel, d'apparence anodine, restaure, jour après jour, cette *liberté d'être* qui nous fait si souvent défaut dans notre relation avec nous-mêmes et, par extension, dans nos relations avec les autres.

Nous nous attachons aux pensées et aux émotions qui constituent le tissu illusoire de notre identité égotique parce que l'inconnu *terrorise* l'ego. Les plus grandes peurs de l'ego tournent systématiquement autour de la perte, de la disparition et – bien entendu – de la mort. Nous nourrissons trop souvent notre attention de ces pensées craintives et de ces émotions entretenant des scénarios qui, même s'ils nous causent de la souffrance, ont l'avantage d'être connus et, parfois même, produisent des bénéfices secondaires. En voici un exemple : en gardant l'idée qu'elle a grandi dans une famille dysfonctionnelle, une personne justifie les comportements violents et incontrôlables qu'elle a aujourd'hui avec ses enfants ainsi que le sens qu'a pris sa vie misérable, selon elle. Comme elle est peu consciente d'être à l'origine de ses souffrances – alimentées par un dialogue intérieur savamment orchestré et rodé depuis longtemps – blâmer son enfance, ses parents, les épreuves de sa vie peut lui permettre de se sentir moins coupable, voire de se faire passer pour une victime. Pour elle, la responsabilité est *ailleurs*, à l'extérieur d'elle. Tout son connu est bâti autour d'une injustice qui excuse son identité et la maintient dans une mentalité de victime. Elle ne se sent pas responsable de son malheur, puisqu'elle se considère comme une victime. Mais, étant donné qu'elle n'est pas *responsable* de son existence, comment pourrait-elle être vraiment libre ?

Pas de reproche dans l'exemple ci-dessus. C'est un simple constat. Il ne s'agit pas ici de nier l'importance de notre histoire personnelle et de son influence indéniable sur notre vécu présent et à venir. Il ne s'agit pas non plus de dédouaner de leurs actes blessants, douloureux ou violents les personnes qui ont occasionné de la souffrance dans notre vie. Il s'agit plutôt de prendre conscience que *nous avons le choix*, à chaque instant, de nous libérer du pouvoir que nous accordons dans notre vie à ces personnes et à ces événements. Il s'agit de réaliser que, une fois la douleur estompée, nous sommes les créateurs et les observateurs de nos souffrances que nous entretenons dans un dialogue mental qui devient le plus souvent inconscient et qui est alimenté par le roi des bavards.

Je ne dis pas qu'il est facile de reprendre la responsabilité de sa vie. Je dis simplement que c'est *possible* : en apprenant à diriger intentionnellement son attention vers l'expérience éprouvée instant après instant, sans porter de jugement, nous restaurons, un pas après l'autre, notre liberté d'être et de devenir la personne que nous sommes vraiment.

La fatalité n'existe pas en ce monde. Tout est impermanent. Chaque jour est une nouvelle page blanche à écrire dans le livre de notre vie. Même si les chapitres précédents ont une importance, tout peut toujours changer à chaque instant pour peu que nous le *décidions*. À ce sujet, comme l'explique d'ailleurs fort bien le scientifique Joël de Rosnay, les chercheurs en épigénétique savent depuis peu que l'expression de nos gènes change en fonction de notre comportement ! Alors, au travers de la pratique régulière de la méditation pleine conscience, pourquoi l'image connue que nous avons de nous-mêmes, une image qui limite et emprisonne, ne pourrait-elle pas, elle aussi, changer ?

Comment la pratique de la pleine conscience restaure-t-elle notre liberté ?

J'observe que, mal comprise par les débutants, l'injonction « foutez-vous la paix » – devenue à la mode chez certains adeptes de la méditation – peut devenir un véritable obstacle non seulement à la pratique, mais aussi à la recherche de liberté. Cet ordre peut être perçu – bien que ce ne soit évidemment pas l'intention initiale – comme une invitation à nous *maintenir* dans le connu lorsque nous aurions au contraire vraiment besoin de prendre la décision de pratiquer, de faire cet effort *volontaire* pour nous libérer de la force d'inertie de nos habitudes en quittant notre zone de confort. Cela peut même être reçu comme une invitation à procrastiner ou à justifier son manque de motivation. Or, qui n'a jamais constaté que la meilleure séance de sport ou de musique est souvent celle où l'on n'avait vraiment pas envie d'aller, mais où nous avons pourtant fait l'effort de nous rendre par « devoir » ? Je l'ai, pour ma part, souvent expérimenté dans ma pratique sportive ou méditative, dans les moments où j'aurais bien fait autre chose, mais où j'ai pris sur moi de me discipliner. Un kôan – une courte phrase énigmatique utilisée par les maitres bouddhistes pour enseigner à leurs élèves – énonce ceci : « Recherchez la liberté et vous deviendrez esclave de vos désirs. Recherchez la discipline et vous trouverez la liberté. »

Cela m'a pris du temps et de la pratique pour expérimenter la vérité de cette affirmation. Et c'est bien ici que les routines quotidiennes mises en place à *notre service* peuvent nous aider dans notre quête de la liberté. Il est important de comprendre que les routines *choisies* n'ont rien à voir avec des contraintes *subies*, mais tout à voir avec les *exigences de la liberté*. En fait, j'envisage ma pratique journalière non pas comme une contrainte supplémentaire dans ma vie, mais comme un acte de libération quotidien. Je considère aussi ma discipline de pratiquant comme un acte d'*hygiène* ordinaire : tout comme je me brosse les dents chaque jour, je m'applique à pratiquer la pleine conscience quotidiennement. Si je n'ai pas de pratique formelle par manque d'envie ou de temps – ce qui m'arrive comme à tout un chacun – j'élargis mes pratiques informelles. Dans un cas comme dans l'autre, je ne me flagelle pas : la pratique est au service de mon hygiène mentale et corporelle ; je ne suis pas au service de la pratique. Si je veux avoir une bonne hygiène, j'ai tout simplement intérêt à me discipliner pour pratiquer, d'une manière ou d'une autre.

La *pratique* restaure notre liberté en nous entraînant à *interrompre* les mécanismes connus de réaction automatique, les schémas comportementaux récurrents devenus *inutiles* dans notre actualité. Elle permet d'introduire une plus grande *présence* dans notre expérience, instant après instant, à tout ce qui, sans elle, serait un simple comportement conditionné, purement automatique. La pratique de la pleine conscience nous permet aussi de choisir librement *où placer* notre attention plutôt que de la laisser être *l'otage* d'émotions et de pensées, tellement ancrées qu'elles en deviennent totalement inconscientes. Une fois que nous avons choisi où nous placerons notre attention, nous pouvons choisir librement quels types de sensations, d'émotions, de pensées, de croyances ou de comportements nous souhaitons cultiver, cela en relation avec la personne authentique que nous sommes ou que nous aspirons à devenir.

Vivre une vie plus authentique, consciente et libre devient alors une *réelle possibilité*. Ce faisant, nous contribuons à la construction d'un monde plus épanouissant, plus juste et plus paisible. Cela ne signifie pas vivre une vie *sans contraintes*, ce que je ne crois pas réellement possible dans un univers et un monde soumis à certaines lois naturelles ou sociales. Notre liberté consiste en fait à *choisir consciemment nos contraintes*. Ce processus libérateur commence au moment où nous réalisons que nous avons *toujours* le choix de diriger consciemment notre attention, sans porter de jugement, sur tel ou tel aspect de notre expérience vécue instant après instant. Il prend toute son ampleur lorsque nous comprenons intimement que nous *ne sommes pas* nos sensations, nos émotions, nos pensées, nos croyances, nos comportements, nos possessions, nos rôles ou nos accomplissements. D'une certaine manière, au centre de tout cela – ou comme en coulisses – se trouve le cœur conscient, la présence attentive, la source véritable de l'être. Avec cette conscience grandissante, nous devenons capables de changer de l'intérieur vers l'extérieur en devenant plus présents, libres et authentiques.

Là où notre liberté était l'otage de notre attachement au désir sensuel ou de notre aversion à nos peurs mythomaniaques, le processus de changement viendra assurément nous *défier*. Dans certains domaines, nous ferons face à des comportements automatiques ou réactifs tellement ancrés qu'ils nous paraissent « naturels ». Peut-être nous plierons-nous encore, pendant quelque temps, à des comportements si habituels qu'il nous faudra continuer à vivre en réaction à diverses situations jusqu'à ce que nous embrassions consciemment et sans jugement cet aspect de notre expérience et que nous *décidions* de ne plus nous y identifier.

Dépasser des conditionnements en ne s'attachant plus à certaines choses ou en ne les rejetant plus demande le courage d'une décision et la force d'un effort volontaire et répété. Cela peut parfois sembler effrayant, voire décourageant, particulièrement si nous devons renoncer à quelqu'un ou à quelque chose à qui ou à quoi nous sommes très attachés. Mais dans notre plus grand défi réside notre plus grande récompense : choisir de vivre une existence libre et authentique en devenant la personne que nous sommes réellement, au-delà de tout conditionnement inconscient. Encore une dimension de réalisation où la pratique de la pleine conscience porte certains de ses plus beaux fruits !

En nous engageant avec discipline sur un chemin plus authentique, nous dépassons petit à petit nos limitations. En passant nos conditionnements au creuset du changement, nous nous épanouissons et découvrons avec joie le sens véritable du mot « liberté ». C'est le chemin sur lequel je me suis engagé. Qui m'accompagne ?

MÉDITATION DU JOUR 19/21 : Méditation de la gratitude

La joie

De la Joie Pure jaillit toute création.
Par la Joie, elle est soutenue, vers la Joie elle se dirige et
à la Joie elle retourne.

Proverbe sanskrit

Prendre un peu de temps pour méditer en pleine conscience sur la question de la joie vaut sans doute le détour. Car quelle perspective serait plus terrible que celle de vivre une vie sans joie ? Cette sensation unique que vous percevez dans votre être – corps et âme – lorsqu'il est traversé par la joie, n'est-elle pas l'une des plus belles expériences de l'existence humaine ? Selon une légende, la joie serait même au cœur des deux questions que nous posent les dieux au moment où nous rendons compte de nos actions et de la manière dont nous avons vécu sur la Terre. Afin de juger nos âmes, ils nous demandent : « As-tu trouvé la joie dans ta vie ? » et « Ta vie a-t-elle donné de la joie aux autres ? »

Il faut généralement parvenir à un certain âge ou avoir franchi certaines épreuves pour savoir, avec certitude, que nos possessions, nos titres et nos réalisations peuvent bien nous apporter des moments de plaisir intense, mais certainement pas une joie *durable*. À l'expérience du plaisir succède le désir de la renouveler, ce qui produit à son tour de la frustration qui pousse l'ego vers le « toujours plus ». L'appétit dévorant d'accumulation de l'ego ne peut pas être rassasié. Réussir à désamorcer sa peur de disparaître, de ne pas être reconnu et admiré pour le *faire* et l'*avoir* est un vrai défi. C'est d'autant plus difficile que les publicitaires représentent cette expérience précieuse de la joie avec toutes sortes de visages souriants et de situations gaies qui peuplent notre quotidien de consommateur potentiel et stimulent l'ego. Comme si l'accomplissement d'activités, l'acquisition de services ou la possession d'objets pouvaient nous procurer cette joie profonde à laquelle nous aspirons tous, sans même le savoir. En fait, il n'y a que peu de rapport entre la joie authentique et la façon dont le monde nous propose d'expérimenter la joie. *La joie qui a besoin d'une cause, ce n'est pas de la joie, mais du plaisir*, a noté l'écrivain autrichien Gustav Meyrink.

Si nous examinons notre quotidien avec attention, nous constaterons sans doute que nous passons le plus clair de notre temps en mode zombie, ou pilotage automatique. Nous ruminons souvent au sujet de situations qui *n'existent plus* et que nous réinventons sans cesse en nous reprochant la façon dont nous avons réagi, ou non, et en imaginant ce que nous aurions dû faire ou dire si nous avions été différents de ce que nous étions à cet instant-là. Ou alors, nous nous *projetons* dans un avenir qui n'existe pas encore, imaginant toutes sortes d'options hypothétiques au sujet de la vie que nous aimerions avoir en relation avec nos listes de choses à faire ou à acheter. Nous sommes parfois tellement excités à l'idée de vivre des situations futures que nous en perdons toute appréciation de l'instant présent, attendant avec impatience ce moment à venir qui s'avérera peut-être très décevant par rapport à nos attentes démesurées. Cette capacité humaine à « vagabonder dans le temps » a, bien entendu, un certain nombre d'avantages. Mais c'est surtout une prison mentale qui nous coupe du seul instant qui existe vraiment : l'ici et maintenant !

Jusqu'à un certain point, cela a évidemment du bon de se pencher sur son passé ou sur son avenir. Puis, au-delà d'un certain stade – lorsque l'insatisfaction devient pratiquement une seconde nature –, il est utile de réaliser que la vie s'expérimente uniquement dans la présence à l'instant, celui-ci contenant en soi tout ce qui est utile pour connaître l'un des attributs de la joie : le *contentement*. Il en est de même de la sensation de joie, qui ne peut être perçue qu'ici et maintenant. *Si nous sommes dans la joie*, a affirmé le poète Horace, *gardons-nous de porter nos pensées au-delà du présent*. Une belle façon de dire que l'instant présent est la véritable demeure de la joie et qu'il n'y a pas de joie sans contentement, sans acceptation des choses telles qu'elles sont.

Qu'est-ce que la joie ?

La joie est d'abord une émotion agréable, puissante et profonde expérimentée par le corps, puis un *sentiment* exaltant ressenti par toute la conscience et pouvant persister malgré la souffrance personnelle ou collective. La joie nous met en mouvement et nous donne la force et le courage de faire face à l'angoisse de la mort. C'est cette énergie lumineuse qui nous relie à tous les êtres et qui nous fait sentir en lien avec la vie, le monde et l'univers. C'est aussi cette capacité humaine – pour ne pas dire animale – à nous satisfaire inconditionnellement d'être existants, de nous sentir vivants à chaque instant, sans que cela dépende d'aucune cause extérieure.

Si, comme le dit le proverbe, « la beauté est dans l'œil de celui qui regarde », je pense que la joie est l'émotion première, celle qui précède toutes les autres, y compris la peur. Je suis convaincu, pour l'avoir observé chez les miens, qu'un petit enfant vit pleinement la présence à l'instant de façon joyeuse. Avant longtemps, il ne sait pas ce qu'est hier ni ce qu'est demain. Or, je n'ai jamais observé, sur le visage d'un nouveau-né qu'on n'effraie pas intentionnellement ou involontairement, de « peur naturelle ». En revanche, j'y ai souvent vu la joie exprimée par un sourire béat.

Tous les parents peuvent se souvenir de tels moments de grâce. Nous avons même une expression pour cela: « (sou)rire aux anges ». Nous cherchons une cause extérieure à ce comportement qui, en fait, émane comme de l'intérieur du nourrisson, lequel EST pleinement présent à sa propre expérience. C'est comme si quelque chose en nous persistait d'*avant la naissance*. Cette lumière joyeuse – comme en arrière-plan – demeurant accessible à ces nourrissons qui, dans leur berceau, sourient aux anges et gigotent joyeusement dans leur barboteuse en babillant. Ils fixent, dans l'espace devant eux, quelque chose qui appartient à la nature de l'instant présent et que nos yeux d'adultes ne savent plus voir. L'avez-vous remarqué ?

Confucius a écrit: *La joie est en tout; il faut savoir l'extraire.* À un certain niveau, la joie fait partie non seulement de la nature même de l'existence, mais aussi, je crois, de la nature même des choses. Ainsi, si la vie était un projecteur, la joie serait comme cette lumière en arrière-plan qui projette les événements du film de l'existence sur l'écran du quotidien. La joie, c'est cette lueur qui persiste dans les tréfonds de notre être et qui détient le pouvoir de mettre en relief aussi bien nos embellies que nos tempêtes intérieures. Pour retrouver le chemin de la joie, il suffit d'ailleurs que nous choisissions de garder en mémoire que ce sont souvent les nuits les plus sombres qui révèlent les plus belles étoiles.

Si la joie est en tout, alors l'existence tout entière – avec ses hauts et ses bas – peut devenir un sujet de réjouissance pour peu que, tôt ou tard, nous *décidions* de voir la pulsion de vie dans la souffrance, la peur, la tristesse, la frustration, l'ennui, la haine ou même la mort. Jésus affirme : *En vérité, en vérité, je vous le dis, si le grain de blé qui est tombé en terre ne meurt, il reste seul ; mais, s'il meurt, il porte beaucoup de fruits.* Reconnaître joyeusement que l'ombre et la lumière font *naturellement* partie des aspects de la vie ne signifie pas qu'on renonce à amener plus de liberté, de justice et de paix dans ce monde. Mais la joie de vivre se nourrit du meilleur comme du pire de nos expériences.

Comment expérimenter la joie de l'instant présent ?

Il doit donc exister une manière, ici et maintenant, d'extraire et de cultiver la joie au milieu de toutes nos situations quotidiennes. Alors, comment peut-on y parvenir ? À quand remonte la dernière fois où le fait d'être vivant vous a rendu joyeux ? Quand avez-vous apprécié pour la dernière fois le privilège de ressentir la vie s'écouler en vous à chaque instant ? Quand vous êtes-vous exercé pour la dernière fois à trouver les aspects constructifs ou positifs de la vie qui vous a été octroyée, même si tout semble vous persécuter ou vous pousser dans la détresse ?

Notez qu'il ne s'agit pas de *nier* l'existence de la douleur ou de la souffrance pour simuler une fausse joie de vivre. Il s'agit plutôt de déposer intentionnellement votre attention sur la joie d'être vivant pour *intégrer et dépasser* ce qui fait mal. Et c'est tout l'objet de notre pratique de la pleine conscience et de la méditation. Cette pratique soutient sans aucun doute notre quête de la joie. En effet, elle nous aide à repérer ce qui pourrait entraver la libre expression de la joie en nous permettant d'ouvrir les vannes afin qu'elle s'écoule en nous et au travers de nous aussi fréquemment que possible.

Pour commencer, il est important d'avoir à l'esprit qu'il n'y a pas de joie sans acceptation. Acceptez-vous tel que vous êtes ! C'est la première intention à nourrir. Puis reconnectez-vous avec le plaisir de vous sentir vivant.

La joie naît et s'expérimente dans des choses très simples, comme :

- marcher pieds nus dans la rosée du matin ;
- tourner son visage vers le soleil pour sentir sa chaleur sur la peau ;
- savourer un bon plat ou un bon vin en conscience ;
- prendre un bain parfumé ;
- écouter de la musique ;
- contempler un feu de cheminée ;
- s'allonger dans l'herbe ;
- faire un câlin à un être aimé ;
- admirer un lever ou un coucher de soleil ;
- écouter attentivement le chant d'un oiseau ;
- observer le courant ou les vagues à la surface d'une étendue d'eau ;
- caresser l'écorce d'un arbre avec les mains.

Autant de situations qui parlent d'attention à l'instant présent, d'acceptation des choses telles qu'elles sont plutôt que telles qu'elles pourraient, devraient ou auraient dû être. Car notre quotidien est fait de ces multiples événements en apparence anodins.

Comme nous l'avons déjà vu, la pleine conscience ne consiste pas seulement à se sentir présent et joyeux tout le temps. Elle nous aide aussi à faire face aux situations difficiles. C'est une pratique – un art de vivre, en fait – qui s'appuie, entre autres, sur le non-jugement. Cela signifie que nous apprenons à remarquer tout ce qui se passe – bon ou mauvais – sans vouloir autre chose que ce qui est présent à l'instant. Habituellement, quand des émotions désagréables nous submergent dans une situation déplaisante, il est difficile de voir cette dernière sous un jour positif et nous pouvons facilement faire, dire ou penser des choses que nous regretterons plus tard.

Mais, grâce à la pratique de la pleine conscience, nous pouvons mettre une certaine distance entre nous et nos émotions, afin de ne pas nous accrocher, voire nous identifier, à elles comme étant des choses immuables ou permanentes. Par exemple, cela n'est plus « ma colère », mais je me vois simplement comme étant « en colère » de façon passagère. À force de pratique, cette distance nous permet – plutôt tôt que tard – de décider de voir la pulsion de vie, le changement, le positif dans une situation douloureuse dans laquelle nous aurions initialement perdu tout contrôle.

R.É.A.L.I.S.E. la joie d'être en vie en sept respirations

Voici une pratique utile et inspirée que j'ai élaborée et qui peut être utilisée n'importe quand et n'importe où. Vous pouvez l'accomplir en sept respirations ou vous attarder sur chaque étape pendant quelques respirations avant de passer à la suivante. Chaque souffle se résume en un mot, afin de vous aider à vous souvenir comment focaliser votre attention sur la pratique et comment délier tout ce qui vous attache au passé ou au futur et qui vous éloigne de la joie. La pratique se résume dans cet acronyme : R.É.A.L.I.S.E.

- Respire
- Éprouve
- Accueille
- Libère
- Incarne
- Savoure
- Élargis

Voici comment l'appliquer :

Respire

Première respiration : Soyez très attentif à la sensation physique liée au mouvement de l'air qui entre et qui sort.

Éprouve

Deuxième respiration : Élargissez votre attention à toutes les autres sensations présentes dans votre corps de façon à éprouver ce qui s'y trouve. Que cela soit désagréable, neutre ou agréable n'a aucune importance. Expérimentez simplement ce qui est là, sans rien rechercher de particulier et sans porter de jugement. Observez plus spécifiquement la tension, les contractions, la lourdeur ou l'agitation.

Accueille

Troisième respiration : Inspirez. À l'expiration, accueillez activement tous vos besoins. Observez s'il y a des désirs ou des aversions en vous à cet instant. Souhaitez-vous ardemment que quelque chose soit différent ? Y a-t-il un domaine dans lequel vous refusez d'accepter les choses telles qu'elles sont ? Repérez ces liens qui vous alourdissent et ressentez pleinement leurs effets sur vous. Ce sont non pas des ennemis, mais de simples attentes ou besoins. Ce sont des parties de vous qui réclament de l'attention, qui demandent à être écoutées pleinement.

Libère

Quatrième respiration : À l'inspiration, décidez de libérer tout ce qui vous pèse, toutes vos tensions. À l'expiration, relâchez intentionnellement tout ce dont vous ne voulez plus en direction de la terre qui les absorbe lorsque vous lâchez prise. Les problèmes existent, mais ils sont autant d'occasions d'apprendre, de grandir, d'évoluer. Ce qui fait la différence, c'est l'attitude avec laquelle vous décidez intentionnellement d'aborder chaque instant. Ne regrettez pas le passé ; ne vous inquiétez pas pour l'avenir. Libérez-vous de l'emprise du temps en observant le miracle de l'instant présent.

Incarne

Cinquième respiration : Prenez conscience de la légèreté qui s'installe et du fait que vous avez le privilège, au travers du souffle, d'expérimenter la vie en vous à cet instant. S'il ne vous restait que vingt-quatre heures à vivre, vous verriez sans aucun doute à quel point cet instant est précieux. Tout ce dont vous avez besoin pour être joyeux existe déjà à cet instant. Tout est déjà parfait. S'il existe cent raisons de souffrir, il en existe au moins cent une de vous réjouir. Ressentez la vie qui se meut en vous. C'est miraculeux ! Ne niez pas cette fabuleuse réalité de l'incarnation et observez à quel point il est merveilleux de pouvoir se sentir en vie.

Savoure

Sixième respiration : Prenez conscience de toute la beauté en vous, de tous les mécanismes incroyables qui permettent à votre corps de vivre. Aussitôt que vous portez votre attention intentionnellement et sans jugement sur l'instant présent, vous devenez capables de voir que votre corps est d'une indescriptible beauté. Tous vos sens – la vue, l'ouïe, l'odorat, le toucher et le goût – vous permettent d'embrasser en partie la beauté du monde et le cadeau précieux de la vie. Tout ce que vous avez à faire, c'est décider d'être présent dans l'instant pour savourer avec joie tout ce qui s'y trouve.

Élargis

Septième et dernière respiration : Élargissez votre présence attentive à tout ce qui se trouve autour de vous. Prenez conscience du miracle de votre vie sur cette minuscule planète Terre, dans ce tout petit système solaire placé au coin d'une petite galaxie existant dans un vaste univers qui contient des milliers de milliards d'autres galaxies. Voyez combien est grand le mystère de la vie, en général, et de votre vie, en particulier, dans cette étendue illimitée. Détournez votre attention de vous-même un instant et connectez-vous à tous les êtres visibles et invisibles ici et, peut-être, au-delà. C'est un privilège de pouvoir expérimenter tout cela ici et maintenant et un véritable sujet de joie.

R.É.A.L.I.S.E., une pratique simple, à renouveler aussi souvent que nécessaire pour retrouver la source de la joie en soi.

MÉDITATION DU JOUR 19/21 : Méditer avec son cœur

L'amour authentique

Le monde est né de l'amour, il est soutenu par l'amour,
il va vers l'amour et il entre dans l'amour.

Saint François de Sales

L'amour *authentique* n'a pas grand-chose à voir, de mon point de vue, avec la description qu'en font la plupart des films romantiques ou des chansons d'amour.

Je veux dire par là que le véritable amour ne fait pas mal, car il est intrinsèquement *bienveillant*. S'il fait mal, c'est autre chose que de l'amour, quelque chose qui se fait passer pour ce qu'il n'est pas, quelque chose comme de la peur, de l'attachement, de la dépendance, de la possession ou du fanatisme idolâtre. Nous confondons d'ailleurs le plus souvent le *besoin* et l'amour, le *désir* et l'amour, la *possession* et l'amour, l'*adoration* et l'amour. Or, ces confusions ne sont pas différents aspects ou niveaux d'intensité de la même chose, mais quelque chose d'autre.

L'*essence* de l'amour bienveillant est étrangère à tout ce qui peut engendrer de la souffrance. Aucun cœur ne peut réellement souffrir « d'amour vrai », mais beaucoup de cœurs souffrent d'envie et de désir. Est-il seulement possible d'aimer sans désirer ou sans s'attacher ? C'est ce que j'ai décidé d'aborder avec vous pour terminer cette série des vingt et un piliers de la méditation pleine conscience.

En première analyse, il peut sembler que la question de l'amour n'a pas vraiment de rapport avec la pratique de la pleine conscience. Puis, à y regarder de plus près, on réalise que l'amour est *au cœur* de toutes nos relations et même de notre vie. Puisque notre pratique de la pleine conscience et de la méditation transforme notre vie et nos relations, l'amour bienveillant est forcément au cœur de cette approche.

En effet, malgré ce qu'en disent certaines personnes mal informées, la pleine conscience n'est pas, loin de là, une pratique uniquement *mentale*. En fait, j'aime dire que le verbe « aimer » se conjugue à tous les temps et dans toutes les situations, depuis notre conception jusqu'à notre mort. Quel rapport avec notre sujet ? Le voici : développer son aptitude naturelle de la pleine conscience ne consiste pas à être *uniquement* attentif aux sensations ; c'est aussi observer attentivement tout ce qui se joue sur les plans émotionnel et (senti)mental. Alors, comment l'amour pourrait-il être complètement exclu de cette pratique attentionnelle ?

Il ne l'est pas, évidemment, même si le débutant n'a aucune conscience au départ de tous les aspects de sa personne qu'il apprend à connaître par la simple observation attentive et sans jugement de son expérience, instant après instant. Pourtant, le fait que cette pratique se base sur le *non-jugement* nous donne déjà un indice précieux – sur lequel nous reviendrons plus loin – au sujet de ce qui se joue de façon *embryonnaire,* mais existante, au cours de chaque pratique de méditation pleine conscience.

Il est utile, avant d'aller plus loin, d'avoir à l'esprit que les représentations que nous nous faisons à notre sujet, au sujet des autres et de la vie en général sont toutes *insufflées par l'ego.* L'ego, c'est une conscience de notre individualité liée à des mémoires. Cette dernière n'est ni bonne ni mauvaise. L'ego n'est pas un ennemi, mais une partie *utile* de ce que nous sommes, en particulier pour fixer des frontières identitaires, parfois nécessaires en société. Les problèmes surviennent lorsque l'ego devient notre seule façon d'exister autour de souvenirs, de talents, de possessions, de réalisations et de titres. C'est donc *l'identification à l'ego* qui est problématique, car celui-ci n'a aucune existence propre. De plus, ce sur quoi il s'appuie pour se construire et subsister peut disparaître à tout instant, comme un souffle.

L'ego cherche cependant, au travers du *faire* et de l'*avoir,* à satisfaire toutes sortes de besoins individuels et, par définition, égoïstes. Or, l'Être – ce qui existe au-delà des mots et des concepts – réunit et intègre le *faire* et l'*avoir* tout en se situant *au-delà* de leurs contingences passagères. Mais, avant de découvrir notre être authentique, nous aimons *avec* et *au travers* de notre ego. Or, lorsque l'ego aime, il le fait toujours afin de *satisfaire* un besoin individuel, un manque personnel.

Par exemple, selon le psychiatre Carl Gustav Jung, l'homme qui aime cherche LA femme parfaite dans toutes les femmes. Il vit alors avec chaque femme UN aspect du féminin idéal correspondant à sa projection *du moment.* Il trouve en elle un peu de la femme *fantasmée* qu'il voudrait inconsciemment rencontrer. Évidemment, aucune femme ne sera jamais tout à fait celle qu'il attend depuis toujours. Selon Jung encore, la femme cherche, quant à elle, à retrouver TOUS les hommes en un seul homme : le fort, le courageux, le doux, le romantique, etc. Elle doit bien s'avouer, un jour ou l'autre, que l'être qui vit ou vivra à ses côtés n'est pas le prince charmant et qu'il est plein de faiblesses et de défauts.

Il est clair que quelque chose ne fonctionne pas dans cette façon d'aimer orientée vers la satisfaction d'attentes ou de besoins personnels le plus souvent inconscients. Quel que soit le sexe, s'il existe vraiment, l'amour authentique acceptera l'autre *tel qu'il est*, sans aucune attente implicite ou explicite de satisfaction d'un besoin égotique. Et cela nous donne un indice supplémentaire important sur la nature du véritable amour : si l'amour vrai a une orientation, ce n'est pas vers soi-même, mais plutôt vers l'autre. Cet amour-là est détaché des amertumes passées et des attentes futures. L'amour authentique se vit dans la présence à l'instant et l'acceptation *inconditionnelle* de l'être aimé. Il suppose une authenticité et une *maturité émotionnelle* qui, plutôt que de créer une dépendance entre deux êtres, leur insufflent de la liberté.

Prenons garde de ne pas confondre le désir et l'amour

D'un côté, le désir est simple et souvent imprudent. Nous devons le gérer avec soin afin d'éviter de nuire à nous-mêmes ou à autrui. Le désir naît soit de l'intention d'*obtenir* quelque chose de mieux, de plus sûr, de plus agréable, soit du *rejet* de ce qui est, au profit de ce qui aurait pu être ou pourrait être. De l'autre côté, l'amour authentique est animé de l'intention de *laisser être* toute chose pour elle-même, quelle qu'elle soit. Évidemment, ce n'est pas simple ! En effet, beaucoup d'entre nous grandissent en confondant le désir – fait d'un tissu d'attirance et de rejet –, avec l'amour – tissé d'acceptation inconditionnelle. Il est difficile de comprendre et, plus encore, d'expérimenter la nature de l'amour authentique lorsque nous sommes sous l'emprise de nos désirs de faire et d'avoir. En plus, et même si ce n'est pas la même chose, le désir peut se produire en même temps que l'amour. Pourtant, l'amour vrai n'est pas quelque chose qui peut être *obtenu* ou qui peut être *fait*. L'amour EST, tout simplement.

La jalousie peut être un indice pour différencier l'amour et le désir. Elle naît effectivement d'un désir incontrôlable de posséder ou de dominer, qui n'est ni de l'amour ni une preuve d'amour. La jalousie est en réalité enracinée dans la *peur du manque* ainsi que dans un *déficit* d'estime et de confiance en soi. Le désir, sous ses différentes formes, peut conduire les gens à faire n'importe quoi. C'est un affect qui peut troubler l'être humain du point de vue corporel et psychique en générant, par exemple, un appétit alimentaire ou sexuel insatiable, voire une intensité mentale irrationnelle. Pendant toute la durée du désir, le désir sensuel – premier obstacle de la pratique que nous avons abordé précédemment – peut être exacerbé.

Malheureusement, comme chacun de nous l'a sans doute déjà expérimenté, posséder l'objet du désir *ne satisfait pas* le désir, car on ne désire pas ce qu'on possède. De plus, dès qu'on possède ce qu'on désirait, la chose possédée perd de son intérêt. On se sent alors déçu et frustré et on cherche ensuite l'exacerbation des sens dans une nouvelle chose à désirer. Au contraire, l'amour vrai ne rend personne jaloux. Il *assainit et assagit*. Il ne pousse pas les gens dans des crises de jalousie. L'amour authentique, ou bienveillant, ne conduit jamais qui que ce soit – prétendument par amour – à tuer ou à voler, à tricher ou à jalouser, à fantasmer ou même à s'inquiéter.

L'amour vrai se révèle lorsque vous libérez votre *besoin de posséder* la chose – qui peut être un objet, une personne ou un animal – de votre désir. Cela se produit lorsque vous réalisez que de vous approprier cette chose ne vous rendra pas plus heureux ou plus complet ni plus satisfait d'exister. Le fait que cette chose existe est suffisant en soi. Nul besoin de la prendre, de la posséder. Le gourou indien Osho résume très bien cela : *Si tu aimes une fleur, ne la cueille pas. Si tu la cueilles, elle meurt et elle arrête d'être ce que tu aimes. Alors, si tu aimes une fleur, laisse-la vivre. Tout simplement. L'amour n'est pas la possession. L'amour, c'est apprécier ce qui est.*

Aimer quelque chose ou quelqu'un de façon authentique consiste – tout en étant attentif à soi-même – à s'effacer, à disparaître en faveur de son épanouissement. Aimer vraiment, pour moi, aujourd'hui, signifie mourir à ses propres intérêts afin que la chose aimée – objet, animal ou personne – puisse être ce qu'elle est vraiment, pleinement, inconditionnellement. «Joli discours», me direz-vous. Toutefois, une telle attitude peut paraître surhumaine à la plupart d'entre nous, qui sont coupés de cette fameuse source qui alimente leur puits intérieur.

Quelle est la source de l'amour vrai ?

Sur votre chemin de vie, l'amour inconditionnel est peut-être quelque chose de nouveau, mais réfléchissons un instant: la vie, par sa nature impermanente, éphémère, ne se charge-t-elle pas de nous offrir des possibilités d'apprendre à aimer d'un amour plein, sans attachement, sans condition? Qu'est-ce qui pourrait bien appartenir réellement à des êtres qui naissent nus et finissent en poussière? *Rien* et *tout* à la fois. RIEN, car, lorsque nous pensons nous approprier des objets, des titres, des animaux ou des personnes, nous n'amassons que vanité au cours d'une vie terrestre qui, à l'échelle de l'univers, ne dure pas plus longtemps qu'un souffle. TOUT, car toutes choses sont reliées les unes aux autres par des liens invisibles qui font qu'il n'existe pas réellement de séparation entre l'océan et chaque goutte d'eau…

On raconte à ce propos l'histoire d'un homme très riche et d'un homme très pauvre qui ont chacun un fils et qui vivent de part et d'autre d'une grande colline. Un jour, l'homme très riche fait monter son fils au sommet de la colline et, embrassant tout le paysage d'un grand geste du bras, il lui dit: «Regarde, bientôt tout cela sera à toi!» Au même instant, l'homme très pauvre, qui est monté avec son fils sur l'autre versant de la colline, lui dit simplement, devant le soleil levant qui illumine la plaine: «Regarde, toute cette beauté sera toujours en toi!»

L'amour authentique émane de la nature de l'esprit, de son *essence*. Il est à la source de toute chose, mais demeure masqué par les voiles de l'ego. Cet amour-là découle d'une capacité humaine beaucoup plus sophistiquée que le simple désir, même si ce dernier, pour le meilleur ou pour le pire, a toujours été un moteur puissant de la motivation humaine. Car la nature du désir n'est pas mauvaise en soi. Bien gérés, certains désirs peuvent nous faire accomplir de grandes choses, pour soi et au service d'autrui. Mais, lorsqu'il nous échappe, le désir est comme un vieux moteur bruyant et mal réglé qui consomme toute l'attention du chauffeur du véhicule, comme s'il s'agissait d'un carburant illimité. Il force le conducteur ivre d'envie à dépenser beaucoup d'énergie sur de courtes distances et en prenant de grands risques.

Les désirs sont *personnels*. Ils nous sont attachés et nous mènent là où nos *attachements* nous mènent. Ils ne peuvent pas être plus grands que nous. À l'inverse, l'amour bienveillant désaltère à la fois la personne qui l'offre et celle qui le reçoit. C'est comme une eau pure et fraîche qui permet à chacun d'aller loin à peu de frais. L'amour authentique est *impersonnel*. Il est plus grand que vous et moi ne le serons jamais. Il nous *dépasse* totalement tout en nous incluant pleinement... Aimer authentiquement ce qui se trouve au-delà de nous, mais qui nous contient, c'est vouloir que le bonheur de ces choses ou de ces personnes soit au moins aussi grand que le nôtre.

Par conséquent, l'amour inconditionnel *dissout* toutes les frontières et les séparations entre vous et moi, entre vous et eux, entre nous tous. De toute façon, ces frontières sont conceptuelles et imaginaires, culturelles et sociales, éducatives et liées à une époque. L'amour authentique nous donne la capacité de voir assez clairement pour constater que les frontières et toutes les formes de séparations qui semblent exister naissent en nous. Tout ce que nos désirs égoïstes cherchent à accaparer, à posséder, à dominer, à contrôler à l'extérieur, dans le monde, n'est que le signe que nous sommes encore sous l'emprise de l'ego, de la peur et de l'illusion du manque. Rien ne manque en réalité ! Tout est déjà complet. *Tout est déjà là*, pleinement présent, ici et maintenant, en abondance. C'est la raison de l'expression « il n'y a rien à faire, rien à atteindre et nulle part où aller. »

Il s'agit *uniquement* d'une question de changement de perspective, de paradigme. Il s'agit de passer du « je » au « nous », du « pouvoir *sur* les choses et les gens » au « pouvoir *pour* les choses et les gens ». Le désir est particulier, *exclusif*, mais l'amour est universel, *inclusif*. Ainsi, l'amour vrai ne peut être réservé à une seule personne. Si vous n'aimez qu'une seule personne, vous n'aimerez probablement personne. L'amour n'est pas quelque chose que vous pouvez viser ou atteindre, puisqu'il est *déjà là*. Vous devez plutôt le reconnaître et l'accueillir. Plus votre amour est authentique – en d'autres termes, moins vous l'avez confondu avec autre chose – plus il se donne et devient universel. Aimer inconditionnellement, complètement et avec bienveillance, c'est aimer TOUT.

Plus facile à dire qu'à faire, me direz-vous maintenant. Je suis d'accord. Cela demande en effet de la pratique pour abandonner petit à petit le « c'est bon pour moi ou pour l'autre » au profit du « c'est bon pour nous et au-delà ». À l'échelle du temps de notre évolution, la plupart des êtres humains n'en sont qu'au début de l'expérimentation qui consiste à travailler avec quelque chose de plus grand et de plus important que leurs désirs et leurs intérêts personnels. Mais l'essence de l'amour authentique existe déjà partout, comme en arrière-plan. Il est trop *perceptible* pour être complètement ignoré ou marginalisé, même parmi une population humaine largement sous l'emprise de désirs mal gérés et entretenus par un système matérialiste et consumériste qui trouve sa démesure ridicule dans des événements commerciaux comme le *Black Friday*. Malgré tous nos excès, je crois que c'est une période intéressante à vivre. De toute façon, nous n'en avons pas d'autres !

Nous baignons dans une culture de consommation tellement orientée sur la satisfaction personnelle qu'elle a inventé la pornographie, cette mise en scène vulgaire et bestiale de désirs purement physiques servant trop souvent à l'éducation de jeunes qui pensent que c'est cela, « faire l'amour ». Nous devons apprendre à mieux canaliser nos désirs pulsionnels afin d'aimer pleinement, *sans attentes* et sans *conditions*. La pratique régulière de la méditation pleine conscience offre une base précieuse pour découvrir le sens véritable de l'amour authentique. La solution à bien des problèmes du monde sera de plus en plus évidente à mesure qu'un nombre croissant de personnes commenceront à le comprendre et à accomplir cette transformation. Pour aller par là, une des premières étapes consiste à savoir *distinguer* les différents stades de l'amour.

Quels sont les différents stades de l'amour ?

La langue française utilise un seul verbe pour parler d'amour, ce qui est aussi restrictif que de n'avoir que l'adjectif « vert » pour parler de toutes les nuances de vert qui existent. Ainsi, on *aime* sa femme comme on *aime* sa maison, le chocolat, son chien ou le tennis. Difficile de bien comprendre la nature de l'amour dans de telles conditions de langage. Pour cette raison, lorsque j'aborde le sujet de l'amour, je reviens à la façon dont l'amour est défini dans les Écritures. Il existe plusieurs formes d'amour. L'enseignement chrétien en distingue quatre, qui m'ont aidé à construire mon mariage au cours des vingt dernières années. Je les cite ici à titre purement indicatif, car elles constituent une grille de lecture et de réflexion, parmi d'autres, que je trouve intéressante : en grec, il s'agit de la *porneïa*, de l'*eros*, de la *philia* et de l'*agape*.

Le premier, l'amour *porneïa*, c'est celui du nourrisson pour sa mère, qu'il mange goulûment à chaque tétée, presque comme s'il la *consommait*. Le nourrisson se délecte du contact physique, de la chaleur du corps de sa mère, de son lait. À ce stade très primaire et immature – mais qui peut malheureusement demeurer très longtemps chez certaines personnes – le corps de l'autre est un pur objet de *satisfaction physiologique*. C'est un amour dévorant, passif et dépendant qui attend que « l'objet autre » nourrisse le manque en soi. Cet amour-là est uniquement pulsionnel et, s'il n'est pas nécessairement mauvais, il constitue vraiment le stade zéro de l'amour. Cette satisfaction physiologique est sans doute plus un *besoin* qu'un *désir* à proprement parler.

Le second stade, l'amour *eros*, est tout orienté vers le corps, mais se dégage de l'emprise du besoin pour entrer dans le désir. Il concerne les désirs de la *chair*, le *plaisir* et la *libido*. C'est l'amour de l'*attirance physique* qui est souvent celui des débuts de relations amoureuses et qui s'épanouit dans l'érotisme sensuel, le toucher, l'odeur de l'autre, le plaisir des yeux, le son de la voix, etc. Si vous me passez l'expression, à cette étape, il ne s'agit pas seulement d'une « histoire de cul » : c'est aussi une *pulsion de vie* qui s'exprime ici. Rien de mauvais dans tout cela, si ce n'est que l'*eros* n'est pas une garantie d'amour sans condition, puisque les partenaires changent physiquement avec le temps et que les pulsions peuvent disparaître comme elles sont venues à mesure que les corps vieillissent et perdent de leur attrait. L'amour *eros* est plein de manques, mais il libère quelque chose qui invite déjà au choix d'aimer et, donc, au renoncement qu'appelle de ses vœux l'amour inconditionnel.

Avec le troisième, l'amour *philia*, s'introduit l'idée de « la gratuité ». C'est un amour qui implique une totale *réciprocité*, une relation d'estime équilibrée qu'on expérimente parfois dans certains rapports humains qui n'incluent pas la dimension de l'*eros*. Il ne s'agit pas d'amitié d'enfance, de camaraderie, de copinage ou de ces relations aimables dont on peut tirer quelque chose. L'amour *philia* est plutôt un immense sentiment d'estime *mutuelle* que deux personnes se témoignent, chacune d'elles étant ce genre de personne, plutôt rare, dont on peut dire *sans hésiter* qu'on sera toujours là pour elle en cas de besoin, et réciproquement. En fait, l'amour *philia* se soucie véritablement d'offrir à l'autre « le meilleur », sans qu'il ait besoin de le demander et sans rien attendre en retour. Beaucoup d'entre nous ne connaîtront jamais ce genre d'amour, tandis que d'autres le rencontreront une ou deux fois dans toute leur vie.

L'amour *agape*, enfin, est *totalement désintéressé*. Il s'agit d'un amour si profond et si puissant qu'il est à la source, intarissable, de toute chose. Dans la grille de lecture chrétienne, c'est l'amour inconditionnel du Dieu vivant qui montre aux hommes qu'ils devraient l'aimer pour ce qu'il est et non pour ce qu'il donne et qui les invite à aimer sans jamais rien attendre en retour. Cet amour-là, impossible à expérimenter pour l'ego, n'est pas fait de besoin, d'attirance pulsionnelle. Il n'est pas fait non plus d'un profond sentiment d'estime mutuelle. Il ne choisit pas qui aimer ou haïr ; il aime TOUTE l'humanité. Lorsqu'il fait du bien à un seul être en particulier, c'est au nom de son amour pour tous les êtres. Dans ces manifestations, l'amour *agape* rejoint, sans aucun doute, l'amour bienveillant et altruiste cher au Bouddha, car il est à l'exact opposé du besoin, de l'attirance et de l'attachement. Pour un individu, cet amour bienveillant se vit au travers d'une sensation de permission ou de libération, plutôt que d'un sentiment de manque, de recherche ou d'affection. Il s'agit de combler l'autre plutôt que de le consommer, d'aimer ce qu'il est au-dedans plutôt que ce à quoi il ressemble au dehors, de le laisser aller plutôt que de le retenir, de donner et de libérer plutôt que de posséder et de contrôler.

L'amour, une compétence qui transforme

J'ai longtemps considéré la nature humaine comme fondamentalement mauvaise. Mais on sait aujourd'hui, grâce à la recherche, que l'empathie, la gentillesse et la compassion sont des sentiments *très basiques* dans l'espèce humaine. Quasiment dès la naissance, les bébés éprouvent de l'empathie ! Or, vous en conviendrez, il n'y a rien de moins égotique qu'un bébé. Toute son existence est tournée vers l'*extérieur* avant que l'éducation lui apprenne à devenir une personne « séparée du reste du monde », avec une identité propre et, donc, un ego bien à lui. Mais c'est un autre sujet…

L'amour authentique est subtil, silencieux et délicat. Il se cultive et, lorsqu'il apparaît, comme une jeune pousse frêle, il peut être facilement détruit par la luxure, l'envie ou la peur. Il est si vulnérable que la force brutale l'afflige et le détruit aisément. L'amour authentique est puissant, mais il n'est pas forcé. Pour grandir et s'établir en nous, il doit trouver de l'espace, mais ne doit pas être contraint. C'est une forme d'amour qui, d'une part, se manifeste à travers des sentiments positifs à l'égard de soi-même et du reste de la Création et, d'autre part, s'incarne dans des actes concrets comme le don de son attention, de son temps ou de ses talents.

L'amour vrai produit en abondance soin, gentillesse, sympathie et considération pour autrui. Il guérit et réunifie tout ce qui a été séparé ou brisé dans l'existence. Cet amour-là est celui auquel invite, en définitive, tout travail de transformation personnelle. Sans doute est-ce pour cela que, dans la plupart des grands chemins de réalisation, on retrouve toujours une invitation à cultiver cet amour qui se présente sous différents noms : *hesed* ou alliance d'amour, dans le judaïsme, qui a été traduit par miséricorde ou charité dans le christianisme ; *metta* ou bienfaisance dans le bouddhisme ; *priti* dans l'hindouisme ; *yogabindu* dans le jaïnisme, etc. Je ne m'étonne pas que cet amour authentique, qui inclut au lieu d'exclure, soit une notion récurrente de tous les grands chemins spirituels et religieux. Par ailleurs, nous savons aussi maintenant que la pratique de la méditation dite de l'amour bienveillant offre de nombreux bienfaits, qui vont d'une amélioration du sentiment de bien-être à la guérison de certaines maladies en passant par une augmentation de l'intelligence émotionnelle, cette compétence sociale dont nous avons tellement besoin.

La pratique de la méditation de l'amour bienveillant semble améliorer les attitudes interpersonnelles ainsi que les émotions. Une étude menée en 2011 par Susanne Leiberg, Olga Maria Klimecki et Tania Singer a montré que, dans un contexte de jeu, par exemple, les personnes ayant pratiqué ce type de méditation affichent un comportement prosocial, c'est-à-dire qu'elles aident davantage les autres, contrairement à celles qui ne le pratiquent pas. Les mêmes chercheuses, accompagnées cette fois de Matthieu Ricard, ont écrit, dans un texte publié en 2013, que la pratique de ce type de méditation augmente la *réponse empathique* des participants à la détresse d'autrui ainsi que les expériences affectives positives. Par ailleurs, selon une recherche réalisée en 2012 par Inga Boellinghaus, Fergal W. Jones et Janes Hutton à propos des interventions basées sur la pleine conscience, cette pratique de l'amour bienveillant pourrait être celle qui est la plus efficace pour augmenter la compassion. L'année suivante, Bethany Kok et d'autres chercheurs ont noté que les participants à ce type de pratique déclarent expérimenter plus d'émotions positives et se sentent plus connectés socialement. En 2014, une autre étude, menée celle-là par YooNa Kang, Jeremy Gray et John Dovidio, a permis de constater que six semaines de méditation et de formation à l'amour bienveillant diminuent le parti pris contre les minorités.

Alors, concrètement, comment peut-on cultiver l'amour bienveillant en pleine conscience ?

En décembre 2018, mon épouse et moi avons fêté nos noces d'opale. Cela a fait vingt et un ans que j'ai pris l'engagement d'aimer celle qui partage ma vie. Un chemin évidemment fait de sommets et de vallées que nous avons atteints et traversés ensemble, jusqu'ici. À l'heure où j'écris ces lignes, nous partageons notre amour et notre bonheur avec trois beaux enfants et un chat. Nous avons fait de l'éducation et de la présence auprès de nos enfants notre priorité des priorités pendant plus de quinze ans. Après bien des renoncements volontaires pour être des parents « aimants et présents », nous nous construisons aujourd'hui des vies professionnelles passionnantes, que nous cherchons encore à équilibrer avec les exigences familiales quotidiennes.

Bien que, sur le papier, tout cela puisse peut-être paraître très beau et idyllique, c'est loin de traduire ce que peut signifier le défi de vivre des relations avec amour, en pleine conscience. La pratique concrète de l'amour bienveillant exige de porter intentionnellement et honnêtement l'attention sur la connexion que nous ressentons avec ceux qui nous entourent au quotidien, comme dans l'intimité du foyer. C'est seulement après avoir reconnu *l'état de notre connexion* avec ceux qui nous côtoient au quotidien que nous pouvons aspirer à approfondir cette relation aimante par petites touches, toujours de l'intérieur vers l'extérieur.

Les pratiques qui suivent sont simples et vous aideront à accueillir vos relations plus consciemment et à cultiver l'amour bienveillant dans votre quotidien.

Comment vous sentez-vous relié ?

Prenez un moment pour réfléchir aux types de relations que vous entretenez dans votre vie actuelle. Vous aurez ainsi l'occasion de méditer sur les personnes qui font partie, ou non, de votre vie et sur vos relations avec elles. Cela permet une attitude d'ouverture, de douceur et de gentillesse avec les gens qui appartiennent à vos cercles. Cela vous aide également à faire face à ce qui vous met mal à l'aise avec certaines personnes et à réfléchir à la manière dont vous pourriez manifester les valeurs de la pleine conscience et susciter la guérison relationnelle. Pour intégrer cette réflexion, relisez régulièrement les questions ci-dessous pendant quelques jours ou semaines.

Dessinez un premier cercle et écrivez à l'intérieur les noms des personnes les plus proches de vous. Puis, répondez à ces questions : comment nourrissez-vous vos relations avec les gens qui font partie de ce cercle intime ? Que pouvez-vous faire pour vous sentir plus (re)lié à elles ? Qui pouvez-vous être pour elles afin de cultiver l'amour entre vous ?

Ensuite, dessinez des cercles concentriques autour du premier cercle et écrivez-y les noms des personnes de votre famille et de vos amis dont vous êtes moins proches. Réfléchissez à la fréquence à laquelle vous communiquez avec eux. Si vous l'estimez possible, comment et dans quelle mesure votre relation pourrait-elle être nourrie ? Existe-t-il des actes d'amour ou de bienveillance que vous pouvez accomplir à l'égard des personnes dont le nom apparaît dans ces cercles ?

Considérez les amitiés et les relations devenues lointaines. Souhaitez-vous les restaurer d'une manière ou d'une autre ? Aimeriez-vous vous lier de nouveau avec une personne que vous avez connue dans le passé ? Quelle est la nature de vos amitiés et de vos autres relations importantes ?

Faites une pause lorsque ça chauffe...

Toute relation implique des moments difficiles, des malentendus, des disputes et des tensions. C'est parfaitement normal. Cependant, si vous pouvez vous engager à « faire une pause » lorsque vous sentez la colère, l'irritabilité et l'agacement monter, vous vous comportez *avec amour*. Vous vous offrez aussi le cadeau d'approfondir votre relation avec vous-même et avec ceux que vous aimez. Rien ne sert d'essayer de communiquer sous le coup de la colère ; mieux vaut prendre le temps de se calmer avant de discuter sereinement de ce qui échauffe l'esprit. C'est une pratique que je cherche à appliquer aussi souvent que possible.

En respirant profondément et en vous rapprochant de l'émotion et de sa manifestation physique, vous pourriez parvenir, plus facilement, à mettre fin à certains conflits relationnels. Si la période est propice à la naissance de heurts avec certaines personnes que vous connaissez bien, vous pouvez même décider *conjointement* d'instaurer un signe verbal ou non verbal pour « demander une pause » avant que les choses s'enveniment. Ce type de signal nous a évité, à mon épouse et à moi, des heures de conflits stériles. C'est une pratique d'amour bienveillant que de vouloir communiquer avec l'autre sur une base sereine.

Communiquez pour enrichir votre vie et celle des autres

En instaurant des pauses et en pratiquant l'amour bienveillant et la compassion, vous pourriez constater l'importance et les bienfaits de communiquer de manière à enrichir votre vie et celle des autres. Rappelez-vous simplement que cela demande du temps et de la pratique. Lorsque vous vous mettrez en relation consciente avec les personnes avec qui vous vivez et travaillez, vous prendrez aussi conscience de la façon dont vos *automatismes* vous bloquent et vous éloignent de votre objectif de communication bienveillante. Le mode zombie manque souvent d'indulgence.

Pourtant, pratiquer la méditation pleine conscience un peu chaque jour peut vous aider à vous connecter à vos besoins réels et à la manière dont vous pouvez demander aux autres de les satisfaire, de manière enrichissante pour les deux parties. En vous connectant en conscience à plus de bienveillance envers vous-même et autrui, toute relation peut devenir une relation mutuellement gagnante. Ainsi, chacun des acteurs se place au même niveau que son interlocuteur – simplement conscient de ses zones d'ombre tout autant que de sa lumière intérieure – avec l'intention claire d'échanger, de mettre en commun, de partager quelque chose.

Cultivez la bienveillance et récoltez de l'amour

Dans les situations difficiles avec vos relations, la bienveillance – envers vous-même d'abord et les autres ensuite – peut vous aider à cultiver le non-jugement et l'acceptation à l'égard des émotions désagréables ou difficiles que vous éprouvez. Lorsque vous pouvez respirer profondément et vous rapprocher de l'émotion *sans réagir* de façon automatique à la situation problématique, vous commencez à pratiquer l'amour inconditionnel envers vous-même et les autres. Apprenez à vous offrir, ainsi qu'aux gens de votre entourage, cet espace de « pause intérieure » qui vous connecte à votre sagesse et vous permet d'*agir* de façon intentionnellement bienveillante.

La bienveillance peut être pratiquée de multiples façons dans nos rapports humains. Pour cultiver la relation d'amour inconditionnel avec votre cercle d'êtres chers, vous pouvez méditer sur la bienveillance envers eux. Cette pratique compassionnelle peut ouvrir votre cœur et votre esprit afin de voir ceux que vous aimez pour *ce qu'ils sont* et *ce qu'ils éprouvent*, au lieu de les voir pour ce que vous voudriez qu'ils soient ou ressentent. C'est un sentiment extrêmement libérateur : voir vos proches de façon inconditionnelle, dans toute « leur beauté et leur gloire ».

Dans vos autres relations, proches ou lointaines, cela implique de garder présent à l'esprit que nous ne sommes pas tous au même endroit sur le chemin de la vie. Cela demande de faire preuve de patience et de lâcher prise sur les attentes, en particulier dans les moments difficiles. Être juste présent, dans l'écoute attentive et l'accueil bienveillant de ce qui émerge – afin d'aider l'autre à trouver ses ressources sur le chemin – est un acte d'amour puissant.

Rester *présent et disponible* lorsque les gens que vous aimez se montrent faibles et fragiles, c'est pratiquer l'amour. Les accepter pour leur présence et leur expérience unique peut vous aider à reconnaître et à accueillir vos attentes et vos perceptions sur vos relations. Vous pouvez alors être plus bienveillant envers vous-même et vos émotions désagréables ou difficiles, ce qui vous permet de communiquer de façon plus authentique et de grandir dans la sincérité et la transparence bienveillantes avec vos relations.

Pour finir, notons que la pratique consistant à amener de la pleine conscience et de l'attention sur nos relations est un processus à la fois lent et magnifique. Il peut certes nous causer beaucoup de frustrations et de confrontations avec notre ego, mais, en fin de compte, il est important de se rappeler que notre *intention d'amener de la conscience dans nos relations* provient de notre volonté d'y expérimenter l'amour bienveillant en abondance. Et c'est, sans aucun doute, l'aboutissement de la pratique régulière de la méditation pleine conscience à laquelle je vous ai invité à travers ces vingt et un piliers et du profond travail de transformation intérieure qui se produit pratique après pratique.

MÉDITATION DU JOUR 21/21 : Cultiver la bienveillance

Conclusion

La nature s'imite. Une graine jetée en bonne terre produit.
Un principe jeté dans un bon esprit produit.

Blaise Pascal

Dans cette seconde partie, j'ai présenté les vingt et un piliers pour que votre pratique de la méditation pleine conscience s'*enracine* dans un intellect bien travaillé. J'espère que cela vous aura aidé à mieux discerner tout ce qu'implique la pratique de la méditation pleine conscience et comment elle peut vous permettre de «vous reconnecter avec vous-même, avec les autres et avec le monde». N'en déplaise à certains, c'est l'une des raisons pour lesquelles je pense que cette pratique – quoique laïque – est *intrinsèquement* spirituelle.

Ceci dit, tout ce dont il est question ici s'acquiert par la *mise en pratique* et l'*expérimentation* personnelle. Il s'agit surtout d'*incarner* du mieux possible ce que nous pensons avoir compris en chemin. Je ne dis pas que c'est facile. C'est d'ailleurs pour cette raison que, parmi tous ces piliers, nous avons abordé les cinq principaux obstacles qui peuvent se dresser devant nous. Même si *vivre en pleine conscience* est le chemin d'une vie entière, j'affirme qu'il est possible d'avancer dans la direction de cet *art de vivre*, un pas après l'autre. Je crois que la compréhension intellectuelle des vingt et un piliers permet de préparer ce que j'appelle le «terreau spirituel» dans lequel s'enracine chaque pratique méditative. Ces piliers facilitent l'épanouissement de ce qui a été semé et du sens que prend la pratique dans le quotidien.

Nous sommes tous *uniques*, rappelons-le. Si les graines de la pleine conscience doivent prendre racine dans votre jardin intérieur, elles tomberont évidemment dans une terre qui détient ses faiblesses et ses forces. En travaillant ce terrain pour en faire un sol équilibré – ce que les jardiniers nomment joliment une «terre franche» – toutes sortes de questions seront inévitablement soulevées. Certaines agiront comme des engrais, augmentant votre niveau de motivation dès que vous y aurez apporté une solution. D'autres, au contraire, auront l'effet déprimant que peuvent avoir les parasites ou les catastrophes naturelles lorsqu'ils s'abattent sur les cultures. Dans un cas comme dans l'autre, ce seront autant de possibilités de *progresser* dans votre art de vivre en pleine conscience.

Il est fort probable, en cultivant votre jardin, pratique après pratique, que vous vous posiez plusieurs questions. La troisième et dernière partie de ce livre est donc consacrée à certaines de ces interrogations.

Méditez et soyez heureux !

TROISIÈME PARTIE

21 réponses concrètes aux questions les plus fréquemment posées pour savourer l'instant présent

Pour les questions de style, nage avec le courant ;
sur les questions de principe, sois solide comme un roc.

Thomas Jefferson

Dans la première partie, j'ai voulu vous aider à semer en vous des graines de réflexion sur les raisons pour lesquelles il nous est si difficile d'expérimenter la présence au quotidien. Dans la seconde partie, j'ai expliqué les piliers de la pleine conscience de façon à inscrire votre pratique dans un cadre intellectuel aidant. Dans cette troisième et dernière partie, je réponds à 21 questions parmi celles les plus fréquemment posées par les participants à mes groupes de formation, en ligne ou en résidence. Je souhaite que vous trouviez des clés concrètes pour faire face aux défis que soulève la pratique de la pleine conscience et de la méditation pleine conscience.

QUESTION 1

Pourquoi décide-t-on de commencer à méditer ?

L'apprentissage de la méditation n'est pas un long fleuve tranquille. Ce n'est pas lorsque la mer est déchaînée qu'on apprend le mieux à nager ou à naviguer. C'est plutôt quand elle est calme et que les conditions météo sont favorables. Toutefois, même si la tempête fait rage dans votre vie, il y a toujours des périodes d'accalmie. C'est aussi dans ces périodes agitées qu'il est bon de se reconnecter avec ses intentions de départ.

Le mal du siècle : le stress

Très souvent j'ai observé que le stress est à l'origine de la motivation à pratiquer la méditation pleine conscience. La société matérialiste et consumériste que nous avons bâtie en Occident nous a libérés de bien des contraintes et apporté beaucoup de confort tout en nous imposant un mode de vie stressant, où tout va vite. En fait, nous sommes sous pression toute la journée, toute la semaine, voire toute l'année.

Nous avons presque totalement occulté le mode être au profit des modes *avoir* et *faire* qui génèrent beaucoup d'agitation. Ce style de vie stressant, on le reconnaît largement aujourd'hui, a ses effets néfastes sur la santé. Plusieurs personnes commencent la méditation pour contrer les effets du *mauvais* stress.

Le stress est un phénomène normal qui permet au corps de s'adapter aux nouvelles situations de notre environnement. Il est donc non seulement normal, mais aussi vital de ressentir du stress. Deux grandes polarités existent sur le curseur du stress : le bon stress, ou *eustress*, et le mauvais stress, ou *distress*. C'est le second que nous allons aborder ici. Il revient au médecin Hans Selye d'avoir, dans les années 1930, découvert le « syndrome général d'adaptation », qui passe par trois phases : l'*alarme*, la *résistance* puis l'épuisement. Comme l'ont montré les recherches ultérieures, à la suite de ces trois phases vient éventuellement, l'étape de la *récupération* ou *résilience*. Prenons un instant pour décortiquer ce mécanisme.

- *Alarme* : L'organisme est confronté à une situation de stress. Il réagit instantanément pour préparer l'organisme au *combat*, à la *fuite* ou à la *sidération*. Pour cela, il libère des hormones qui augmentent la fréquence cardiaque, la tension artérielle, le niveau de vigilance, la température corporelle…
- *Résistance* : Si la situation persiste, l'organisme commence à résister. Il sécrète de nouvelles hormones qui font monter le taux de sucre dans le sang afin d'amener l'énergie nécessaire aux muscles, au cœur et au cerveau. Le corps se prépare aux dépenses énergétiques que nécessite le combat ou la fuite.
- *Épuisement* : Si la situation stressante dure ou augmente, l'organisme commence à s'épuiser. Vient un moment où il est débordé. Les hormones ne se régulent plus. Le corps est alors inondé d'hormones activatrices qui, si les essais de modification de la situation se révèlent inefficaces, peuvent devenir dangereuses pour la santé.

Le mauvais stress, une fois qu'il est établi de manière durable, altère notre aptitude à réagir. Alors, notre organisme s'épuise et diverses pathologies peuvent apparaître. Des études récentes, menées sur des animaux et des humains, démontrent que le stress a des effets très durables, notamment pour des raisons épigénétiques. Le stress répété peut transformer l'*expression* de nos gènes.

L'état de stress n'est pas une maladie en soi, mais lorsqu'il est perçu par l'individu comme problématique, trop intense et qu'il devient chronique, il peut avoir des effets graves sur la santé physique et mentale : hypertension, nervosité, fatigue, dépression…

Il y a trois types de symptômes liés au stress chronique :

- *physiques* : douleurs (maux de tête, coliques, affections musculosquelettiques…), troubles de la faim et de la digestion, sensations de halètement ou d'oppression, sueurs singulières, perturbation du sommeil…
- émotionnels : émotivité et agitation accrues, crise de pleurs, excitation, chagrin, sensation de mal-être, angoisse…
- *intellectuels* : trouble de l'attention et de la concentration entraînant des erreurs et des étourderies, difficultés à prendre des résolutions ou des initiatives…

Les symptômes du mauvais stress peuvent être *renforcés,* voire augmentés, par des comportements inappropriés qui visent à les combattre, comme par l'utilisation de produits tranquillisants ou énergisants, par la difficulté à collaborer, par le retrait des activités sociales, par l'agressivité ou le repli sur soi. Si la situation de stress se prolonge trop longtemps, les symptômes précédents s'installent ou s'aggravent, entraînant des altérations de la santé qui peuvent devenir irréversibles :

- syndrome métabolique, qui associe hypertension artérielle, obésité abdominale, résistance à l'insuline et perturbations du métabolisme des lipides sanguins (cholestérol, triglycérides…) ;
- maladies cardiovasculaires ;
- troubles musculosquelettiques ;
- dépression et anxiété ;
- autres répercussions sur la santé : les situations stressantes au travail peuvent accroître le risque d'accident du travail ou de trajet et provoquer l'arrivée ou l'amplification de troubles hormonaux ou de la fertilité ainsi que de certaines pathologies de la grossesse (prématurité).

Bref, le *mauvais* stress est un véritable fléau. De nos jours, son coût est estimé à des milliards de dollars par an. Il serait à l'origine de plus de la moitié de toutes les journées de travail perdues et d'un tiers des congés pour maladie.

Ce qui conduit à la méditation pleine conscience

Beaucoup d'entre nous ont commencé à méditer dans des moments de rupture, de transition, de passage d'une vie à une autre, pour ainsi dire. Parfois, les raisons ont évolué, changé ou nous les avons oubliées. Il ne reste finalement qu'une intention de départ plutôt que des raisons. C'est Laurence qui m'écrit dans mon groupe Facebook: *J'ai commencé à méditer pour être bienveillante avec mon corps, embellir mon âme et calmer mon esprit.*

Il est très intéressant de réfléchir un peu aux raisons qui nous ont décidés à méditer. Plus ces raisons sont claires, plus il sera aisé de nous les remémorer, particulièrement lorsque la motivation diminuera, ce qui arrive généralement dans les périodes les plus difficiles de notre vie, celles où, justement, nous aurions bien besoin de méditer plus souvent.

Le plus souvent, les gens me disent qu'ils ont décidé de commencer à méditer:

- pour mieux gérer leur stress, revenir à l'instant présent et trouver des moments de sérénité;
- pour se retrouver, se reconstruire, redonner un sens à leur vie, réapprendre à s'écouter et à se respecter;
- pour apaiser un esprit bouillonnant ou un mental trop vif et pour apprendre à relativiser et à se recentrer;
- pour réduire leur anxiété et leurs angoisses et, plus généralement, pour mieux gérer leurs émotions;
- pour faire face à des problèmes de santé: insomnie, fibromyalgie, boulimie, acouphène;
- pour s'accepter tels qu'ils sont intérieurement et extérieurement et ne plus avoir peur de ce que les autres pensent d'eux;

- parce qu'ils étaient perdus dans leurs pensées et qu'ils voulaient renforcer leur ancrage ;
- parce que cela leur a été proposé dans le contexte d'une pratique corporelle, d'une formation ou d'une consultation médicale ou dans leur entreprise ;
- parce que cela s'est présenté sur leur chemin et s'est imposé à eux comme une évidence.

Les bienfaits

On connaît les effets bénéfiques de la méditation pleine conscience sur le stress et l'anxiété depuis des millénaires. Ils ont été confirmés, depuis plus de trente ans, par de nombreuses études scientifiques. En méditant, on apprend à *se poser*, à *lâcher prise* et à retrouver le mode être plutôt que le mode *avoir* ou le mode *faire*.

Différentes études montrent que le cerveau possède une certaine plasticité. On pourrait donc l'entraîner comme un muscle. C'est ce que fait la méditation, en mettant l'accent sur notre capacité de concentration, sur l'observation de notre intériorité, à savoir nos pensées et nos émotions. Elle permettrait ainsi d'augmenter la quantité de matière grise dans plusieurs régions du cerveau.

De nos jours, plusieurs établissements de santé, autant dans le secteur public que privé, proposent la méditation dans leur programme de soin. Comme nous l'avons vu dans la première partie de ce livre, le programme de pleine conscience le plus célèbre est le *Mindfulness-Based Stress Reduction* (M.B.S.R.) ou réduction du stress basée sur la pleine conscience. Mis au point dans les années 1970 par le Pr Jon Kabat-Zinn, ce programme d'apprentissage de la pleine conscience et de la méditation permet – en s'appuyant sur les sept premiers piliers présentés dans la deuxième partie de ce livre – d'apprendre comment accueillir et observer, d'une part, ce qui cause le mauvais stress et, d'autre part, ses manifestions dans le corps.

Nous avons effectivement tendance à fuir les émotions désagréables ou difficiles en plongeant dans le *mode automatique* : cela consiste à mettre en place des comportements souvent inadaptés, à nourrir des émotions ou ressentis inappropriés ou à sauter dans un *train de pensées* qui nous éloigne de cette réalité stressante dont nous ne voulons pas. Malheureusement, toutes ces stratégies ne font généralement qu'entretenir ou aggraver le problème, surtout si nous nous réfugions dans la consommation de substances toxiques. D'après les études scientifiques, pratiquer tous les jours la pleine conscience permettrait de stimuler la mémoire, de réguler les émotions et d'accroître la capacité à prendre du recul.

La méditation accroîtrait l'activité du cortex préfrontal gauche, soit la partie du cerveau produisant les sentiments positifs, comme l'estime de soi, la compassion et le bonheur. Les sentiments négatifs, comme la colère, le stress et l'anxiété, diminueraient en conséquence. Des études réalisées sur un groupe de personnes qui souffraient d'anxiété généralisée ont montré qu'après avoir pratiqué la méditation pleine conscience pendant huit semaines, elles étaient beaucoup moins anxieuses qu'un autre groupe qui n'avait pas médité.

Des recherches ont aussi montré que la méditation pleine conscience est également efficace contre différentes maladies physiques, notamment les troubles respiratoires, les douleurs chroniques, les problèmes de peau et de cœur, la lombalgie et même le cancer. Par ailleurs, elle réduit la fatigue et améliore l'humeur.

Ce témoignage d'Elena, reçu dans mon groupe Facebook, est significatif: « En 2009, je me sentais perdue. J'ai fait la formation MBSR pour la première fois. On n'en parlait pas autant qu'aujourd'hui. Je me suis impliquée dans cette formation et j'ai appris à utiliser la méditation comme un outil. Néanmoins, il n'était pas si évident pour moi d'inscrire la pratique dans mon quotidien. Je me limitais à l'exercice des trois minutes de respiration de façon épisodique au boulot. Ce n'est qu'en 2016 que j'ai décidé de pratiquer quotidiennement. D'abord dix minutes, puis vingt… Et j'ai commencé à me transformer. Je ne m'en suis pas rendu compte tout de suite. Ce sont mes collègues, mes amis, ma famille qui m'ont dit que j'étais moins nerveuse, plus disponible et à l'écoute. Je me suis remise à courir dans le même temps et j'ai l'impression d'avoir trouvé un équilibre de vie... Je reviens de loin, moi qui étais nerveuse, fantasque, toujours au bord de la rupture, aussi bien dans les bons (trop d'enthousiasme) que dans les mauvais côtés (dépression). Je vous invite donc à essayer dans la mesure de vos possibilités à le faire le plus régulièrement possible et vous verrez les effets dans les semaines à venir. J'ajouterai encore une chose : des études scientifiques sur le cerveau attestent des effets de la méditation sur le bien-être après 8 semaines de pratique. Allons-y ! »

Dans une société cultivatrice de mauvais stress, beaucoup de personnes décident de méditer pour trouver un soulagement compréhensible à leurs difficultés quotidiennes. D'autres viennent à cette pratique dans des périodes charnières : séparation, perte d'emploi, décès d'un proche, épuisement professionnel, diagnostic d'une maladie grave, quête de sens, etc. Une minorité, dans mon expérience, vient simplement pour aller encore mieux que bien. Toutes, en tout cas, recherchent un mieux-être légitime, que cette pratique peut en effet apporter à leur vie. Il y aurait encore beaucoup de choses à dire sur toutes les raisons pour se mettre à la pratique de la méditation pleine conscience. Je dirai simplement qu'il n'en existe pas de meilleures que d'autres, car toutes sont valables. Ce qui est important, ce que vous soyez conscient des vôtres.

Quelles sont les raisons pour lesquelles cette pratique vous intéresse ? Et quelle est – ou quelle était – votre intention au départ ?

QUESTION 2

Méditer consiste-t-il à se détacher de la réalité ?

Il y a là un cliché très fréquent nous renvoyant, il me semble, à l'image romantique du rêveur qui fume son joint assis en tailleur et qui rejette le système et les règles établies. Certaines personnes s'imaginent que le temps que nous passons à méditer est du temps perdu, puisqu'il consisterait, selon elles, à nous enfermer dans notre bulle et à nous adonner à des rêveries faciles et inutiles. Je trouve, disons-le clairement, qu'il est tout à fait légitime de ne pas vouloir perdre son temps à faire un truc bizarre, qu'on ne comprend pas, qui ne semble d'aucune utilité et qui peut ressembler à une fuite ou à un isolement, alors qu'il y aurait tellement de choses à faire et à entreprendre.

Cette façon de penser est renforcée par le fait que nous vivons dans une société qui fait l'éloge des modes *avoir* et *faire* plutôt que du mode être. Tout notre style de vie est orienté vers ce paradigme de la croissance à tout prix, comme si la croissance illimitée pouvait exister dans un monde aux ressources limitées. Nous pensons objectifs, réussite, productivité, résultats. La pratique de la méditation semble, en première analyse, aller à l'encontre de ce mode de vie basé sur la performance, sur l'*avoir* et le *faire*.

Si cette attitude est entretenue, elle peut même, inconsciemment ou consciemment, nous amener à instrumentaliser la méditation, c'est-à-dire à lui assigner des objectifs précis : se relaxer, guérir, gagner en productivité, etc. La pratique de la méditation est ainsi associée au mode *avoir* ou au mode *faire*, alors qu'elle est, dans sa nature profonde, un acte gratuit qui redonne toute sa place au mode être. Répondre en conscience à la question posée ici n'est donc pas un exercice inutile si nous voulons évaluer notre rapport avec la pratique.

La question est très intéressante, car elle soulève le thème de la nature de la réalité : qu'est-ce qui est réel et qu'est-ce qui ne l'est pas ? Si méditer consiste à se détacher de la réalité, de quelle réalité parlons-nous ? Que percevons-nous vraiment de la réalité dans notre vie de tous les jours ? Sommes-nous totalement objectifs sur ce que nous percevons comme vrai ou faux ? Quelle part de subjectivité y a-t-il dans notre perception de ce qui est bien et de ce qui mal, de ce qu'il faut faire et ne pas faire, dire et ne pas dire ? Quel est le rôle de notre culture, de notre éducation, de nos croyances et de notre vécu dans ce que nous décrivons comme étant la réalité ?

Pour ma part, même enfant, j'ai toujours pensé que la réalité est une question de point de vue, que les animaux et les végétaux ne perçoivent pas le monde comme moi, que les gens que j'aime et que je côtoie dans mon quotidien vivent, en apparence, les mêmes choses que moi, mais ne voient pas les mêmes choses que moi… J'ai souvent trahi cette compréhension dans ma vie, en voulant à tout prix faire rentrer la réalité dans le cadre d'une certaine vision du monde ou d'un dogme. Il y a du *vrai* dans tout système de pensée, mais la *vérité* est ailleurs car les pensées ne sont pas réelles. Tous les édifices intellectuels rencontrent un jour ou l'autre la réalité, le « principe de réalité ». Et, lorsqu'ils transgressent ce principe, ils finissent par s'écrouler avec le temps, les années, les siècles ou les millénaires.

Nous sommes et demeurons des êtres *subjectifs*, tout particulièrement lorsque nous sommes sous l'emprise de nos automatismes, de nos conditionnements, de nos habitudes… en bref, sous l'emprise du *mode zombie*. Notre vie ressemble alors parfois à une suite d'actions et de réactions inconscientes. Nous répétons des schémas, reproduisons des erreurs, perpétuons des horreurs, entretenons des comportements malsains, ruminons sur le passé, « psychotons » sur l'avenir, cultivons de la souffrance… et nous appelons cela la réalité ! Il ne s'agit en fait que de *notre* réalité projetée à l'extérieur, de ce que nous sommes capables de percevoir à l'instant. Et notez bien ceci : ce que nous sommes capables de percevoir de la réalité ne va pas au-delà du niveau de connaissance que nous avons de nous-mêmes.

Toutes les perceptions sont *correctes*. Je veux dire que si, par exemple, une centaine d'hommes regardent une femme, certains la trouveront belle et d'autres, laide. Toutes les perceptions sont vraies dans leur subjectivité. Mais la vérité objective, à supposer qu'elle existe, se trouve ailleurs. Je fais donc une distinction entre « ce qui est vrai » et « la vérité ». Ce qui est vrai, c'est, comme le dit le proverbe, que « la beauté se trouve dans l'œil de celui qui regarde ». La vérité, c'est que la beauté et la laideur n'existent pas ; ce sont des concepts, des étiquettes fabriquées par notre ego. Le monde n'est pas constitué d'entités autonomes dotées de propriétés intrinsèques qui les rendraient par nature « belles » ou « laides ». Tous nos jugements sur ce qui est réel et ce qui ne l'est pas ne sont, en définitive, que des *constructions mentales*.

Cela étant dit, ces constructions mentales causent de nombreuses souffrances qui, bien que subjectives dans leurs interprétations, sont éprouvées concrètement par tous les êtres humains. Ce n'est pas parce que ma perception de la réalité est subjective que la souffrance que j'éprouve n'est pas *concrète*. Le bien et le mal existent, mais de façon relative, pas absolue. Puisque cette souffrance existe, il devient nécessaire, lorsqu'on en prend conscience, de penser et d'agir différemment. Une nouvelle façon d'être qui tient compte du caractère illusoire des perceptions et, en même temps, de l'aspect pourtant bien concret de la souffrance. Voilà une manière d'agir qui est éthique et qui apporte des remèdes concrets aux causes de la souffrance dans cette vie. Et c'est ici que la méditation pleine conscience peut nous aider sur le chemin.

La méditation pleine conscience ne vise pas à se détacher de la réalité, à fuir la souffrance concrète ou à se réfugier dans « l'œil du cyclone » en attendant que d'autres fassent le boulot à notre place. Bien au contraire ! Elle consiste plutôt à quitter le mode zombie, à accueillir le présent, à entrer pleinement en rapport avec lui, à y faire face consciemment, sans s'y attacher ni le rejeter. Elle peut littéralement transformer notre perception et notre expérience du monde, de ce que nous appelons couramment « la réalité ». Les études montrent que des qualités humaines peuvent être délibérément cultivées grâce à cet entraînement de l'attention qu'on appelle « méditation ». En diminuant considérablement le stress à court terme, l'anxiété généralisée ou la colère et en renforçant notre système immunitaire, nos sentiments positifs et nos facultés d'attention, la méditation transforme profondément notre rapport à ce que nous percevons comme étant la réalité. La pratique n'ajoute pas de filtres au mode pilotage automatique. Au contraire, elle en retire !

C'est la pratique régulière de la méditation pleine conscience qui nous permet de constater ces changements, d'abord subtils, puis très concrets, dans notre façon d'être, de *faire*, d'*avoir* et de *ressentir*. En observant la nature agitée et confuse de notre esprit, en pratiquant cet acte gratuit où nous prenons rendez-vous avec nous-mêmes, nous apprenons à mieux nous connaître, à mieux connaître la nature impermanente de l'esprit. Petit à petit, nous découvrons nos conditionnements – les modes de fonctionnement automatiques qui masquent la réalité.

Nous comprenons alors que la plupart des films que nous projetons sur les murs de notre caverne et que nous appelons « réalité » sont des ruminations sur un passé qui n'existe plus ou sur un futur qui n'existe pas encore. Survient le moment où nous constatons que la réalité n'existe pas en dehors d'ici et maintenant. Le seul moment qui est vraiment réel, c'est celui que je vis à cet instant précis. Et ce que j'en perçois au travers de mes sens est comme voilé, flouté, distordu. En dirigeant mon attention vers ce que je perçois dans l'instant, avec acceptation et sans porter de jugement, je cultive une nouvelle compréhension du monde et une nouvelle façon d'être qui n'est plus l'esclave de mes conditionnements habituels. Une vision plus claire de ma réalité se dégage, exactement comme l'eau du lac qui s'éclaircit une fois que j'arrête de m'agiter.

La méditation pleine conscience a pour but de nous aider à voir notre réalité telle qu'elle est, pas à nous en détacher ni à la fuir. En méditant, nous nous rendons disponibles à notre expérience, à notre vécu de la présence à l'instant, au plus près de ce qui se passe en nous et au-dehors. Nous commençons par mieux observer la scène de notre conscience en comprenant comment notre générateur compulsif de pensées fonctionne et comment, avec le concours des sensations, des émotions et des ressentis, nous projetons tout un spectacle de joie et de souffrance dont nous sommes à la fois le metteur en scène, l'acteur et le spectateur. Puis, à force de pratique, nous pénétrons dans les coulisses de la conscience, dans cet espace vaste et spacieux qui connaît toute chose et qui est le véritable auteur de tous les phénomènes.

Bien entendu, rien de ce que je viens de dire n'est « LA vérité ». C'est juste ce qui est vrai pour moi, aujourd'hui, avec la compréhension limitée qui est la mienne. Vous devez vérifier les choses par vous-même dans ce qui n'est pas uniquement une démarche analytique ou intellectuelle. Il s'agit surtout de pratiquer pour *expérimenter* par soi-même et, ensuite, intégrer à sa vie, chacun à sa façon, cette nouvelle connaissance de soi. C'est un processus de longue haleine, un long chemin, un voyage aux confins de soi-même. Mais, comme l'a dit Gandhi, « le plus grand voyageur n'est pas celui qui a fait dix fois le tour du monde, mais celui qui a fait une seule fois le tour de lui-même. »

Voici une petite histoire pour illustrer ce travail.

Un petit garçon de huit ans entre dans le bureau de son papa, un scientifique qui cherche à résoudre les problèmes de l'humanité. Il l'interrompt dans son travail en le tirant par la manche et en lui disant :

– Papa, je veux t'aider !

Son père le renvoie :

– Non, mon fils. J'ai beaucoup de travail.

Mais le petit insiste, insiste et insiste encore. Sur le bureau, il y a une revue avec une carte du monde. Croyant occuper son fils pour une dizaine de jours, le père prend la carte, la découpe en tous petits morceaux avec des ciseaux, puis lui donne les bouts de papier avec de la colle :

– Voilà, essaie donc de reconstruire le monde.

À peine deux heures plus tard, le gamin a résolu le problème.

– Comment as-tu pu faire cela ? interroge le scientifique.

– Eh bien, papa, j'ai vu que, de l'autre côté de la carte, il y avait la figure d'un homme. Le monde, je ne le connais pas, mais l'homme, si. Alors, j'ai retourné tous les petits papiers. Et j'ai reconstruit l'homme. Puis, *j'ai retourné la feuille et j'avais reconstruit le monde aussi.*

QUESTION 3

Y a-t-il une bonne position pour méditer ?

Votre corps est un allié que vous avez probablement longtemps négligé, voire méprisé. Il s'agit, en observant votre respiration, de restaurer le dialogue corps/esprit généralement tendu et conflictuel. Pour que ce travail de *culture de l'attention* puisse se faire dans les meilleures conditions possibles, il ne sert à rien d'essayer d'adopter des postures qui ne font pas partie de notre culture, comme l'assise en lotus. Bien entendu, si vous êtes souple et en bonne santé, votre corps finira par s'y habituer. Mais si vous avez des problèmes physiques, ces postures orientales risquent d'occasionner de grandes souffrances physiques parfaitement inutiles pour pratiquer la méditation pleine conscience. Or, personne ne devrait vous imposer une posture qui vous fait souffrir, pas même vous.

Nous ne méditons pas pour nous *faire* mal, mais pour être bien.

Alors, nous pouvons décider d'adopter des postures orientales, comme le lotus ou le « demi-lotus », si notre corps le permet. Mais, s'il porte déjà un lourd bagage de douleurs ou de limitations physiques, il est inutile de nous démoraliser en souffrant le martyre juste pour faire bonne figure. Cela n'a rien à voir avec la pratique dont je vous parle. Quand on n'a pas grandi dans une culture où s'asseoir en tailleur est coutumier pour manger ou travailler, pourquoi faire « comme si » ? Méditer n'est pas une question de performance et vous n'avez de comptes à rendre à personne. En revanche, votre corps pourra vous demander des comptes si vous ne le respectez pas. Et il aura bien raison de le faire !

Donc, soyons clairs : vous pouvez essayer de méditer en pleine conscience sur un coussin les jambes croisées, mais vous pouvez tout aussi bien le faire assis sur un banc de méditation ou une chaise. Il peut même être très intéressant de *rompre* un peu vos habitudes de pratique en changeant de temps à autre de support, car, à force d'accomplir la même chose, l'esprit prend des plis, même en matière de posture. La posture peut ainsi devenir une occasion insoupçonnable de passer en mode zombie à votre insu. Certaines personnes peuvent alors, par exemple, ne plus se sentir capables de méditer autrement qu'assises en lotus ! Il serait pourtant bien utile de pouvoir pratiquer à tout moment et en tout lieu, dans la salle d'attente du médecin ou d'un service administratif ou encore sur un siège du métro.

Ne faisons pas de la posture « une religion », mais essayons de comprendre *pourquoi* il est important d'adopter une bonne position, quel que soit le support que nous aurons choisi ou celui sur lequel nous nous trouvons au moment de pratiquer.

La méditation commence par le fait de porter son attention sur « ce qui se passe ici et maintenant », dans le présent. Cela ne peut se faire que par l'intermédiaire du *corps* qui ne vit pas dans le passé ni dans l'avenir. Un corps passé est un corps mort et un corps futur n'est pas encore né. Notre corps habite toujours l'instant présent. Mais, trop souvent, nous ne sommes pas conscients de notre corps ; nous ne l'habitons pas. Notre corps alors est comme une maison vide allumée dans la nuit. Il y a de la lumière, mais il n'y a personne à l'intérieur.

Il est donc très important que nous nous enracinions dans notre corps, que nous en reprenions possession pour l'habiter et pour écouter les nombreuses choses qu'il a à nous dire. Pour moi, l'idée selon laquelle la méditation est avant tout une pratique spirituelle, au sens d'un travail sur l'esprit, est fausse. C'est cela aussi, bien sûr, mais ce n'est pas le point de départ. Pour commencer, méditer consiste à *réincarner* son corps, dans la présence à l'instant. Il s'agit avant tout d'un travail *corporel* : c'est d'abord en prêtant attention à nos sensations corporelles – la respiration est une base universelle de travail – que nous apprenons comment sortir du mode zombie et que nous redécouvrons la nature de l'instant présent. Respirer, cela se passe indéniablement dans le corps.

Pour moi, la principale chose à comprendre est que notre posture physique a une *influence sur notre état mental* et réciproquement. Si nous adoptons une posture trop relâchée, nous risquons de sombrer dans la somnolence, même de nous endormir. Or, la *torpeur* est l'un des cinq obstacles à la pratique que nous avons abordés dans la deuxième partie de ce livre. Et si notre posture est trop rigide, cela peut provoquer un autre des obstacles, celui de l'*agitation mentale*.

J'ai élaboré trois principes, ou critères, pour installer et évaluer votre posture. Ils facilitent le « retour à votre corps » dans chacune de vos postures, en particulier assises. Il est aisé de vous en souvenir, car ils concernent une partie essentielle de votre corps lorsqu'on parle de méditation : votre dos. Les trois lettres qui composent ce mot serviront de moyen mnémotechnique.

Le D.O.S.

- **D**ignité : Se tenir droit dans la méditation est une invitation à se tenir droit dans la vie ; cela exprime une attitude digne et éveillée. Si le corps se tient droit, l'esprit se tient droit. Il n'est pas dans une attitude où l'on subit, où l'on se courbe, où l'on s'abaisse.
- **O**uverture : La personne qui médite a une attitude d'accueil de ce qui vient, de ce qui est là par l'ouverture du cœur. Elle n'a pas une attitude de rejet et de fermeture sur soi.
- **S**tabilité : Le méditant est bien posé, bien ancré à la terre. Il n'est pas dans une position nonchalante et déséquilibrée.

Au début de chacune de vos pratiques, remémorez-vous l'importance du D.O.S. Cela vous aidera à installer une posture *juste*, c'est-à-dire qui vous aide à habiter votre corps et à être présent à ce qui s'y passe. Rappelez-vous que c'est une base essentielle de la pratique que d'apprendre à incarner son corps.

Tout le monde peut méditer, même avec des limitations physiques. Si vous ne pouvez pas *physiquement* appliquer les principes du D.O.S. pour des raisons de santé, sans doute pouvez-vous adopter les *attitudes intérieures* de dignité, d'ouverture et de stabilité. Cela conviendra très bien. En ce qui concerne les postures, la position couchée est généralement la seule déconseillée parce qu'elle favorise l'endormissement. Il existe cependant un exercice de méditation pleine conscience très connu qui se pratique généralement en position couchée, mais qu'on peut également faire assis et même debout. Il s'agit du balayage corporel ou scanneur corporel, plus connu sous son nom anglais de *body scan*.

L'un des disciples du Bouddha Gautama avait de grandes difficultés à méditer. Il se trouve que cet homme jouait d'un instrument à cordes et qu'il était réputé pour la maîtrise de son art. Il expliqua au maître que, parfois, il faisait des efforts démesurés pour se concentrer et que cela le stressait beaucoup et que, d'autres fois, il essayait tellement de se détendre qu'il s'endormait presque. Il voulait savoir comment s'y prendre pour pratiquer de façon juste. Comme le Bouddha était très sage, plutôt que de lui donner une réponse, il lui posa une question :

– Lorsque tu accordes ton instrument, quelle est la bonne tension pour que tes cordes sonnent parfaitement ?

Le disciple lui répondit :

– Ni trop tendues ni trop relâchées.

– Eh bien, répondit le maître, pour trouver l'équilibre, fais de même pour ta méditation, qui ne doit être ni trop tendue ni trop relâchée.

En conséquence, il n'y a pas de *bonne* ou de *mauvaise* position assise. Il n'y a que celle qui vous convient et qui dépend de l'histoire de votre corps et de vos aptitudes présentes.

QUESTION 4

Y a-t-il un bon moment pour méditer ?

La méditation pleine conscience est une pratique qui demande de prendre *régulièrement* « du temps pour ne rien faire ». Au début, il se peut que vous éprouviez des appréhensions à l'idée d'ajouter une contrainte dans votre vie, de planifier des séances de méditation à des moments spécifiques, voire de vous imposer une discipline. À cette seule idée d'être contraint, beaucoup de gens pensent que la méditation n'est pas faite pour eux, parce qu'ils ne parviennent jamais à se discipliner très longtemps. Pourtant, ils se disciplinent à prendre soin de leur corps, en répétant des tâches comme se brosser les dents, se laver les mains, se peigner ou prendre une douche.

La pratique de la méditation pleine conscience ne consiste pas à nous compliquer la vie avec une obligation de plus dans un agenda souvent déjà trop chargé. Souvent, nous sentant très à l'étroit dans des horaires difficiles à tenir, nous avons le sentiment de manquer de temps, de courir contre la montre, d'être débordés. Nous sommes pleinement sous l'emprise des modes *avoir* et *faire* et nous n'avons que peu de temps à nous offrir pour expérimenter le mode être. Bien sûr, ce sentiment est vrai et, en même temps, nous devons faire attention à ne pas négliger notre hygiène personnelle en prenant toujours comme prétexte le fameux « je n'ai pas le temps ».

Tout est toujours une question de priorités. Nous disposons tous très exactement du même nombre d'heures dans une journée. C'est très important d'en prendre vraiment conscience, car la façon dont nous utilisons ce temps fait toute la différence entre ceux qui ont une vie remplie de choses *urgentes à faire* et ceux qui ont une vie remplie de choses *importantes à être*. Certes, nous ne choisissons pas toujours toutes nos priorités. Mais il est vital, au milieu de nos *devoirs*, de saisir notre *droit* fondamental de prendre soin de nous. Et il ne s'agit pas de « trouver du temps » pour cela, mais de « prendre le temps ». Si nous négligeons trop longtemps ce droit, nous ne pourrons bientôt plus accomplir nos devoirs correctement.

Le paradoxe de la pratique de la méditation est que ce temps que nous nous consacrons est le plus important, le plus précieux et le plus utile. C'est sans doute pour cela que saint François de Sales nous dit : « Une demi-heure de méditation est essentielle, sauf quand on est très occupé. Alors, une heure est nécessaire. » Cette affirmation, paradoxale en première lecture, masque une vérité toute simple : plus nous passons de temps à poser notre corps et notre esprit au milieu de notre vie agitée, plus l'agitation et la confusion diminuent au profit d'une plus grande clarté dans chacune de nos actions. Il est donc prioritaire de prendre du temps pour soi pour agir ensuite de façon plus efficace.

Prendre le temps de méditer nous permet, en fait, de *gagner du temps*. Pourquoi ? Parce que cela clarifie notre esprit et nous permet de faire face de façon plus calme et sereine à toutes nos responsabilités. Il s'ensuit une plus grande efficacité dans tous nos actes, sans que l'efficacité soit un but de la méditation. Comprenez-moi bien : je ne médite pas pour *faire* les choses « avec plus d'efficacité ». Je médite afin d'être simplement « plus présent à moi-même ». Et c'est parce que je suis plus présent à moi-même – plus disponible intérieurement – que je suis plus efficient extérieurement. C'est donc une conséquence, pas un but.

Moralité, lorsque vous vous sentez débordé, faites une priorité de votre temps de méditation. C'est vraiment là qu'il vous sera le plus profitable.

Souvenez-vous que la pratique de la méditation pleine conscience peut être comparée à une pratique d'hygiène personnelle. Étymologiquement, le mot « hygiène » vient de Hygia, qui était la déesse grecque de la Santé. Et l'hygiène désigne l'ensemble des actions qui nous permettent de cultiver une bonne santé. C'est un peu comme faire le ménage dans une maison encombrée de toutes sortes de vieux meubles, de vieux tableaux, de vieux bibelots, de poussière et de toiles d'araignées.

En méditant, nous aérons cet espace intérieur, nous le purifions, nous le dégageons de tout ce qui l'*encombre* et nous faisons de la place pour ce qui est là et pour ce qui vient. Cela nous permet d'accueillir les événements extérieurs d'une façon très différente, avec plus de clarté, de disponibilité et même, on le sait aujourd'hui, avec plus de créativité. Les choses qui se produisent dans la journée peuvent entrer par la porte de devant, circuler plus librement dans notre espace intérieur, puis sortir par la porte de derrière sans encombrer de nouveau un intérieur qui ressemble trop souvent à une vieille cave abandonnée.

« Oui, mais quand faut-il méditer ? » me demanderez-vous. Et je vous répondrai que c'est à vous de déterminer le meilleur moment de votre journée pour méditer de façon formelle, c'est-à-dire, pour un pratiquant de méditation pleine conscience : assis et immobile, en marchant, allongé lors d'un balayage corporel ou lors de mouvements en conscience. Il existe autant de possibilités qu'il existe de méditants : du lever au coucher, avant ou après la douche, avant ou après le travail, avant ou après le repas, avant, pendant ou après la promenade du chien, avant ou après le sport… Tout est possible. Cela dépend aussi si vous êtes plutôt matinal ou vespéral ainsi que de vos activités de la journée.

La clé, c'est de tester diverses options en fonction de votre style de vie et de votre emploi du temps afin de tester ce qui vous convient le mieux. Une fois que vous avez trouvé, faites-en une habitude, une hygiène de vie, comme le fait de vous brosser les dents ou de faire votre ménage. Faites-en une *intention quotidienne*, une résolution, une hygiène de vie. Parfois, il vous arrivera de manquer vraiment de temps, d'être complètement débordé par les événements. C'est correct. Plutôt que de vous sentir coupable parce que vous n'avez pas pratiqué, faites-vous grâce. Vous avez fait de votre mieux aujourd'hui. Demain est un autre jour. Renouvelez votre intention de mettre de l'ordre dans votre espace intérieur, même si cela ne dure que dix minutes. Cette simple résolution peut changer complètement toute votre journée.

Selon ma maman, j'ai été très longtemps un « oiseau de nuit ». Chaque fois que je faisais une retraite de méditation – où l'on se lève en général très tôt – j'appréciais énormément la méditation très matinale. Mais, une fois rentré chez moi, comme j'occupais mes soirées à toutes sortes de choses futiles, il me redevenait vite impossible de me lever tôt le matin. Il m'a fallu presque une année pour installer un *nouveau rythme*. J'en ai parlé avec ma femme, mes enfants et mes proches ; j'ai fait des essais et des erreurs avant de trouver *mon équilibre*. Pour moi, et je le conseille d'ailleurs souvent, la méditation matinale est la plus profitable. Même si elle est très courte, elle me permet d'entrer dans ma journée avec un état d'esprit différent, plus présent, plus ouvert. Ma journée *tout entière* en est transformée positivement.

La pratique assise et immobile peut, bien entendu, se faire à n'importe quel moment de la journée, notamment pendant la pause au bureau ou avant le repas de midi, ou après. Méditer le soir permet également de se poser après sa journée de travail afin d'intégrer tous les ressentis résultant de l'agitation de la vie professionnelle. On peut aussi méditer juste avant d'aller dormir, ce qui peut, même si ce n'est pas le but, favoriser un meilleur sommeil. Si aucune des quatre pratiques formelles n'est possible au cours d'une journée, il est toujours possible de mettre l'accent sur de très courtes pratiques informelles : par exemple en se lavant les dents en conscience, en savourant la première bouchée de chaque repas, en dégustant son café ou en inspirant une fois profondément avant de décrocher chaque appel. Les occasions ne manquent pas, et c'est à nous de les créer. Des pratiques corporelles du type aïkido, taï-chi, qi gong ou yoga lent peuvent également nourrir les pratiques informelles des méditants en pleine conscience.

Bref, nous devons trouver ce qui nous convient le mieux à un moment donné, sans entretenir aucun sentiment de contrainte ou d'obligation. J'invite plutôt mes élèves à se réjouir de s'offrir chaque jour du temps pour eux-mêmes, du temps pour assainir leur espace intérieur grâce à une hygiène de vie quotidienne qui inclut une pratique formelle de pleine conscience et autant de pratiques informelles que possible.

QUESTION 5

Les sensations inhabituelles sont-elles normales ?

La pratique de la méditation pleine conscience consiste à « être attentif à ce qui se passe ici et maintenant en soi, sans porter de jugement». Très clairement, cette pratique nous amène sur un territoire qui, le plus souvent, nous est complètement étrange et étranger : celui de nos *sensations* et de nos émotions.

Pendant des années, nous donnons la préférence aux pensées plutôt qu'aux ressentis. Puis, tout à coup, nous décidons de nous asseoir dans l'immobilité et d'observer ce qui se passe dans notre jardin intérieur. Un espace qui nous appartient bel et bien, mais que nous n'avons jamais vraiment pris le temps d'explorer. Bien des choses qui existaient *déjà* ont été enfouies dans cet endroit laissé, pour ainsi dire, à l'abandon : les mauvaises herbes ont poussé, les ronces ont envahi le terrain et une partie des choses qui se trouvent à la surface du sol sont empêtrées et dissimulées sous une véritable «jungle de pensées». En méditant, nous allons nettoyer le terrain, défaire des nœuds et libérer des choses enfouies bien creux, mais qui ne demandent qu'à refaire surface pour mieux disparaître, parce que, souvenez-vous-en toujours, *rien ne dure*, rien n'est permanent.

Mais reconnaître ce qui se trouve au plus profond de soi n'est pas toujours facile. Descendre jusque dans ces endroits peut parfois nous faire peur, nous intimider, voire carrément nous effrayer. Bien des gens me questionnent pour que je les rassure. Elles se demandent si c'est *normal*, si elles sont normales, si elles font bien les choses, si elles prennent des risques pour leur bien-être ou leur santé. Tout ce que nous ne connaissons pas, tout ce qui nous est étranger et peu familier nous fait souvent un peu peur. Mais, mis à part quelques contre-indications clairement documentées, le plus grand risque que vous prenez en méditant en pleine conscience, c'est d'apprendre à vous connaître. Alors, il n'y a aucune raison de s'inquiéter.

Voici quelques sensations qu'on me rapporte régulièrement :

- sensation d'accélération de la respiration ou d'étouffement ;
- sensation d'afflux soudain de froid ou de chaleur à travers le corps, parfois de frissons ;
- sensations inhabituelles de fourmillement ou de démangeaison ;
- sensation d'intense accélération du rythme cardiaque, sans que ce soit le cas ;
- sensation d'apesanteur ou de légèreté, avec parfois une envie de rire ;
- sensation de gorge nouée ou d'anxiété légère, avec parfois une envie de pleurer ;
- sensation de vibration interne ou de courant électrique, parfois très agréable ;
- sensation de balancement, de tournoiement ou de vertige léger ;
- sensation de basculement ou de chute (parfois comme quand on s'endort) ;
- sensation de paralysie des jambes ou du corps avec ou sans difficulté à sortir de la méditation ;
- perception de couleurs ;
- perception de bruits sortant de l'ordinaire : bourdonnement ou rugissement, vent, moteur, musique, cloches, voix, rires, etc. ;
- perception de visite d'une personne décédée.

On sait que la pratique de la méditation entraîne des effets très positifs sur le corps, sur la santé, sur la structure du cerveau et même sur l'expression des gènes contenus dans l'ADN. Tous ces effets découlent de la *libération* de tensions physiques, émotionnelles et mentales, plus ou moins fortes, accumulées dans le corps, jusqu'à des niveaux très profonds. Le fait de respirer en étant pleinement attentif débloque, accélère et régule l'évacuation de ces tensions en produisant toutes sortes de sensations, d'émotions, de ressentis et de pensées. Ce sont comme des vannes qui s'ouvrent et laissent à nouveau circuler le flux de vie dans le corps.

À d'autres niveaux, on peut aussi considérer que le corps réajuste ses fréquences, exactement comme on réglerait le syntoniseur d'une radio pour avoir une bonne transmission. D'une certaine façon, nous nous mettons *en résonance*, à l'unisson de nous-mêmes et de notre environnement. Et ce processus ne peut pas se faire sans quelques grésillements. Cela est parfaitement normal.

Il est important de savoir que de tels effets existent et qu'ils peuvent se produire, ou pas. Ce n'est absolument pas garanti et ce n'est pas quelque chose à espérer ou à rechercher. Si un ou plusieurs de ces effets se produisent pour vous et que vous leur accordez trop d'importance, ils risquent surtout de vous éloigner de l'essence de la pratique. Deux cas se présentent souvent. Certains cherchent à fuir ces expériences pour ne pas ressentir ces choses qui leur font peut-être peur. D'autres, au contraire, les recherchent parce qu'elles les fascinent ou les intriguent. Dans un cas comme dans l'autre, ces effets sont une source d'égarement sur le chemin.

La pratique de la méditation ne consiste pas à fuir ses sensations ou ressentis ni à chercher à vivre des expériences extraordinaires. Il s'agit plutôt d'apprendre à reconnaître ce qu'il y a d'extraordinaire dans les choses les plus ordinaires, les plus quotidiennes et familières. Ne venez pas à la pratique de la méditation pour satisfaire un besoin de sensations fortes ou d'adrénaline. Ne recherchez pas non plus ces manifestations. Ne les fuyez pas non plus. Si elles se présentent, accueillez-les pour ce qu'elles sont : des effets transitoires, éphémères et sans importance. Il est normal qu'elles piquent votre curiosité, mais elles n'ont pas de « sens particulier » en dehors de celui que vous cherchez éventuellement à leur donner. C'est juste votre être, le propriétaire du terrain, qui reprend possession de son territoire, qui rentre à la maison.

Trois conseils :

1. J'accueille : Je ne cherche pas à interpréter, à trouver une explication. J'accueille simplement ce qui se présente.
2. J'accepte : Une fois la sensation ou la perception accueillie, je reconnais et j'accepte la nature agréable ou désagréable de cet événement tel qu'il se produit ici et maintenant, sans le juger, sans le fuir, sans le modifier, comme un simple observateur attentif et bienveillant.
3. Je libère : Une fois l'événement *accueilli* et *accepté* tel qu'il s'est manifesté, je le libère simplement, sans m'y attacher, sans le rechercher, juste en le laissant *se dissoudre et disparaître*. Pour cela, je ramène mon attention doucement et fermement à l'objet d'attention que j'avais choisi, comme ma respiration.

QUESTION 6

Dédier un espace à la pratique est-il utile ?

Le contexte que nous offre notre vie quotidienne n'est pas toujours favorable à la pratique de la méditation, surtout lorsque nous débutons. Il est utile de se souvenir – vous l'avez sans doute constaté si vous avez commencé à pratiquer – que l'esprit est confus et agité. Il est préoccupé par toutes sortes de pensées qui parasitent la transmission et créent des grésillements sur les ondes, comme lorsque le récepteur d'une radio est mal réglé. Tout ce bruit intérieur peut être assez déstabilisant. Nous nous apercevons vite, en fait, qu'il nous est plus facile de rester en apnée pendant une minute que pleinement attentif à notre respiration pendant vingt secondes.

C'est pourquoi il peut être utile, au départ, de dédier un *lieu spécifique* à notre pratique de la méditation ou, au moins, d'avoir un lieu dans lequel nous revenons régulièrement nous poser. Le but est de trouver un endroit qui nous offre des conditions favorables pour la pratique. Comme il y a déjà beaucoup de bruits parasites à l'intérieur de nous, pourquoi prendre le risque d'en rajouter en provenance de l'extérieur ? Bien entendu, avec de l'entraînement, il sera non seulement possible, mais aussi souhaitable de pratiquer n'importe où et, en particulier, dans un aussi grand nombre que possible de situations liées à notre quotidien.

J'aime dire que, l'espace dans lequel nous nous assoyons pour méditer, c'est notre cœur et il nous accompagne où que nous soyons.

Même avec un tout petit logement, il est donc parfaitement possible de « s'asseoir en soi-même », dans son cœur. Cela ne demande rien de plus que de nous poser là où nous sommes. Et pour ce qui concerne les postures liées aux quatre pratiques formelles de méditation de pleine conscience – l'assise immobile, la marche en concience, les mouvements conscients et le balayage corporel –, en principe, vous n'avez pas besoin de beaucoup plus d'espace que celui correspondant à la surface de votre corps assis ou allongé. Cela signifie que vous avez forcément la place pour pratiquer quelque part à l'intérieur de votre domicile, sur une chaise, un matelas ou dans un couloir.

Tout ce qui importe, c'est que vous vous sentiez aussi confortable que possible là où vous êtes, que la température de la pièce soit convenable, que vos vêtements soient confortables et que vous puissiez rester attentif à votre pratique.

Dans la mesure du possible, veillez à avoir un peu d'espace autour de vous. Ainsi, si vous pratiquez près d'un mur, sur une chaise ou dans un lit, ne vous adossez pas au mur, contre le dossier de la chaise ou le cadre du lit. Sauf en cas de problème médical avéré, veillez à adopter une posture *digne, ouverte* et *stable* dans laquelle votre corps apprend à se porter de lui-même. J'en ai déjà parlé en détail à la question 3. Il est important que vous vous sentiez à l'aise. Par conséquent, assurez-vous ne pas vous asseoir d'une façon qui génère des douleurs inutiles.

Certaines personnes ressentiront le besoin de créer un « espace sacré », complètement dédié à la pratique de la méditation, parfois avec des bougies, de l'encens et des images. Ce lieu de pratique pourra se trouver dans un endroit réservé à ce seul usage ou dans un coin de pièce, une alcôve, parfois même un placard fermé par un rideau et réaménagé à cet effet.

Notez aussi qu'en occupant régulièrement un espace spécifique propice à votre pratique de la méditation, vous envoyez un signal important à votre esprit : il assimile, très rapidement, que vous êtes à cet endroit particulier pour pratiquer, pour apprendre à nager au milieu du flot de vos pensées dans les meilleures conditions possible. Si vous commencez à peine à pratiquer, c'est-à-dire depuis moins de six mois, je vous recommande vraiment de vous y tenir quelques mois. Ce lieu dédié facilitera l'entrée dans votre pratique méditative. Quand vous aurez un peu plus d'expérience, disons d'ici un an, vous pourrez méditer vraiment n'importe où.

Si, pour une raison ou une autre, il vous est impossible de méditer chez vous, faites-le dans la nature, dans un jardin, dans un parc, une forêt ou au bord d'un lac… Ce sont, à n'en pas douter, des lieux propices à la pratique. Dans la nature, on sent toujours le mouvement, la vibration, la pulsation de la vie, et cela nous aide dans notre rendez-vous avec nous-mêmes. Il suffit parfois d'une simple pelouse, d'un massif de fleurs ou de la vue d'un arbre pour se reconnecter avec l'essence de la vie.

Voici quelques idées d'endroits où vous pourriez méditer :

À la maison :

- dans votre chambre, si vous avez suffisamment de place, ou même sur le lit si vous n'avez pas beaucoup d'espace autour ;
- dans la chambre d'amis en laissant un petit espace de méditation qu'on enlèvera lorsqu'elle sera occupée ;
- sur une chaise ou un coussin que vous placez à un endroit de la maison qui vous convient, peut-être face à une fenêtre ou à une baie vitrée ;
- dans le salon quand tout le monde dort encore, si vous vous levez tôt, ou lorsque tout le monde n'est pas encore rentré, si vous le pouvez ;
- dans la véranda ou le patio, si la température y est toujours confortable.

À l'extérieur de la maison :

- sur le balcon ou la terrasse, lorsqu'il fait bon et s'il n'y a pas trop de bruit ;
- sur une chaise ou un banc dans le jardin ou dans votre parc préféré ;
- dans votre véhicule, si vous êtes souvent sur la route, après vous être bien garé ;
- dans l'univers feutré d'une bibliothèque ou d'une médiathèque, si vous trouvez ce genre d'endroits près de vous ;

- dans un lieu sacré, comme la chapelle d'un hôpital, une église, un temple ou, pourquoi pas, un cimetière ;
- dans le bus, le métro ou le train qui vous conduit et vous ramène du travail, s'il n'est pas bondé et que vous avez un peu d'entraînement.

Avant d'aller plus loin, prenez un moment pour réfléchir à l'endroit le plus propice à votre pratique quotidienne de la méditation. Choisissez un lieu et faites en sorte, autant que possible, de toujours pratiquer au même endroit au moins quelques mois. Cela facilitera grandement votre progression sur le chemin.

QUESTION 7

Comment gérer la douleur ?

J'ai déjà parlé, à la question 3, de la nécessité d'adopter une bonne posture, car elle influence votre état mental et réciproquement. L'essentiel, c'est de maintenir une position équilibrée et le dos droit. En effet, lorsque le corps est bien droit, l'esprit est clair.

Alors, lorsque nous décidons de nous asseoir pour méditer – que ce soit sur un coussin, un banc de méditation ou une chaise – il est important de vérifier que notre posture correspond aux trois critères que je vous ai déjà proposé de vérifier systématiquement avec le D.O.S. : Dignité, Ouverture et Stabilité. Votre confort doit primer sur l'adoption d'une posture qui vous est étrangère, en particulier si vous avez des douleurs articulaires ou musculaires ou des problèmes de dos.

Cependant, même dans une posture dans laquelle vous vous sentez confortable, vous verrez qu'au-delà d'un certain temps, votre corps, trouvant enfin une occasion de s'exprimer, ne manquera pas de vous faire « découvrir » des parties de votre corps dont vous ne soupçonniez pas l'existence et de ramener à votre conscience des douleurs que vous vous étiez fait un devoir d'ignorer. Plus ou moins rapidement, l'assise immobile pourrait donc devenir inconfortable pour vous. C'est normal.

L'immobilité du corps est recommandée, car elle nous permet de maintenir toute notre attention et notre énergie sur ce qui se joue entre le corps et l'esprit pendant la méditation, *y compris* la douleur. C'est lorsque le corps est *immobile* que nous découvrons vraiment à quel point l'esprit est *agité*. C'est en faisant face à cette agitation, en l'observant, en l'accueillant sans la juger et avec bienveillance, que nous apprenons petit à petit à pacifier l'esprit et le corps. C'est aussi pour cette raison que l'assise immobile est, pour moi, la principale des quatre pratiques formelles de la méditation pleine conscience.

Nous pouvons, bien sûr, modifier légèrement la posture du corps pendant la pratique assise. Je vous recommande même de la vérifier régulièrement, car elle est un bon *indicateur* de ce qui se passe en vous. Si vous avez tendance à sombrer dans la torpeur, redressez le buste. Si vous êtes particulièrement agité, relâchez les tensions qui apparaissent dans la nuque, les épaules ou le dos. Vous devez essayer de rester immobile tout le temps que dure votre pratique. Mais si des douleurs atroces apparaissent, si cela devient trop inconfortable, autorisez-vous à bouger un peu, à vous étirer ou à vous détendre quelques instants, plutôt que d'être constamment occupé et distrait par la douleur.

En même temps, vous devez savoir que nous ne sommes pas tous égaux devant la douleur et que notre capacité à endurer et à dépasser cette « information » dépasse bien souvent ce dont nous nous croyons capables. Les personnes qui participent à des retraites de méditation qui proposent de méditer en silence pendant 10 jours, 10 heures par jour, dont 3 fois 1 heure en restant parfaitement immobile, découvrent que l'expérience de la douleur peut être accueillie comme toute autre sensation plaisante ou déplaisante, dans la pleine conscience du moment présent.

J'ai aussi découvert que la souffrance provient du bavardage mental et des jugements que mon *roi des bavards* ajoute et entretient au sujet de ma douleur. La souffrance, c'est la dimension psychoaffective que je crée au sujet d'une simple sensation physique. Si je suis capable d'accueillir la douleur sans la rejeter ni l'amplifier, elle s'estompe, se déplace, se modifie, instant après instant, et peut même disparaître complètement. C'est une expérience étonnante. Mais, au fond, vous savez déjà tout cela et l'avez déjà expérimenté dans votre vie…

En effet, qui n'a jamais constaté, en faisant une longue marche en ville ou dans la nature, que toutes les étapes de la marche ne sont pas agréables ? Après avoir parcouru une certaine distance, nous ressentons des tensions, des douleurs, de la fatigue. Si nous nous arrêtons en chemin, nous n'arriverons pas à destination. Alors, nous prenons notre courage à deux mains – ou plutôt à deux pieds – et dominons la douleur en sachant la satisfaction de progresser vers le but que nous nous sommes fixé. En sachant également qu'une fois ce but atteint, les tensions et les douleurs de la marche s'évanouiront en peu de temps.

Tout effort raisonnablement douloureux en vaut la peine, surtout quand nous savons que notre rapport à la douleur se modifie, en notre faveur, grâce à la pratique régulière de la méditation pleine conscience.

QUESTION 8

Comment gérer les hauts et les bas dans la pratique de la méditation ?

Contrairement à ce que beaucoup de gens pensent, méditer en pleine conscience n'a pas pour but de nous aider à relaxer, à nous détendre ou à ressentir quelque chose en particulier, comme un mieux-être ou du bien-être. Il se trouve que c'est souvent ce qui se produit lorsque la pratique est correctement menée, mais il s'agit d'une *conséquence*, pas d'un objectif et encore moins d'un but. Si des *attentes* conscientes existent concernant la pratique, c'est que celle-ci n'a pas encore été bien comprise... C'est pour cette raison que je vous invite, dans mes méditations guidées de plus de vingt minutes, à pratiquer « sans aucune attente ». Et je précise toujours qu'il n'y a « aucun objectif à atteindre, donc rien que vous pourriez réussir ni rien que vous pourriez rater ».

La pratique juste de la méditation pleine conscience nous demande d'apprendre à sortir des modes *avoir* et *faire* en exerçant le mode *ressentir*. Elle nous montre – ni plus ni moins – comment être simplement curieux d'expérimenter ce qui est présent pour nous ici et maintenant, avec attention et sans jugement. Il s'agit de découvrir comment activer plus souvent le mode être. Or, nourrir des attentes produit forcément, à un moment ou un autre, un jugement positif ou négatif qui ne nous permet pas vraiment d'être pleinement dans l'acceptation de ce qui émerge à l'instant où nous pratiquons.

Pourquoi lâcher prise sur les attentes concernant les seuls aspects agréables de l'expérience ? Parce que ce qui est plein ou complet comprend à la fois des aspects lumineux et des aspects sombres, des aspects agréables et des aspects désagréables, des aspects faciles et des aspects difficiles. Et c'est dans l'acceptation *inconditionnelle* de tout ce qui est présent au cours de la pratique que se produisent les changements profonds de notre rapport à nous-mêmes, aux autres et au monde. C'est en accueillant sans condition l'ombre et la lumière en nous que nous apprenons à nous aimer tels que nous sommes et, par conséquent, que nous découvrons comment accueillir et aimer le monde à l'extérieur de nous, *tel qu'il est*. C'est une vérité très simple et très profonde.

Personnellement, il y a bien des choses que je ne peux pas encore accueillir dans le monde extérieur parce que je ne me suis pas encore pleinement accueilli tel que je suis à l'intérieur. J'ai des attentes concernant le monde extérieur qui ne sont que la projection des parties de moi-même que je n'ai pas encore su aimer sans condition. Ces attentes concernent des personnes et des situations qui me mettent – portez bien attention à l'expression – « hors de moi-même ». Mes attentes génèrent de la *frustration*, de la *colère*, du *ressentiment*, des *critiques*, des *jugements*... Et si je n'ai pas conscience de mes attentes au cours de la pratique, elles me replacent quasi instantanément en mode zombie, en pilotage automatique. Tous ces vieux schémas récurrents que je n'ai pas encore su aimer pour les libérer resurgissent alors. Toutes ces choses en moi que je n'ai pas encore acceptées pleinement et qui restent des sujets et des objets de souffrance s'installent en « pleine inconscience ».

La méditation pleine conscience a changé beaucoup de choses dès que j'ai compris l'importance d'accueillir *tout ce qui vient* pendant ma pratique, sans rien attendre de particulier, sans rien rechercher et sans rien rejeter. Je ne vous demande pas de me croire sur parole. Testez donc par vous-même ! Je vous demande juste de réaliser que si vous *jugez* votre pratique méditative « bonne » ou « mauvaise », vous retombez immédiatement dans votre mode de fonctionnement habituel qui classe, catégorise, compare, et cela sur la base d'attentes dont vous n'aviez peut-être même pas conscience au moment de vous asseoir.

Il est très important que vous ayez l'*intention* claire, au moment où la méditation démarre, de *ne pas porter de jugement* sur ce que vous allez vivre pendant votre pratique. Il est très utile de vous asseoir sans autre idée que celle de faire une pause avec vous-même, comme avec un très vieil et bon ami. Vous ne nourrissez aucune autre intention que celle de l'écouter attentivement, sans vous faire tout un cinéma mental au sujet de ce que vous percevez. Que ce soit agréable ou désagréable n'a vraiment pas d'importance. Vous ne vous assoyez pas avec un tel ami dans le but de *vous sentir bien* ou pour éviter de *vous sentir mal.* Vous êtes juste là, assis ensemble, chacun écoutant l'autre, sans porter de jugement sur lui, sans rien attendre de particulier de sa part. Simplement attentif à ce qui émerge de la relation, présent dans le silence avec douceur et bienveillance, quoiqu'il arrive.

Lorsque je me rencontre ainsi, que mes perceptions soient désagréables ou agréables est tout à fait secondaire. Je sais que mes ressentis ne dureront pas et que l'essentiel – dans cette relation que je nourris avec moi-même – est ailleurs, *au-delà* de mes perceptions. Lorsqu'il surgit, tout ce cinéma infernal ou paradisiaque n'est qu'une mise en scène égotique, une production mentale de mon roi des bavards.

Dans les coulisses, il existe un « espace clair et spacieux » que la pratique *régulière* de la méditation pleine conscience permet, avec le temps, de découvrir. Il s'agit d'ôter le voile qui recouvre les *apparences* agréables ou désagréables afin de faire connaissance avec cet espace en nous au sein duquel toutes les pensées et tous les phénomènes mentaux surgissent.

Petit à petit, les productions mentales infernales et paradisiaques diminuent *en même temps* que nos attentes mal placées. Plutôt que de *réagir* automatiquement aux situations du quotidien – en mode zombie –, nous y *répondons* de façon de plus en plus spontanée et, en même temps, conformément à ce qui est important pour nous. Plutôt que de vivre une succession aléatoire de sensations et d'émotions plaisantes puis déplaisantes, nous apprenons une manière d'être plus *authentique* envers nous-mêmes et envers les autres. C'est ainsi que, pas après pas sur le chemin, nous transformons notre expérience du monde en récoltant, au passage, de nombreux bienfaits qui sont, j'insiste, la conséquence de la pratique, non son but. Avec cette nouvelle compréhension, les hauts et les bas de la pratique ne sont plus des obstacles ni même des questions. Ils font simplement *partie* d'elle, exactement comme les hauts et les bas ou les pleins et les vides font complètement partie de la vie.

Alors, que vous soyez au sommet de la montagne ou au creux de la vallée pendant votre pratique, n'oubliez jamais que celle-ci est un chemin, pas une destination. Les sommets et les vallées sont comme les vagues sur l'océan. Elles apparaissent et disparaissent d'instant en instant, à la surface des choses. Ne vous laissez pas séduire par leur pouvoir d'attraction en leur accordant plus d'importance qu'il n'est nécessaire. Ce sont de simples phénomènes passagers produits par notre mental. Parfois, la surface de la mer est très agitée et les vagues sont puissantes, parfois elle n'est ridée que par quelques ondes. Au début de la pratique, il n'y a rien d'autre à faire que d'être dans l'acceptation de ce qui est présent pour soi en apparence.

Ceci dit, en profondeur, il n'y a pas de vagues, pas d'agitation. Au fur et à mesure que vous prenez de l'expérience dans votre pratique, plutôt que de rester attentif à la surface, au mental, portez *intentionnellement* votre attention vers les profondeurs de votre être. Soyez comme l'océan qui observe ses vagues. Pour cela, soyez toujours *vigilant à votre corps* et plus particulièrement à vos *sensations*: sensation de la respiration ou, par exemple, sensation de contact du corps avec l'objet ou le sol sur lequel vous êtes assis. Chaque fois que votre attention est attirée par la quiétude ou l'agitation des vagues, revenez à vos ressentis corporels. C'est, et ce sera toujours, la clé pour sortir des « montagnes russes du mental » afin d'observer ces *distractions* à distance. Toutes les attractions – jugées paradisiaques ou infernales – sont posées sur quelque chose de stable qui les soutient et dont, d'une certaine façon, elles émergent. En vous reconnectant avec vos sensations corporelles, c'est comme si vous décidiez de descendre des montagnes russes et de remettre solidement pied à terre.

Pour terminer, voici l'extrait d'un texte de Myriam Pierrot, auteure du blogue *De plume en plume* et qui est membre de mon groupe Facebook:

N'oublie jamais que la rivière est animée d'une cohérence profonde. Elle est parfois secouée de forts courants ou parcourue de grosses vagues, elle peut se troubler, frissonner, geler, déborder, s'assécher…

Quoi qu'il arrive, laisse-toi porter sans t'immerger, elle suivra son cours et saura te conduire aux portes océanes, tu peux lui faire confiance. Les vagues finissent toujours par s'affaisser, tu sais.

Reviens à ton souffle le plus souvent possible, et tu verras les vents de ton mental s'apaiser tout seuls.

Si vous ne devez retenir qu'une chose, souvenez-vous qu'il n'y a pas de *bonne* ou de *mauvaise* méditation en pleine conscience. Il y a juste la pratique.

QUESTION 9

Comment la méditation peut-elle nous aider face aux contrariétés du quotidien ?

Cette question ne m'est pas toujours posée ainsi. Elle se présente parfois sous la forme d'un commentaire comme celui-ci : « Je ne vois pas comment la méditation pourrait m'aider à gérer mes problèmes. » Je dois reconnaître que, lorsque quelqu'un s'assoit en silence pour méditer, il peut être difficile de croire que sa pratique va l'aider à faire face d'une façon différente à son quotidien.

Voici pourtant ce qui m'est arrivé : il y a quelque temps, je voulais assister à une conférence, mais j'étais en retard, ce qui génère beaucoup de stress en moi. Lorsque je suis trop stressé, je prends souvent de mauvaises décisions… En arrivant dans le stationnement, j'ai décidé de me garer près de la porte pour pouvoir y accéder le plus vite possible. Il y avait d'autres places libres un peu partout, mais j'ai voulu gagner du temps. En me garant, je me souviens avoir pensé que le conducteur du véhicule à ma droite allait avoir de la difficulté à entrer dans sa voiture, mais qu'il pourrait très bien passer par la porte du passager. À mon retour, les véhicules à ma droite et à ma gauche étaient partis et les deux blocs complets de mes rétroviseurs pendaient sur les côtés de ma voiture, juste retenus par le câble électrique de la télécommande de réglage…

Quelques années auparavant, je me serais inévitablement mis dans une colère noire. J'aurais sans doute été furieux plusieurs heures… Et si j'avais eu le vandale sous la main, Dieu seul sait ce qui aurait pu se passer… J'ai ouvert ma portière, je me suis assis derrière le volant et j'ai pris quelques grandes respirations. Immédiatement, j'ai réalisé que ce qui venait de se passer n'était que la conséquence de mon attitude : j'aurais pu reculer de quelques mètres lorsque j'avais vu que j'allais obliger ce conducteur à entrer dans son véhicule par le côté passager. Mais je ne l'avais pas fait… J'ai tout de même demandé au gardien du stationnement à voir les enregistrements sur caméra, mais, pour cela, je devais me rendre au commissariat le plus proche, ouvert jusqu'à 23 heures. En me rendant au poste de police, j'ai eu une grosse frayeur en manquant de renverser un scooter qui roulait trop vite et que je n'avais pas vu venir, puisque je n'avais pas de rétroviseurs. La policière du commissariat a refusé de prendre ma plainte, faute de temps et d'effectifs. J'ai finalement fait soixante-dix kilomètres sans rétroviseurs.

Que se serait-il passé si j'avais ajouté une grosse colère à cette situation ? Aurais-je été suffisamment calme pour éviter le scooter comme je l'ai fait ? Serais-je rentré sans encombre chez moi, comme cela s'est passé ? Nul ne le sait… Tout ce que je peux dire, c'est que ma pratique de la méditation m'a aidé à accueillir les choses avec beaucoup de sang-froid et à relativiser très vite. Du coup, j'ai pu être assez attentif pour éviter d'ajouter un accident dans lequel, faute de rétroviseurs, j'aurais sans doute été considéré par la compagnie d'assurancescomme pleinement responsable.

Tout acte a des conséquences et tout ce qui se produit dans la vie est en relation avec des causes antérieures dont on peut parfois être responsable et dont on n'est parfois même pas l'auteur. C'est ce que l'on appelle le *karma*. C'est parfois juste une question de relation d'interdépendance de tous les phénomènes entre eux. Il y a ainsi une maxime célèbre de l'*Almanach du Bonhomme Richard* qui dit ceci :

À cause du clou, le fer fut perdu.
À cause du fer, le cheval fut perdu.
À cause du cheval, le cavalier fut perdu.
À cause du cavalier, le message fut perdu.
À cause du message, la bataille fut perdue.

À cause de la bataille, la guerre fut perdue.
À cause de la guerre, la liberté fut perdue.
Tout cela pour un simple clou.

La perception occidentale qu'on a généralement du karma est plutôt négative et souvent liée au *fatalisme* : on se dit que ce qui devait arriver est arrivé. Mais l'essence de la loi du karma, c'est la *responsabilité personnelle* qui consiste à « récolter ce qu'on sème ». Pour moi, cela signifie que le karma est à la fois une *loi* naturelle et une *chance* : la vie nous offre d'apprendre de nos erreurs, d'agir de façon juste et de nous libérer de certains schémas, de certains comportements égoïstes.

Dans les messages que je reçois, des personnes me disent suivre un maître ou un guide ou en chercher un pour leur vie. Bien sûr, il existe des maîtres et des guides en chair et en os, mais il n'y en a pas de plus grands que la vie elle-même. Elle nous propose chaque jour des situations, des histoires, des aventures, des contextes qui ont tous le pouvoir de nous « enseigner quelque chose à notre sujet ». Évidemment, cela demande d'*avoir conscience* que nous fonctionnons le plus souvent en mode zombie, en répétant en boucle des habitudes et des « schémas de penser et de faire » qui produisent toujours les mêmes résultats.

La pratique de la méditation pleine conscience – qui consiste à être pleinement attentif, sans porter de jugement, à ce qui se produit instant après instant en chacun de nous – est une formidable occasion de tirer des leçons des contrariétés du quotidien en testant la façon dont nous adaptons ce qui est compris pendant la méditation à ce que nous vivons tout le reste du temps. Il est essentiel de garder à l'esprit que la véritable pratique commence lorsque nous nous levons du coussin ou que nous quittons notre espace méditatif.

Il y a, bien entendu, des occasions de se fâcher : les incivilités, les actes de vandalisme, les agressions verbales d'inconnus que nous croisons ou le comportement irrespectueux de voisins. Il y a aussi toutes les situations de la vie avec nos proches, les incompréhensions, les prises de bec ou les disputes familiales. Puis, il y a toutes ces petites choses qui nous agacent, nous énervent dans le quotidien : les denrées qui manquent dans la maison et qui n'étaient pas notées sur la liste des courses, les verres sales dans l'évier, les chaussettes qui traînent, les factures à payer, les colorations qui ne donnent pas la couleur qu'on voulait, les vêtements qui rétrécissent au lavage, les gommes à mâcher collées aux chaussures, le rouleau de papier vide qui n'a pas été remplacé par le dernier gamin à être passé aux toilettes, etc.

Les études scientifiques ont montré que la pratique de la pleine conscience diminue le mauvais stress, l'anxiété et ses affects négatifs et augmente la perception des émotions agréables. Elle réduit aussi la réactivité émotionnelle : s'entraîner à observer ses sensations, ses émotions et ses sentiments sans y réagir impulsivement, avec une conscience curieuse, ouverte et bienveillante, produit une plus grande tolérance aux expériences émotionnelles que nous trouvions auparavant insupportables. De ce fait, nous n'adoptons plus des comportements d'évitement, de *fuite* ou d'*agression* qui, pour certains d'entre nous, compliquent plus le « problème » qu'ils le règlent.

Pratiquer la méditation pleine conscience au quotidien, en faire un art de vivre, c'est comme être en formation continue. Chaque situation de la vie, chaque contrariété deviennent une occasion de constater que notre façon de voir le monde est souvent le résultat d'un mode de penser automatique qui est comme une paire de lunettes dont nous n'avons plus conscience. En pratiquant la méditation, plutôt que de simplement voir le monde à travers cette paire de lunettes, nous nous arrêtons un instant pour l'observer, pour « observer le penseur » comme le dit Eckhart Tolle. Cela revient en quelque sorte à « penser les pensées » de la façon suivante : « Tiens, c'est intéressant, j'ai la pensée qu'il est intolérable qu'il n'y ait plus de papier hygiénique et cela produit de la colère en moi. » Ou « tiens, j'ai la pensée qu'il ne s'intéresse pas à mes défis professionnels et j'en ressens de la frustration. » Puis, nous observons simplement les manifestations corporelles de notre colère ou notre frustration, sans y rajouter de discours mental, sans la juger non plus... Juste en accueillant et en acceptant ce qui est là.

Dans toutes les situations contrariantes, la pratique de la méditation pleine conscience nous invite à prendre ces quelques instants clés pour *respirer* et pour installer l'espace nécessaire qui va nous permettre, premièrement, de prendre un tout petit peu de recul et, deuxièmement, de *répondre* en conscience plutôt que de *réagir* de façon automatique. Dans ce tout petit espace se trouve notre *pouvoir de choisir* la façon dont nous allons nous comporter dans une situation donnée. Et c'est ce pouvoir de choisir qui nous rend notre *liberté d'agir* autrement qu'en mode zombie. Dans cet espace, très court, se trouve la possibilité d'observer un instant ce que nous ressentons, l'émotion qui se met en mouvement en nous. Il ne s'agit pas de la fuir ni de la rejeter, mais simplement de l'accueillir. Et parce que nous observons ce ressenti, une partie de nous se détache de la situation et nous permet de ne pas agir comme un zombie.

Pour évacuer ou laisser disparaître l'émotion désagréable liée à la contrariété, vous pouvez prendre plusieurs grandes respirations, en inspirant très fort et en expirant très fort, en vidant complètement vos poumons. Vous pouvez aussi hausser les épaules et les bras le long du corps à l'inspiration, puis les redescendre rapidement à l'expiration comme pour faire sortir quelque chose par les doigts. En cas de coups durs, vous pouvez également faire vibrer votre corps en rugissant comme un tigre ou laisser sortir vos larmes ou taper des pieds comme le font les enfants qui n'obtiennent pas ce qu'ils veulent, et bien d'autres choses encore. Toutes les techniques *corporelles* sont les bienvenues. Mais prenez quand même garde à ne pas faire n'importe quoi dans un contexte où l'on pourrait vous prendre pour un fou ou une folle. Et ne dites surtout pas que c'est moi qui vous ai dit de le faire !

L'humour est aussi souvent une clé pour répondre. Rire de soi-même, de sa rigidité, de sa colère, de la situation, de sa « bêtise » est une bonne façon de prendre de la distance avec la contrariété. Un philosophe grec cynique du IIIe siècle avant Jésus-Christ, Bion de Borysthène, a écrit : « Il est inutile de nous arracher les cheveux quand nous sommes plongés dans la douleur ; en pareil cas, la calvitie n'est point un remède efficace. »

Toutes les contrariétés qui se présentent, comme toutes les épreuves par lesquelles nous passons, sont autant d'*occasions* que la vie nous offre de grandir, d'apprendre à nous connaître. Ces contrariétés sont comme des « tests » qui, si nous les voyons comme tels, peuvent nous aider à « évaluer notre progression sur le chemin ». Si nous perdons notre calme à chaque contrariété qui se présente, nous offrons à notre roi des bavards une formidable occasion de créer une superproduction mentale qui nous éloigne encore un peu plus de la seule chose qui existe vraiment : l'instant présent.

De façon générale, retenez que votre pratique de la méditation pleine conscience vous permettra, avec le temps, de constater des changements profonds dans votre façon de réagir aux contrariétés du quotidien. Les contrariétés seront toujours là, mais vous vous surprendrez peut-être à répondre à certaines situations d'une façon qui ne vous ressemble pas, avec beaucoup de calme, de sang-froid, voire de sérénité.

QUESTION 10

Méditation formelle et informelle, comment pratiquer de différentes manières ?

En complément de ce que j'ai indiqué au chapitre 4, en méditation pleine conscience, on parle de pratique formelle et de « pratiques informelles ». Ces deux pratiques se complètent et s'alimentent l'une l'autre.

La pratique formelle s'effectue de quatre façons :

- assise immobile ;
- marche méditative ;
- mouvements en conscience inspirés du *hatha yoga* ;
- et le balayage corporel (*body scan*).

Selon moi, toutes les pratiques formelles sont d'égale importance. Toutefois, si vous deviez donner la priorité à une seule, vous devriez choisir l'*assise immobile*. Les trois autres pratiques formelles incluent toutes une forme de mouvement *avec* ou *dans* le corps qui apaise l'esprit et peuvent encore le « détourner » de ses préoccupations. Pour moi, l'assise prime sur toutes les autres, car l'immobilité totale du corps donne la véritable mesure de la qualité d'attention et de la stabilité de notre esprit. Toutes les pratiques préparent à cet état de calme et d'équanimité de l'esprit qui libère des déséquilibres du mental produits par des situations telles que le succès ou l'échec.

Ceci dit, à chaque pratique formelle, il s'agit de prendre *intentionnellement* du temps pour « être avec soi-même ». L'invitation est de cesser d'être dans un rapport « productif et évaluatif » avec sa vie pour orienter son attention *vers l'intérieur* : vers sa respiration, par exemple, vers ses sensations corporelles, vers ses perceptions sonores ou vers son expérience mentale et émotionnelle. Pas pour réfléchir à ces sensations, mais pour les *ressentir* ; pas pour penser davantage, mais pour *laisser se faire et se défaire* le mouvement des pensées, sans les juger, sans les commenter, sans interagir avec elles. Pour laisser se faire et se défaire également les mouvements émotionnels, même difficiles (comme la tristesse, le dégoût, la peur ou la colère) sans entrer en lutte avec eux. En effet, quand une sensation ou une émotion est « pleinement reconnue », quand nous lui permettons de faire partie de notre expérience sans y apposer de *résistance,* mais en lui donnant attentivement de l'*espace*, il y a de fortes chances pour qu'elle s'apaise, s'autorégule et qu'elle soit moins influente. C'est mon expérience et celle de beaucoup de méditants en pleine conscience.

La méditation formelle doit être *régulière* parce que c'est la base de l'entraînement. Il est conseillé de pratiquer au quotidien pendant 30 minutes, soit en 1 seule séance, soit en 2 séances : 15 ou 20 minutes le matin, au réveil, et 10 minutes le soir, avant de se coucher. L'idée, ce n'est pas de faire davantage, mais de « s'exercer régulièrement ». Gardez précieusement en mémoire qu'il s'agit d'un entraînement de l'esprit dans lequel la *répétition* a tout autant d'importance que la *durée.*

Les pratiques informelles sont, pour leur part, la *transposition* à tout notre quotidien de ce nous apprenons dans la pratique formelle. Nous décidons alors d'être attentifs à la *multitude* de situations en apparence ordinaires que nous traversons habituellement en mode zombie. Voici quelques exemples : marcher en prêtant attention à nos sensations physiques, prendre quelques secondes derrière notre écran pour ressentir les appuis de notre corps sur notre chaise, écouter attentivement le chant d'un oiseau, faire la vaisselle comme si nous la massions, prendre notre douche en étant vraiment présents, prendre quelques respirations conscientes avant un entretien professionnel, ressentir quelques secondes les effets du soleil sur notre peau, manger la première bouchée de chaque repas en conscience, nous habiller en conscience…

À partir du moment où nous nous exerçons à *ressentir pleinement* ce qui se joue dans notre corps, nous sortons du seul domaine de la pensée. Nous « réincarnons notre corps », délaissé au profit du seul et envahissant intellect. Ce qui est fantastique, c'est que nous pouvons accomplir ces pratiques dans les transports, entre deux appels ou deux rendez-vous ou dans une salle d'attente, afin de reconnaître nos émotions, de ressentir notre état intérieur. Cela étant, nous donnons « une bouffée d'oxygène à nos embouteillages mentaux » et renforçons notre capacité naturelle à être pleinement présent en *resynchronisant* l'esprit avec le corps. Avec la pleine conscience, les possibilités de pratiquer de façon informelle sont quasi illimitées. C'est à vous de trouver ou d'inventer les vôtres. Soyez créatifs !

Les pratiques informelles apportent beaucoup, mais *elles ne suffisent pas*. Si nous ne faisons que ça tout le temps, c'est comme si nous voulions aller jouer sur le terrain avec les grands alors que nous ne nous sommes pas suffisamment entraînés en salle. Il n'y a aucun danger à ça ; c'est simplement que, par manque d'entraînement – c'est-à-dire la pratique formelle – nous aurons plus de difficulté à pratiquer correctement dans notre quotidien. C'est un peu comme si vous vouliez aller cuisiner pour des gens à l'extérieur de chez vous, alors que vous ne le faites que rarement, voire pas du tout, chez vous. Il y a peu de chances que l'expérience vous soit profitable… Vous comprenez ?

D'un autre côté, il ne suffit pas de méditer formellement comme si vous alliez à un office religieux – quelles que soient votre religion ou vos croyances – pour reprendre ensuite la vie « comme si rien ne s'était passé ». Non. Nourrissez l'*intention* de maintenir un esprit vigilant, afin de ne pas retourner sur le pilote automatique aussitôt la pratique formelle terminée. Sortir du lit le matin, se laver les dents, prendre son petit-déjeuner, s'asseoir au volant de sa voiture ou dans les transports en commun, travailler au bureau ou à l'extérieur, attendre à la caisse du supermarché, faire la cuisine, le ménage, la vaisselle, l'amour, etc. Toutes ces situations et bien d'autres sont autant d'occasions de cultiver votre présence à vous-même, instant après instant.

Décidez d'être attentif aussi souvent que possible en prêtant réellement attention à ce que vous faites. Vous posez vos lunettes sur la table basse du salon ? Prenez conscience de votre geste et des sensations qui l'accompagnent. Cela vous évitera de les chercher partout ultérieurement. Vous mangez ? Soyez attentifs aux sensations – goûts, textures, couleurs, formes, etc. Vous prenez votre douche ? Pensez à ces mots de Jon Kabat-Zinn : « Il n'y a pas plus stressant que l'apprentissage de la méditation. C'est comme d'apprendre la danse classique. Cela demande de la discipline, du temps et beaucoup de patience. Faites une petite expérience. Assurez-vous, quand vous prenez une douche, que vous n'êtes pas déjà en pensée au bureau ou, pis, que tout le bureau n'est pas avec vous sous la douche ! » Soyez présent aux sensations de l'eau sur votre peau, au bruit qu'elle fait en tombant, aux odeurs du savon et de la mousse sur votre corps, etc.

Chaque fois que vous constatez que votre esprit s'est échappé, revenez doucement, mais avec une ferme intention, à votre respiration, aux sensations de votre corps et à ce que vous faites, instant après instant. Considérez que c'est un entraînement. Car c'en est un ! Et plus vous vous entraînerez, plus vous serez préparé à vivre pleinement votre vie, telle qu'elle se déroule dans la présence à l'instant, où que vous soyez et quoi que vous fassiez.

QUESTION 11

La méditation pleine conscience peut-elle aider à nous débarrasser de nos addictions ?

Certaines personnes pensent que les addictions n'empêchent pas la méditation, car nous sommes « tous dépendants à quelque chose ». Pour commencer, je pense qu'il est utile de définir ce dont on parle, car je ne suis pas d'accord avec cette affirmation, que je trouve même *dangereuse*. Une addiction est un comportement répété qu'on adopte dans l'intention d'éviter une sensation de malaise intérieur tout en recherchant une sensation de plaisir au travers d'une substance ou d'une activité. On devient dépendant de ce comportement dès lors qu'on ne peut plus le contrôler. L'addiction est donc, de mon point de vue, le volet *comportemental* de la dépendance qui, elle, est d'ordre psychophysique.

Je ne parle donc pas ici de fumer un cigare de temps à autre ou de boire un verre de bon vin entre copains et copines, y compris en pleine conscience, de temps en temps. Je ne parle pas non plus d'habitudes de consommation de sucre, de boissons gazeuses ou de séries télévisées qui, tout en étant préjudiciables, ne sont pas *incontrôlables*. Il n'est pas question non plus de gourmandise ou de passion naturelle pour des choses ou des activités dont nous pourrions très bien nous passer plusieurs semaines ou plusieurs mois si nous y étions *contraints*.

Lorsque je parle d'addiction, je pense très naturellement aux comportements destructeurs liés aux jeux d'argent et aux substances psychoactives, comme la nicotine, l'alcool, les opiacés, la cocaïne, les amphétamines ou certains médicaments qui créent des dépendances physiques lourdes. Mais on sait aussi aujourd'hui qu'il existe de nombreuses autres formes de dépendances psychiques liées à des activités comme le travail, le sexe, le sport, les achats compulsifs, les troubles des conduites alimentaires ou la cyberdépendance aux jeux vidéo ou aux réseaux sociaux, sans parler des technodépendances comme celle liée à l'utilisation du téléphone intelligent. Dans tous ces derniers cas, la dépendance manifeste les effets les plus puissants et dégradants du pilotage automatique – ou mode zombie – sur un être humain.

Il existe onze critères internationaux bien définis de diagnostic de l'addiction dont se servent les professionnels de santé. Ils sont répertoriés dans un manuel, le *Diagnostic and Statistical manuel of Mental disorders (DSM-5).* Le niveau d'addiction observé par le thérapeute peut être *faible*, *modéré* ou *sévère*. Pour simplifier, disons qu'on parle d'addiction :

- lorsque le besoin est irrépressible ;
- lorsque la recherche de satisfaction du besoin prend la place sur tout le reste, au mépris du danger pour sa santé ;
- lorsque le besoin produit une incapacité à garder le contrôle des autres aspects de sa vie personnelle et sociale.

Pour résumer, être dépendant, c'est être incapable physiquement de s'abstenir de consommer une substance ou entretenir un comportement à risque devenu incontrôlable psychiquement. Bref, c'est être « privé d'une partie de sa liberté de choisir sa vie » à chaque instant ; privation qui peut être entretenue par le phénomène du *déni*, cette stratégie de défense qui consiste à *nier la réalité.* À ces stades-là, il est clair que l'addiction et la dépendance sont des freins, de sérieux obstacles à la pratique de la méditation pleine conscience.

Pratiquer la méditation ne veut pas nécessairement dire qu'on devient un ascète et qu'on vit loin du monde, enfermé dans une grotte. Mais chacun peut comprendre que, sans aller jusque-là, il est difficile de prendre ce rendez-vous quotidien avec soi-même quand la seule préoccupation du corps ou de l'esprit consiste à satisfaire un besoin incontrôlable de consommer une substance ou d'assouvir un comportement, et cela, souvent plusieurs fois par jour.

Généralement, reconnaître qu'on est dépendant d'une substance ou d'un comportement demande une certaine *clarté d'esprit* – que l'addiction ne permet pas toujours. Cela exige aussi une certaine *authenticité*, qui suppose un peu de connaissance de soi et, enfin, une bonne dose d'humilité pour reconnaître la situation d'échec et demander de l'aide. La prise de conscience, lorsqu'elle se produit, peut s'accompagner d'une exploration selon trois axes :

- Pourquoi en suis-je arrivé là ?
- Quels sont les mécanismes qui font que je reste esclave de cette dépendance ?
- Comment faire concrètement pour m'en sortir ?

Pour moi, la dimension *pédagogique* est ici très importante. Il est nécessaire d'impliquer la personne dans l'analyse et la compréhension de son problème en l'éduquant sur les mécanismes connus de l'addiction et de la dépendance. Cela ne fait pas tout, évidemment, mais c'est une première étape de *responsabilisation* de la personne. Une étape censée aider à rebâtir un peu de compréhension et de confiance en soi, à reprendre doucement les rênes de sa vie en devenant conscient des effets délétères de l'addiction et de la dépendance sur soi. Et c'est ici que la pratique de la pleine conscience, accompagnée par un professionnel, peut être d'une aide précieuse.

Le processus de guérison et de reconstruction passe par le fait de *faire face* aux sensations désagréables, au stress et aux souffrances qui sous-tendaient et motivaient la prise de la substance au départ. Et cela vaut également pour les sensations ou émotions désagréables que la personne cherchait à fuir en adoptant consciemment ou non la dépendance à une activité.

La pleine conscience peut aussi permettre d'affronter les croyances inappropriées qui sous-tendent le geste. Elle facilite également la prise de conscience du niveau d'automatisme atteint inconsciemment au fil du temps. Avec le soutien de la pratique, la personne peut ainsi ouvrir les yeux sur les mécanismes de sa dépendance et trouver en elle des chemins pour reprendre le contrôle de sa vie et pour retrouver sa liberté perdue. Le changement se produit alors de l'intérieur vers l'extérieur, et c'est le gage d'une transformation réussie.

Mais soyons clairs, la pleine conscience n'est pas un remède miracle ou une pratique instantanée qui peut tout résoudre à elle seule, en particulier dans les cas d'addiction et de dépendance que je viens d'évoquer. La pratique de la méditation pleine conscience peut être un *soutien* précieux, c'est certain, mais elle ne remplace pas une psychothérapie lorsque celle-ci est nécessaire. Je fais partie des personnes qui pensent que les pratiques de pleine conscience peuvent être placées au cœur des thérapies. Je crois aussi que, dans bien des cas, les unes et les autres sont parfaitement *complémentaires* et ont tout intérêt, pour le patient, à œuvrer en synergie pour que la guérison soit complète.

Les résultats des études montrent qu'une pratique de pleine conscience peut permettre de faire émerger une qualité de présence à soi-même capable de soutenir – sans s'y substituer – un parcours de psychothérapie. Ce dernier ne peut que *renforcer* le travail de découverte de soi nécessaire pour activer les ressources permettant de rompre la dépendance. Tout cela aidera la personne à réapprendre à s'aimer, à accueillir ses sensations, ses émotions, ses ressentis et ses pensées avec bienveillance et sans porter de jugement. Cela créera une nouvelle énergie d'ouverture aux autres et à la vie, une nouvelle *hygiène de vie*. Et c'est tout ce qu'on peut souhaiter aux personnes souffrant d'addiction et de dépendance : reprendre le pouvoir de choisir leur vie, de prendre soin d'elles et de ceux qu'elles aiment.

QUESTION 12

Dans le contexte stressant du travail, comment rester dans la présence à l'instant ?

Le contexte professionnel est, et restera, pour beaucoup de salariés un environnement source de *mauvais stress*. Comme il ne me paraît pas réaliste de penser que la solution viendra de l'extérieur, c'est-à-dire des entreprises ou des institutions, je préfère la chercher à l'intérieur, dans la façon dont nous mettons en place des stratégies personnelles pour *faire face au stress*. Le fait de chercher les réponses en moi me rend responsable de ma vie et libre de toute attente irréaliste à l'égard de systèmes qui génèrent forcément de la pression – à cause des relations professionnelles avec les associés, la hiérarchie, les subordonnés ou les collègues, mais aussi avec les fournisseurs, les usagers ou les clients. Et tout cela, sans parler des éventuels délais de production à respecter qui créent des surcharges de travail, des méthodes douteuses de gestion et du manque de certitudes sur son avenir professionnel... Il est clair que, dans un tel contexte, la façon dont nous évaluons la situation à chaque instant change complètement la mécanique du stress.

Cette évaluation, ces représentations mentales au sujet des événements sont directement influencées par notre histoire et par nos *drivers*. D'après l'analyse transactionnelle, qui est un modèle de communication et un outil d'accompagnement thérapeutique, il existe cinq *drivers* que chacun d'entre nous possède tout en ayant un ou deux *drivers* dominants. Les *drivers*, ce sont des messages qui, à force d'être répétés, influencent *inconsciemment* notre comportement depuis notre enfance en nous amenant à « reproduire des scénarios ». Sachant que le mot anglais « *driver* » signifie « conducteur », je me dis que tout cela ressemble furieusement au fameux mode pilotage automatique dont la pratique de la pleine conscience nous dévoile petit à petit l'existence en nous. Ces *drivers* seraient :

- le « sois parfait » ;
- le « fais plaisir » ;
- le « sois fort » ;
- le « fais des efforts » ;
- et le « dépêche-toi ».

Autant d'injonctions qui rappelleront peut-être à certains ce que leur disaient leurs parents lorsqu'ils étaient petits… et qui feront peut-être prendre conscience à d'autres d'une ou de plusieurs de ces phrases qu'ils répètent très souvent à leurs enfants dans des contextes stressants.

Dans tous les cas, tant que nous n'en prenons pas conscience, ces *drivers* nous suivent sur notre lieu de travail et génèrent certaines auto-évaluations qui produisent à leur tour un certain niveau de stress :

- « Il faut que je sois parfait. »
- « Je dois faire plaisir à mon patron. »
- « Je ne dois pas demander d'aide parce que ça révèlerait mes faiblesses. »
- « Il faut que j'en fasse plus pour être apprécié. »
- « Je dois aller plus vite que les autres pour me démarquer. »

Ce qu'il y a de remarquable, c'est que, face au stress professionnel, certaines personnes utilisent des mécanismes d'évaluation beaucoup plus performants que d'autres. Ainsi, des études ont été faites auprès de caissières de supermarché. Face à un client agressif, l'une pensera : « Je ne suis pas sa servante. Il n'a pas le droit de me parler comme ça. Ce n'est pas de ma faute. » Tandis qu'une autre se dira : « En fait, ce n'est pas vraiment à moi qu'il s'adresse, c'est de lui qu'il parle. » Même situation, mais deux évaluations diamétralement opposées avec des conséquences très différentes. La première caissière, qui se sent personnellement prise à parti, résistera moins bien à la pression de la clientèle que la seconde.

Et vous l'avez compris, le problème, c'est que ces représentations et ces autoévaluations sont le résultat du fameux mode zombie. Elles sont, pour la plupart, totalement inconscientes. Nous sommes en quelque sorte *programmés* pour réagir de telle ou telle manière en mettant en place tel ou tel scénario hérité de notre enfance et parfois complètement inapproprié. Plus le scénario est inadapté, plus nous souffrons, souvent à cause d'*attentes irréalistes* : vouloir que notre patron ne nous adresse que des compliments, que nos collègues soient tous sympathiques, que nos clients soient tous d'une grande gentillesse, etc.

Ces représentations peuvent également être une *source de souffrance* à cause d'interprétations erronées : si notre supérieur hiérarchique ne nous dit pas bonjour, ce n'est pas obligatoirement parce qu'il a quelque chose à nous reprocher ; c'est peut-être parce qu'il est absorbé dans ses pensées et qu'il n'a pas prêté attention à notre présence. Si un client est agressif, ça n'est pas nécessairement parce qu'il nous déteste ; c'est peut-être parce qu'il vient d'apprendre une mauvaise nouvelle. Si un collègue n'est pas d'accord avec nous, ce n'est pas forcément qu'il veut nous écraser ; c'est peut-être que le sujet l'intéresse et qu'il souhaite en discuter…

Reconnaître le stress au travail et le gérer, c'est prendre conscience du *décalage* qui existe entre nos représentations internes et la réalité. L'autoanalyse est particulièrement difficile quand notre niveau de stress professionnel ne nous permet plus de réfléchir *objectivement*, c'est-à-dire en prenant une certaine distance. D'où l'intérêt des pratiques de pleine conscience qui favorisent une certaine « mise à distance ». Il n'est pas question alors de se lancer dans une analyse au long cours, mais plutôt d'utiliser une approche comportementale simple qui permet d'agir de façon individuelle. En développant petit à petit notre capacité à prendre du recul par rapport à nos automatismes, nous nous relions de façon différente au stress professionnel.

Au cours d'une journée de travail, il y a souvent des petits « moments creux » que nous comblons par toutes sortes de distractions mentales : jeter un coup d'œil à nos courriels, rêvasser, surfer sur internet quelques minutes, penser à ce que nous allons faire le soir, discuter de tout et de rien avec nos collègues, regarder la prochaine destination des vacances, nous isoler pour fumer une cigarette ou boire un café. Nous aurions plutôt intérêt à utiliser la pleine conscience dans des séances qui peuvent durer moins d'une minute. Voici quelques exemples de pratiques :

- fermer les yeux quelques secondes et prendre trois grandes inspirations tout en étant bien présents à nous-mêmes ;
- prendre notre pause à l'extérieur et marcher quelques minutes en pleine conscience ;
- amener notre attention quelques secondes sur les sensations ressenties dans nos pieds posés bien à plat sur le sol, dans nos mains posées à plat sur le bureau devant nous ou sur une autre partie de notre corps ou sur le contact de nos fesses et de nos cuisses avec le siège sur lequel nous nous trouvons ;
- répéter intérieurement un mantra, une petite phrase qui facilite l'attention à l'instant présent, comme : *J'inspire, je me recentre, j'expire, je suis serein*, ou *J'inspire la clarté, j'expire la confusion* ou tout autre mantra que nous pouvons inventer ;
- ramener notre attention quelques instants à ce que nous faisons tout en observant brièvement nos sensations et ressentis intérieurs : *Je suis assis ici et maintenant*, *Je me lave les mains*, *Je marche dans le couloir*, *Je suis debout dans l'ascenseur*, *Je monte l'escalier*, *Je prends mon téléphone pour appeler un tel*, *Je nettoie mes lunettes*, etc.

Tout dépend de notre activité professionnelle et de ce que nous faisons, mais nous avons chaque jour des milliers d'occasions de prendre des micro-instants de pleine conscience.

Si vous travaillez derrière un écran et que votre contexte professionnel vous le permet, vous pouvez aussi installer dans votre navigateur des *cloches de pleine conscience*. Ce sont des modules d'extension gratuits qui permettent de paramétrer une durée et un nombre de cloches pour vous rappeler à l'instant présent. Disons que vous choisissez que les cloches sonnent trois fois toutes les soixante minutes. Alors, toutes les heures, quoi que vous fassiez, au moment où les cloches sonnent, vous arrêtez tout pour *respirer en pleine conscience* pendant la durée du rappel. Puis, vous reprenez votre travail jusqu'au prochain rappel. Ce genre d'outils peut vous aider grandement.

Dans tous les cas, il s'agit de vous offrir de petits rendez-vous avec vous-même comme de multiples occasions non pas de vous *battre contre le stress*, mais plutôt, à plusieurs reprises, d'installer de micro-espaces pour *plus de sérénité*. L'attitude est très différente. Ces micro-espaces qui peuvent durer moins d'une minute à trois minutes au maximum et suffisent pour réduire votre stress, parfois pendant plusieurs heures. S'il vous est impossible d'appliquer l'une des options proposées ici, il reste toujours le refuge des toilettes pour une pause pipi/méditation en pleine conscience, si vous voyez ce que je veux dire.

La méditation pleine conscience n'est pas un remède miracle. C'est un art de vivre qu'on peaufine avec la pratique et le temps. Une pratique qui est faite de l'acceptation des choses telles qu'elles sont. Pas une acceptation passive, mais une acceptation dynamique. Plus vous pratiquerez et plus vous comprendrez avec votre corps – pas seulement avec votre intellect –, plus vous comprendrez comment l'attention à votre respiration agit « comme une ancre » qui vous ramène *instantanément* dans la présence à l'instant. Au fur et à mesure que vous vous entraînerez et que vous apprendrez à mieux vous connaître, vous reconnaîtrez facilement et rapidement les sensations et les émotions désagréables que peut produire un environnement de travail stressant. Au moment où vous en deviendrez conscient, où vous accepterez le stress qui est là, il vous suffira de prendre discrètement et intentionnellement deux ou trois grandes respirations pour retrouver la clarté d'esprit qui facilitera votre travail.

QUESTION 13

Est-ce que la méditation pleine conscience et la relaxation sont la même chose ?

Disons-le clairement dès le départ, *toutes* les pratiques de relaxation ont un intérêt évident pour le bien-être, et les effets sur la santé de certaines d'entre elles ont été démontrés scientifiquement. Alors, dans un contexte où le surmenage et la déprime guettent beaucoup de monde, il apparaît urgent de s'aménager des pauses pour éviter ou contrecarrer toutes sortes de troubles comme la fatigue, l'angoisse, l'insomnie ou la surexcitation. Et comme il existe de multiples approches pour prendre soin de soi – le massage, la musicothérapie, l'entraînement autogène, l'autohypnose, la relaxation, la sophrologie, le yoga et bien d'autres encore – beaucoup de personnes viennent à la méditation pleine conscience avec des idées toutes faites sur ce que devrait leur apporter ou non le fait de pratiquer.

Pour monsieur et madame Tout-le-Monde, il est assez difficile de connaître l'origine de ces différentes pratiques et de comprendre leurs objectifs. Alors, on se mélange un peu les pinceaux et on se dit : « Tant que ça fait du bien, eh bien, ça ne peut pas faire de mal ! » En fait, beaucoup de gens s'imaginent que la pratique de la méditation pleine conscience est une technique de relaxation parmi d'autres. Il faut reconnaître que bien des vidéos intitulées « méditation », comme on en trouve par milliers sur YouTube, sont en fait des séances mélangeant relaxation, hypnose ericksonienne et psychologie positive qui peuvent soulager occasionnellement et apporter indéniablement un certain réconfort.

La relaxation

Une « vraie » séance de relaxation sera habituellement précédée d'un entretien exploratoire afin que la personne prenne « conscience de ses problèmes et de ses objectifs » *avant* de recevoir sa « séance de relaxation ». Celle-ci se déroulera généralement les paupières fermées, en position allongée, la tête un peu soutenue avec une couverture sur le corps, ou en position assise, confortablement installée dans un fauteuil, la nuque bien calée et les bras reposant sur des accoudoirs avec, parfois, un fond musical très doux. Le praticien commencera par imposer au corps un rythme de respiration apaisant pendant quatre ou cinq minutes. Puis il utilisera la pensée et la suggestion pour induire et renforcer l'état de relaxation avec des phrases comme « Vos pieds sont lourds, de plus en plus lourds... Ils s'enfoncent dans le sol et sont parfaitement relâchés » ou : « Votre corps est lourd... Vous vous sentez parfaitement calme et détendu. » Il effacera ainsi le tonus musculaire de repos, cette tension musculaire résiduelle, jusqu'à ce qu'apparaisse une sensation de « légère euphorie » créée par l'état de détente profonde. À ce moment-là pourront commencer des propositions de visualisation d'images positives ou de couleurs qui seront utilisées pour recouvrir les éventuelles sensations désagréables ou pensées noires qui pourraient encore être présentes, en lien avec les objectifs de la séance.

L'*objectif* recherché par la relaxation est de faire diminuer, voire disparaître, le stress en aidant progressivement la personne à développer une *conscience globale de son corps* et à utiliser les *capacités d'autoguérison* que nous possédons tous. Quand la séance est bien menée, par un praticien qualifié, elle produira un état de détente profonde que même une bonne sieste ne permettra pas forcément d'atteindre. La personne sera progressivement conduite à expérimenter un état profond de « déconcentration mentale et musculaire » en faisant des exercices qui visent à prendre conscience du corps et des pensées. Le professionnel l'aidera ensuite à se restructurer, puis, petit à petit, à pratiquer l'autorelaxation de façon autonome.

La méditation pleine conscience

L'approche de la méditation pleine conscience est *très différente* de celle de la relaxation, même si l'on peut leur trouver de nombreux *points communs*. Elle n'est pas mieux ni moins bien, juste différente. De mon point de vue, c'est principalement l'*intention* qui les différencie : la relaxation a pour objectif un « état de détente profonde » auquel beaucoup d'activités peuvent finalement être assimilées, comme lire, prendre un bain ou marcher dans la nature…

Contrairement à toutes les autres approches relaxantes citées plus haut, la méditation pleine conscience, elle, n'a *aucun objectif* spécifique et *aucun but* à atteindre. Elle invite à expérimenter délibérément *tous les aspects* de notre expérience dans la présence à l'instant – agréables, neutres ou désagréables – sans recherche particulière ni manifestation d'un état de détente profonde. Pour cela, le méditant entraîne son *attention* et développe sa *concentration* en exerçant une forme de vigilance attentive lors de chaque pratique formelle ou informelle. Mais ce n'est pas tout : nous savons maintenant, en raison des recherches qui ont été faites, qu'en pratiquant la méditation, il est possible de modifier la structure de notre cerveau, de produire de nouvelles connexions qui nous permettent de mieux résister au stress. La relaxation ne semble pas avoir le même effet sur la structure neuronale.

Comme je l'ai déjà dit, notre tendance naturelle est de *fuir* les choses désagréables et de *rechercher* les choses agréables au point que nous nous asseyions pour méditer en ayant souvent des attentes implicites : nous espérons que cela va nous détendre, nous apaiser ou nous relaxer. Nous abordons la méditation comme une pratique censée nous apporter un « bien-être » plus ou moins intense. Mais le fait d'avoir une attente sous-jacente à la pratique, de rechercher des bienfaits est une *erreur* très courante, surtout au début.

Méditer en pleine conscience n'a pas pour but de nous aider à relaxer, à nous détendre ou à ressentir du bien-être. Il se trouve que c'est ce qui se produit lorsque la pratique est correctement menée, mais c'est une *conséquence* de la pratique, non un but. C'est pour cette raison que j'invite les gens, dans toutes mes méditations guidées de plus de vingt minutes, à pratiquer sans aucune attente particulière. Et je précise qu'il n'y a aucun objectif à atteindre, donc rien qu'ils pourraient réussir ou rater.

Méditer en pleine conscience, c'est avant tout choisir de sortir des modes *avoir* et *faire* sur lesquels nous fonctionnons habituellement. Ils sont devenus si automatiques que nous voulons que la méditation ait une influence sur notre bien-être et qu'elle nous fasse du bien. Encore et toujours, *avoir* et *faire*. Toutefois, quand nous pratiquons la méditation pleine conscience, ce n'est pas seulement parce que nous sommes curieux de *ressentir* ce qui est présent pour nous ici et maintenant, avec attention et sans jugement. Il s'agit de passer au mode être. Et l'être n'a besoin ni de l'*avoir* ni du *faire* pour exister. Il est, tout simplement.

QUESTION 14

Méditer, est-ce vivre le moment présent ?

Dans le vocabulaire moderne de la méditation, il existe des expressions qui décrivent la méditation comme le fait de « vivre l'instant présent » ou de « vivre dans le présent ». Mais ces expressions à la mode me paraissent inappropriées. Elles peuvent en effet nous laisser penser que cet « instant présent » se trouverait en dehors ou au-delà du temps qui passe, comme s'il était un « espace », un lieu géographique, dans lequel se trouverait la réponse à toutes nos questions. Vivre dans le présent, ce serait comme vivre en présence d'une « chose » palpable physiquement… Pour ces raisons il me paraît beaucoup plus approprié d'utiliser l'expression « être présent à l'instant ». Nous allons donc devoir parler un peu de ce qu'est le temps.

Avec tout ce que j'ignore encore, je comprends aujourd'hui que, pour moi, passé, présent et futur ne sont en fait que des « vues de mon esprit ». Un esprit qui est sous l'influence de son incarnation dans la matière ici, sur la Terre. Car l'espace-temps que je perçois est relatif à ma condition de créature terrestre… Et, inversement, ma condition de créature incarnée est liée à cet « espace-temps » dans lequel la matière dont je suis constitué s'agrège au moment de ma conception, puis se désagrège au moment de ma mort. Mais l'espace-temps serait bien une vue de l'esprit qui dépendrait de la vitesse à laquelle le temps s'écoule sur notre planète Terre. Depuis Einstein, nous savons en effet que le temps ne s'écoule pas partout de la même manière dans l'univers : son écoulement est modifié par la vitesse et par la gravité.

Le langage est une source de confusion. Tous les communicants le savent, parce que les mots véhiculent des idées, des concepts. Et quand on ajoute les mots à des images, cela imprime des choses en nous à notre insu, selon le slogan bien connu : « Le poids des mots, le choc des photos. » Pour moi, la question de la précision du langage n'est donc pas anodine, car l'intention, la focalisation de mon esprit, ne seront pas les mêmes en fonction de la perspective avec laquelle j'approche la pratique.

- Dans le premier cas, « vivre l'instant présent », nous risquons de nous focaliser sur une idée, un concept par nature *impalpable*. Nous cherchons à vivre quelque chose de particulier que nous essayons de comprendre *intellectuellement*, de comparer, de catégoriser dans la palette de nos savoirs. Or, je constate que beaucoup de gens ont du mal à faire leurs premiers pas dans la méditation parce qu'ils ont l'intention inconsciente d'atteindre ou de réussir quelque chose de différent de ce qu'ils font normalement. Ils pensent, par exemple : « habituellement, je ne vis pas dans l'instant présent, alors là, je vais essayer de le faire. » Ils se représentent ce que doit être le fait de vivre l'instant présent et, s'ils n'y parviennent pas, ils sont déçus et frustrés parce que cela ne correspond pas à leurs attentes.
- Dans le second cas, « être présent à l'instant », nous focalisons plutôt sur une sensation, une émotion ou un ressenti corporel, c'est-à-dire sur quelque chose de *palpable*. Or si nos idées nous amènent toujours là-bas, ailleurs, dans un « passé » ou un « futur » qui n'existent plus ou pas encore, notre corps, lui, demeure nécessairement ici et maintenant. Tous les phénomènes sensibles que nous percevons dans notre corps existent uniquement au moment où ils apparaissent dans le champ de notre conscience corporelle. En d'autres termes, si nous les observons sans jugement, sans attachement, nos sensations, nos émotions et nos ressentis corporels nous ramènent toujours ici et maintenant, dans cet espace-temps où nous cessons de nous illusionner intellectuellement sur ce qui n'existe plus ou pas encore, dans cet espace-temps où nous prenons juste conscience de ce qui est présent pour nous à cet instant. Et cela demande de la pratique, beaucoup de pratique…

Cette attention au corps *se cultive*, elle s'entretient comme on entraîne un muscle. L'attention *sensorielle* est le seul moyen qui nous permet d'être pleinement présents à ce que nous expérimentons à chaque instant, en étant les observateurs impassibles de nos sensations corporelles, de nos émotions, de nos ressentis et de nos pensées passagères. Pour moi, aujourd'hui, c'est cela l'exercice qui consiste à « méditer ». Et cette pratique, je dois le redire, encore et encore, peut se produire quel que soit le moment ou le lieu, que nous soyons couchés, assis, debout, que nous marchions, courions, mangions, faisions l'amour ou nettoyions la maison…

Méditer, pour moi, ce n'est pas « vivre le moment présent » – ce qui est une représentation conceptuelle par nature impossible à transmettre et à expérimenter. Méditer, c'est « être présent, sans porter de jugement, à ce que nous vivons à l'instant » corporellement parlant. Dans cet acte répété de présence à nous-mêmes – c'est-à-dire à nos ressentis corporels agréables, neutres ou désagréables – notre esprit apprend petit à petit à reconnaître sa véritable nature intemporelle. Ce faisant, nous nous éveillons à *ce qui était déjà là*, depuis toujours.

Ce que nous vivons ici et maintenant passe toujours par une *sensation*, que nous expérimentons en tant qu'être sensible. Une sensation, c'est un phénomène que nous éprouvons au travers de nos sens dans l'espace de notre corps physique. En une microseconde, cette sensation devient ensuite une émotion, puis un *sentiment*, puis une *pensée* à laquelle nous nous identifions souvent. Plus nous nous éloignions de nos sensations, plus nous construisons des représentations tronquées de la réalité au travers de tous ces filtres qui masquent la nature première de notre expérience sensorielle – l'essence de ce qui est. Cette expérience corporelle nous renseigne constamment sur la nature impermanente de toutes les choses perceptibles d'abord en nous, puis, si l'on suppose que les choses sont séparées, à l'extérieur de nous.

Avec la pratique de la méditation pleine conscience, nous sommes de plus en plus proches de ce qui est présent dans notre expérience sensible. Pourquoi ? Parce que nous avons enrichi la palette de conscience cognitive de nos sensations – une palette qui, chez moi comme chez beaucoup de gens, était très restreinte au départ, au point qu'il m'était souvent difficile de nommer l'immense variété de sensations que je perçois en réalité instant après instant. Mon vocabulaire se limitait aux basiques « chaud », « froid », « piquant », « brûlant »... Pour enrichir ma palette, au début, je me suis appliqué à ne pas confondre le champ lexical de mes sensations avec celui de mes émotions ou de mes sentiments. J'ai fait le choix d'étiqueter mes sensations et mes émotions. Et ces distinctions m'ont aidé... Pour moi – et ce n'est pas une règle – nommer sensations et ressentis a été une phase indispensable de reconnexion avec moi-même. Je dirais même une phase *thérapeutique*: je ne suis pas qu'un être sensible, je suis aussi un être cognitif qui s'est, un temps, déconnecté de certaines de ses émotions à cause d'un vécu douloureux. Or, il y a eu pour moi une étape pendant laquelle j'ai dû nommer des choses inexprimables afin de pouvoir les intégrer pour m'en détacher de nouveau. Il s'agissait de mettre des mots où il n'y avait que du silence avant de remettre du silence là où il n'y avait que des maux. Et pour moi, cette phase a été utile.

Réfléchissez-y un instant pour vous-même en faisant un exercice très simple : quelle est l'étendue de votre vocabulaire des sensations ? Faites une liste exhaustive de tous les mots qui décrivent des sensations corporelles, des ressentis. Comment décririez-vous les sensations qui se cachent derrière le sentiment d'aimer ? Ou celles qui se dissimulent derrière l'émotion de la joie, de la colère ou de la tristesse ? Savez-vous *vraiment* faire la distinction entre une sensation et une émotion ? Entre une émotion et un sentiment ? Faites l'exercice et voyez ce que vous apprenez à votre sujet.

Bref, pour moi, aujourd'hui, méditer, ce n'est pas « vivre (dans) l'instant présent » ou « vivre dans le présent ». C'est plutôt « être présent à ce moment que je vis ». Comme le dit la chanson de France Gall, « c'est peut-être un détail pour vous, mais, pour moi, ça veut dire beaucoup ». Et cela change tout : je sais que je suis présent lorsque je suis attentif, sans jugement et sans attachement, aux sensations que je vis ici et maintenant, ce qui est loin de se produire aussi fréquemment que je le voudrais. Pour y parvenir plus souvent, je dois réemprunter un chemin que j'ai trop longtemps négligé au profit du cérébral et que je favorise encore trop par moments… Ce chemin, c'est « celui du corps qui ne ment pas ». Du corps qui connaît *intuitivement* avant que mon intellect ne sache. Du corps qui me délivre des messages à chaque instant au travers de mes sensations, puis de mes émotions. Ce corps-là est un incroyable cadeau fait à mon esprit pour qu'il retrouve sa véritable nature : spacieuse, sereine et vibrante d'amour. C'est ce que j'appelle « le chemin du corps qui parle ».

QUESTION 15

Peut-on apprendre la méditation seul, dans un livre ou sur YouTube, par exemple ?

On raconte l'histoire de deux hommes qui se disputaient sur la couleur d'un animal qu'il venait de voir passer sur une feuille de palmier.

— Je te dis qu'il était marron.

— Et moi, je te dis qu'il était vert.

C'est ainsi qu'ils commencèrent à s'énerver.

— Il était marron ! Est-ce que tu aurais perdu la vue ?

— On dirait plutôt que c'est toi qui es aveugle, car il était vert !

Voyant un habitant du village passer par là, l'un des deux antagonistes l'interpela :

— L'animal que nous avons vu, n'est-il pas marron ?

— Oui, il est marron.

— Mais non, il est vert ! protesta l'autre.

— Oui, il est également vert, confirma le villageois.

Les deux hommes qui, un instant plus tôt, étaient sur le point d'en venir aux mains, se fâchèrent contre l'habitant. Ils s'approchèrent de lui en demandant de façon menaçante :

— Tu te moques de nous, n'est-ce pas ?

— Bien sûr que non ! Chacun de vous a vu un aspect différent de cet animal et vous avez tous les deux en partie raison. Moi qui passe ici très souvent, j'ai vu tous les aspects de cette petite bête qui vit dans ce palmier, car je l'observe attentivement depuis des années. Ici, on l'appelle « caméléon ».

Qu'est-ce qu'apprendre ?

De nos jours, il est extrêmement facile de trouver toutes sortes de moyens d'apprendre seul la pratique de la méditation, au risque de n'en voir qu'un aspect très limité. Il est donc utile de se questionner sur ce que signifie le terme « apprendre ».

Apprendre, c'est mettre en œuvre un certain nombre de mécanismes qui vont permettre l'acquisition d'un savoir, d'un savoir-faire ou d'un savoir-être. Dans l'immense majorité des cas, l'apprentissage du savoir est « un processus, pas un événement ». Si l'on peut apprendre les principales dates de la Seconde Guerre mondiale en une heure, sans n'avoir jamais connu la guerre, on n'apprend pas à marcher ou à parler en une heure. On ne connaît pas le bricolage parce qu'on a monté en une heure une bibliothèque suédoise livrée en boîte. On n'apprend pas à nager ou à conduire une voiture en une heure. Se comporter avec politesse, respect ou bienveillance ne s'inculque pas non plus en une heure. L'acquisition de tous ces savoirs demande du temps, des efforts et de la répétition.

Cependant, dans beaucoup de cas, avec une ferme volonté et beaucoup d'attention, il y a des savoirs qu'il est possible d'apprendre sans avoir besoin d'autre chose que des livres, des documents audio ou vidéo et une bonne dose de motivation. Des tas de gens ont ainsi appris par eux-mêmes, par exemple, à jouer d'un instrument, sans jamais prendre de cours auprès d'un professeur. Il faut quand même souligner le risque suivant: apprendre seul, c'est s'exposer au fait de prendre de (très) mauvaises habitudes que, à un certain stade, on devra peut-être désapprendre ou corriger pour pouvoir passer à l'étape suivante. Mais, je le répète, il est parfaitement envisageable d'apprendre certains types de savoirs *en toute autonomie*, tout particulièrement avec les technologies d'information que nous offre ce siècle.

Les 3 poisons

L'enseignement de la méditation n'étant pas réglementé, n'importe qui peut s'improviser instructeur et diffuser des cours audio ou vidéo au monde entier à partir des nouveaux médias. Il est donc possible d'apprendre seul, à l'aide de ces supports, mais avec toutes sortes de risques liés à la réalité de la pratique personnelle de l'enseignant, à la qualité de l'enseignement dispensé et aux intentions sous-jacentes qui peuvent être colorées par un ou plusieurs des trois poisons.

L'une des branches japonaises du bouddhisme, dont je m'inspire ici, expose que nous serions tous sous l'emprise de trois poisons d'où découlent toutes les illusions de la vie ainsi que tous nos fonctionnements négatifs : l'*ignorance*, la *convoitise* et l'*irritation*.

- L'ignorance, ou stupidité, est le poison principal, car il soutient les deux autres. De façon le plus souvent inconsciente, elle consiste à ignorer la nature essentielle de la vie. Il s'agit d'une cécité concernant la réalité de « l'interdépendance de tous les êtres ». Ces derniers, quelle que soit leur nature, sont des constituants nécessaires à la vie dans son ensemble. L'existence indéniable de l'interdépendance de toutes choses contient d'immenses possibilités qui, lorsque nous l'ignorons, obscurcissent fondamentalement notre capacité à comprendre l'essence de la vie et de tous les phénomènes.
- La convoitise est le deuxième poison. Notre besoin d'accomplissement le plus essentiel demeure à la fois dans le fait de faire l'expérience de notre nature profonde et dans celui d'agir en accord avec elle. En fonction des cultures et des courants, cet accomplissement est appelé « extase », « *satori* », « éveil » ou « illumination ». Le problème est que, étant sous l'influence de l'ignorance, nous cherchons à nous réaliser au travers du *faire* et de l'*avoir*, du pouvoir, de la notoriété, etc. La convoitise serait cette impulsion incontrôlée de satisfaire, à ses dépens ou à ceux d'autrui, des désirs éphémères. Une telle avidité ne peut produire au final que de l'insatisfaction et du malheur pour soi-même et pour les autres. La convoitise est le poison du bonheur et on peut comprendre comment il nie la réalité fondamentale de l'interdépendance.
- L'irritation est le dernier poison. C'est une impulsion qui naît au plus profond de l'ego. Elle s'exprime sur une échelle qui va du simple agacement jusqu'aux éclats de colère. Mais ce poison suinte

également à travers l'amertume, la méchanceté, la rivalité et l'esprit de domination ainsi que toutes les manifestations destructrices d'un ego blessé. Ce penchant agit évidemment également en défaveur de l'interdépendance.

Ces trois poisons détériorent, à n'en pas douter, notre aspiration au bonheur. Ils sabotent en coulisses notre compréhension de la nature de l'existence, ainsi que la qualité de notre enseignement et de nos apprentissages. Ils endommagent les rouages de notre relation aux autres et, au final, ils obscurcissent la lumière qui brille au cœur de chacun de nous. Un des signes qui confirme que ces poisons agissent dans l'ombre, c'est la propension que la plupart d'entre nous ont à pointer la source des problèmes à *l'extérieur d'eux-mêmes*. En s'additionnant avec chaque individu vivant dans l'inconscience de la réalité de l'interdépendance, ces problèmes deviennent, sur le plan social, la cause des rivalités, de l'asservissement, de la dévastation environnementale et des inégalités choquantes entre les gens.

Différencier savoir et connaissance

Je fais une différence entre les mots « savoir » et « connaître ». Certains vous diront peut-être l'inverse, mais, pour moi, le savoir est d'ordre *intellectuel*, alors que la connaissance est d'ordre *expérientiel*, de l'ordre de l'intime. Je peux tout savoir intellectuellement sur les trois cents espèces de bananes qui existent, mais ne connaître le goût que de trois ou quatre. Je peux tout savoir sur mon acteur préféré sans rien connaître de sa vie. Je peux tout savoir sur une destination de rêve sans rien connaître du terrain. Je ne dis pas que je sais mon épouse ; je dis que je la connais. Et il en est de même pour la méditation : je peux tout *savoir* sur la méditation sans rien *connaître*, faute de pratique, donc de connaissance intime, de ses effets concrets sur ma vie.

Enfin, puisque le sujet qui nous intéresse va au-delà de l'acquisition d'un savoir pour toucher à celui de la « connaissance de soi » – et non du savoir de soi –, il est bon de se questionner sur la principale difficulté que ce type de connaissance de soi soulève. Car la pratique de la méditation pleine conscience nous amène au plus près de nous-mêmes, à l'*intime de soi*. Et ce rapprochement, s'il est fait de façon inappropriée, peut nous conduire sur de faux chemins. Nous avons d'ailleurs souvent entendu dénoncer l'un des principaux écueils – lié au poison de la convoitise – sur lesquels nous pouvons nous échouer: celui de l'*instrumentalisation* de la pratique, c'est-à-dire l'utilisation de la méditation dans un objectif particulier, souvent lié au bien-être ou, dans le milieu entrepreneurial, à l'amélioration de la productivité.

Le chemin de la connaissance de soi est ardu et comprend de nombreuses étapes

Alors pouvons-nous apprendre à pratiquer la méditation pleine conscience seuls, sans nous illusionner à cause de l'un ou l'autre de ces trois poisons ? Qu'est-ce qui nous permet de savoir que nous parviendrons à échapper aux mauvais plis qu'un guide qualifié, un instructeur accrédité ou un maître de méditation pourrait nous aider à éviter ?

Eh bien, je crois que *rien* ne permet de l'affirmer !

Ceci dit, il me semble tout de même que, comme quand nous voulons apprendre à pratiquer certaines choses, un bon professeur, tuteur ou maître d'apprentissage s'avère utile sur le chemin car il existe toujours des étapes. Voici celles qui me semblent incontournables en matière de méditation pleine conscience :

- La première consiste à « être présent à soi-même », et cela soulève toutes sortes d'interrogations, dont j'ai déjà parlé en détail avec les vingt et un piliers, en matière d'*attitudes*, d'*obstacles* et de *fruits* dans la pratique.
- La seconde, à se « familiariser avec son esprit », avec la nature impermanente de tous les phénomènes et avec tout ce qui apparaît dans la lumière et qui était masqué par l'ignorance. Cette étape contient deux sous-étapes :
  - Faire de la pratique formelle une « hygiène quotidienne », pour ne pas dire une discipline, qui nous transforme petit à petit en

nous aidant à mieux nous connaître et à développer certaines qualités.

- Et « transposer ce qui a été appris » dans la pratique formelle au plus grand nombre possible de *gestes quotidiens*, grâce à toutes les pratiques informelles, et de façon à ce que tous les aspects de notre vie deviennent une pratique en soi. La pratique devient alors un art de vivre et un exemple incarné pour nos proches.

• La troisième étape consiste, peut-être – car ce n'est ni un but ni un objectif – à « transmettre ce qui a été appris et intégré à d'autres ». Cela suppose d'avoir rencontré son maître intérieur, d'avoir démasqué les mécanismes de son ego afin de se mettre réellement au *service* des autres et de ne pas profiter d'une éventuelle *position de pouvoir*. C'est vous, votre plus grand maître. Votre maître ou guide extérieur n'est qu'un conseiller. Seul votre maître intérieur vous accompagnera tout au long de votre chemin, car c'est lui qui est votre véritable destination.

Il y a beaucoup de choses que nous pouvons découvrir par nous-mêmes à propos de la méditation, et c'est très bien. En même temps, la présence d'un observateur expérimenté, d'un guide qualifié nous sera toujours d'une grande utilité à différentes étapes du chemin, car il peut nous aider à mieux percevoir tous les aspects d'une pratique qui se manifeste à nous sous bien des formes différentes, comme le caméléon.

QUESTION 16

La méditation change-t-elle quelque chose à la qualité de nos relations ?

Le monde moderne met beaucoup l'accent sur l'accomplissement personnel, le développement personnel, la réalisation personnelle, le succès personnel, l'ambition personnelle, la possession personnelle, le bien-être personnel, etc. Il est très clair, en tout cas pour moi, que le fait de ne penser qu'à soi et à ses intérêts est le fruit de l'égoïsme. Cela tourne même à l'égocentrisme, qui consiste à se reconnaître dans le regard d'autrui, en se prenant pour le centre du monde, mais en sélectionnant scrupuleusement son entourage, un peu comme un seigneur constituant sa cour d'admirateurs. Bref, qu'on soit égoïste ou égocentrique, c'est toujours l'ego – le moi individuel et ignorant de la réalité de l'interdépendance – qui compte plus que tout.

Bien qu'il n'y ait rien de mal – au contraire – à *prendre soin de soi* et à faire une priorité de sa personne, cette stratégie – si elle devient vraiment égoïste ou égocentrique – fonctionne assez mal dans de nombreux contextes, en particulier sur le long terme. La raison en est assez simple finalement : nous, les humains, sommes des créatures sociales et nous avons généralement un besoin naturel et intrinsèque d'être connectés à nos semblables. En fait, il semble même que nos cerveaux soient *paramétrés* pour être connectés les uns aux autres, comme le suggère l'existence des « neurones miroirs », cette famille particulière de neurones qui semblent essentiels à la cognition sociale et jouent un rôle clé dans le déchiffrage des émotions d'autrui.

Par ailleurs, à moins que vous ne viviez comme un ermite, non seulement les relations humaines sont omniprésentes autour de vous, mais elles ont un *impact direct* sur votre sentiment de satisfaction dans la vie et sur votre sensation de bien-être général. On sait aujourd'hui que la qualité du lien social joue un rôle majeur dans le *bien-vieillir* et permet d'éloigner la perte d'autonomie. Il semblerait donc bien que, pour l'immense majorité d'entre nous, la vie n'ait de saveur que lorsque nous sommes *en relation avec les autres.*

Ainsi, il est impératif que nous apprenions à prendre soin de nous et, en même temps, à *nous connecter* aux émotions, aux pensées et surtout aux personnes qui sont présentes autour de nous, que ce soit de façon régulière ou occasionnelle. Il se trouve que la pratique de la méditation pleine conscience est une magnifique façon de cultiver notre capacité à être présent à nous-mêmes et aux autres à chaque instant, sans porter de jugement. Elle développe certaines qualités, comme la paix intérieure, l'amour altruiste, la compassion, l'empathie et la gratitude. Autant de qualités qui facilitent le détachement de l'ego en donnant à notre vie son sens le plus noble : nous transformer pour mieux transformer le monde. Tout cela ne peut que faciliter le développement de relations interpersonnelles plus solides et de meilleure qualité.

Nous savons aujourd'hui, grâce à la recherche, qu'il suffit de pratiquer la méditation pleine conscience pendant huit semaines pour modifier positivement le cerveau de plusieurs manières. Cette pratique développe notre empathie et nous permet de reconnaître plus rapidement les comportements impulsifs et destructeurs. Elle facilite également la résolution des conflits en nous aidant à être moins réactifs aux facteurs déclencheurs du stress dans nos relations et dans la vie en général. Et il y a aussi, nous l'avons vu, des changements dans la structure du cerveau qui nous aident à mieux vivre les relations humaines.

Grâce à la pratique, le centre de détection et d'alarme du cerveau, l'amygdale, se régule et s'apaise, et la connexion entre elle et le cortex préfrontal s'améliore. Cela réduit les émotions de peur et de colère et entraîne une diminution des phénomènes d'*escalade émotionnelle.* Nous percevons moins les comportements des autres comme des menaces pour notre sécurité ou notre bien-être. Avec un cerveau moins anxieux, nous nous laissons moins envahir et contaminer par toutes les formes de mauvais stress qui ont, ensuite, des conséquences sur nos relations.

La pratique de la méditation pleine conscience renforce notre cortex cingulaire antérieur – une partie du cerveau associée à la perception de soi, à la régulation de l'attention et des émotions, à la flexibilité cognitive et à la capacité de voir les choses sous un angle différent. Cela signifie que, plutôt que de *rester rigides* dans certaines perceptions au sujet de nos relations passées ou présentes, nous nous *adaptons au changement*. La pratique de la méditation pleine conscience nous aide à nous calmer et, surtout, à reconnaître et à cesser nos comportements réflexes, nos automatismes, par exemple lorsque nous cherchons à contrôler une relation ou à éviter l'intimité. Elle nous aide à nous changer plutôt que d'attendre que le changement vienne des autres. Elle nous permet de nous adapter avec plus de facilité aux changements relationnels.

Enfin, la méditation pleine conscience développerait également le cortex insulaire, ou insula, une zone encore mal connue du cerveau, associée à la conscience émotionnelle et à l'empathie. Par la méditation, nous devenons plus conscients de nos émotions et de celles des autres, ce qui nous rend *moins irritables* et *plus résistants* au stress relationnel. Cela peut engendrer plus de générosité et de bienveillance, voire plus d'amour authentique. Lorsque nous percevons le comportement des gens de notre entourage dans le contexte plus large de leur vécu personnel passé et actuel – sans forcément l'accepter aveuglément – il devient plus aisé de comprendre certaines attitudes, voire de les pardonner.

Grâce à la pratique régulière de la méditation pleine conscience et à ses effets sur le cerveau, nous réduisons notre niveau de stress général et le mauvais stress relationnel, ce qui permet d'éviter plus facilement les situations d'escalade émotionnelle.

La pleine conscience est, en fin de compte, une approche de la vie qui nous invite à être plus proches de nous et plus proches de tout ce qui nous entoure. Le fait d'être pleinement présent à l'instant peut donc grandement *améliorer la qualité de nos relations*. Mais comment pouvons-nous y arriver concrètement ? Voici quelques exemples.

- S'exercer à être pleinement présents à ce qui se joue en nous dans les moments inévitables de tension ou de conflits, pour ne pas nous laisser emporter par nos *réactions*, mais plutôt pour *proagir*, en conscience, en répondant avec une attitude que nous ne regretterons pas parce qu'elle correspond à nos valeurs et à la personne que nous souhaitons être pour nos relations ;
- être attentifs au *langage corporel* de nos relations, à leurs expressions faciales lorsque nous leur parlons, car si nous sommes pleinement présents à leurs réactions non verbales, cela facilite une meilleure communication ;
- remarquer comment les autres réagissent à nos comportements. Pratiquer la pleine conscience ne consiste pas uniquement à être attentif à nous-mêmes, mais aussi à ce qui se passe dans notre environnement immédiat ;
- décider, à table, d'éteindre notre téléphone intelligent le temps de cet échange particulier qui se produit quand nous partageons un repas avec quelqu'un ; d'autant plus qu'en étant pleinement attentifs aux personnes qui nous entourent, nous leur faisons comprendre qu'elles sont *importantes pour nous* ;
- être totalement conscients quand nous accomplissons une activité avec nos relations, comme faire du sport, jouer à un jeu de société ou marcher dans la nature, et apprécier ces *moments de complicité* qui s'ajoutent à tous les bons souvenirs que nous aurons vécus dans notre vie et qui peuvent aussi être de belles occasions d'ouvrir notre cœur avec authenticité ;
- être présents à ce que nous dit notre partenaire de vie sans chercher à lui donner des solutions ou à systématiquement lui expliquer ce que nous ferions à sa place ; simplement présents dans l'écoute attentive et empathique à ce qui est exprimé par la personne que nous écoutons, une attitude qui nous permet de nous rencontrer vraiment et d'apprendre à nous connaître chaque jour un peu plus.

Pouvez-vous imaginer à quel point ces différentes propositions pourraient améliorer la qualité de votre relation avec vous et de vos relations avec les autres ?

QUESTION 17

Quelle aide peut apporter la méditation pleine conscience dans les moments de souffrance ?

Une trentaine de personnes se suicident chaque jour en France, une dizaine au Canada. Le suicide provoque beaucoup plus de décès que les accidents de la route. On évalue entre dix et vingt millions le nombre de personnes qui font une tentative de suicide chaque année dans le monde. Dans les pays occidentaux, les hommes se suicident de trois à quatre fois plus que les femmes, mais celles-ci sont plus nombreuses à déclarer avoir déjà pensé au suicide. Cette différence s'expliquerait en partie par les modes de suicide utilisés : la prise de médicaments, à laquelle ont davantage recours les femmes, entraîne moins souvent le décès que les méthodes plus violentes généralement choisies par les hommes.

Il n'est pas utile ici de rentrer plus avant dans ces statistiques macabres, mais, pour lutter contre ce fléau, il est essentiel d'en parler. En effet, beaucoup d'entre nous qui n'avons jamais pensé au suicide sérieusement ni fait aucune tentative sont touchés par ce phénomène. Moi-même, j'ai perdu mon papa de cette façon et, à ma connaissance, au moins un autre membre de ma famille proche. J'ai connu également plusieurs personnes qui ont mis fin à leur existence de cette manière. Lorsque quelqu'un part ainsi, c'est un double désastre. Non seulement cela interrompt prématurément une vie, mais cela ébranle également la vie de ceux qui restent et cherchent à comprendre ; en luttant parfois pendant des années contre des sentiments de chagrin, de confusion, de colère, d'impuissance, d'incompréhension et de culpabilité. Nous pensons que nous n'avons pas pu dire au revoir à cette personne ou que nous aurions peut-être pu ou dû « faire plus ». Nous sommes choqués et, en raison de la *stigmatisation* entourant le suicide, il est difficile pour les membres de la famille de parler *ouvertement* de ce qui s'est passé. Certaines familles entretiennent ainsi des secrets qui pèsent sur la vie familiale parfois pendant plusieurs générations.

À cause de l'émoi qu'un suicide laisse dans son sillage, beaucoup de gens le décrivent comme un « acte égoïste ». J'ai moi-même pensé cela pendant des années au sujet de mon père. À chaque grande occasion de ma vie, j'aurais aimé qu'il soit là, quand j'ai passé mon bac, quand j'ai eu mon permis de conduire, quand j'ai reçu mon diplôme à la fin de mes études commerciales, quand je me suis marié, quand j'ai eu mes enfants. À chacune de ces étapes, sa présence m'a manqué. J'ai parfois ressenti du rejet et de l'abandon quand j'aurais aimé recevoir approbation et soutien. J'ai longtemps pensé que mon père était un lâche et qu'il n'avait pas su faire face à ses responsabilités.

Cependant, les personnes ayant eu des pensées suicidaires provoquées par un épisode de dépression majeure ont une explication très différente. Elles choisissent la mort parce que la souffrance physique ou psychique est si dense, si aiguë, si intolérable qu'il arrive un moment – qui est différent selon le seuil de tolérance de chaque personne à la douleur et le soutien dont elle dispose – où « cesser de souffrir devient plus important que continuer de vivre ». Dans le cas de mon père, il s'agissait d'une souffrance psychique présente depuis l'enfance, d'une série de mauvais choix de vie et d'une accumulation de gros problèmes financiers.

À part quelques individus qui « pètent un plomb » et décident de tout quitter sur un coup de tête apparent, l'immense majorité des gens ne vivent pas de « crise existentielle ». Ils font plutôt face à des périodes charnières, des *transitions* qui se vivent souvent dans l'intériorité et ne font pas de gros dégâts à l'extérieur. Hommes et femmes ne vivent pas les choses de la même façon. La biologie des femmes les confronte au passage inévitable de la ménopause, alors que l'andropause, beaucoup plus discrète en général, permet aux hommes d'être féconds jusqu'à un âge beaucoup plus avancé. En fait, ce sont donc plutôt les circonstances de la vie qui nous amènent, souvent contre notre gré, dans des périodes de transition : un licenciement, un deuil, le diagnostic d'une maladie grave ou un divorce, par exemple.

S'installe alors un état de *mal-être*, une impression de ne pas être ou de ne plus être à *sa place*. C'est un sentiment très profond qui, contrairement à ce que nous pouvons penser ou ressentir, est le préalable à un mouvement vital qui nous pousse vers l'accomplissement, c'est-à-dire vers l'intégration de nos ombres et, donc, vers l'unité ou la complétude avec nous-mêmes. Toute la première partie de notre vie est généralement tournée vers l'*extérieur*. Nous construisons notre vie sociale, nous nous faisons une place dans le monde au travers de la possession et de l'acquisition de savoirs, d'un statut, de biens matériels, d'une famille. Et puis, à mi-vie, nous constatons que le mouvement s'inverse : il y a comme un retour à nous, vers nous, en nous avec le désir de donner plus de sens en nous tournant vers l'*intérieur*. Il y a une prise de conscience que quelque chose manque au tableau et une *envie d'essentiel*. Un matin, nous réalisons qu'une certaine angoisse nous accompagne, qu'il y a un sentiment de vide à combler.

Faire face à la souffrance psychique et au sentiment de désespoir qu'elle provoque est une *compétence* qui s'apprend. Lorsque nous souffrons beaucoup, que ce soit d'une migraine ou de pensées suicidaires, la douleur physique ou psychique *domine* toute notre conscience. Il devient difficile de se souvenir d'un moment où la détresse était absente et il est encore plus difficile de croire qu'elle finira, comme tout le reste, par *disparaître*. C'est comme si le passé et le futur étaient grossièrement gommés dans un présent indésirable. Les victoires pourtant durement acquises s'estompent ainsi que l'espoir dans un meilleur avenir. Nous restons bloqués dans notre misère, et chaque instant vécu devient intolérable.

Mais la pratique de la pleine conscience nous montre un fait très important concernant la nature de la douleur : si nous pouvons libérer notre jugement de notre douleur, en l'observant, tout simplement, nous remarquons qu'elle vient par vagues ! Et pas seulement sur des périodes de quelques semaines, quelques jours ou quelques heures, mais aussi d'instant en instant. C'est comme un mécanisme de protection intégré à la relation corps-esprit, car si la douleur était à son intensité maximale sans aucune interruption, nous ne survivrions pas. Le mécanisme intègre donc des *espaces*, entre chacune de nos sensations, qui nous permettent de « souffler un peu ».

Sans la pratique, il nous est impossible de distinguer ces espaces, ces vagues de douleur avec des sommets et des creux qui passent instant après instant. Pour réduire la perception de la douleur, nous devons « désaccoupler », détacher les sensations du corps avec les pensées que nous avons à leur sujet. Car il y a deux niveaux de ressentis : le premier est *physiologique* et concerne la douleur physique telle qu'elle existe de façon brute ; le second est *psychique* et concerne la souffrance mentale qui provient de l'interprétation du premier niveau.

Parce que si nous pensons « cette douleur me tue » ou « il n'y a rien que je puisse faire au sujet de ma souffrance » ou « toute cette misère durera éternellement », chacune de ces pensées désespérées crée une réaction neurochimique dans notre cerveau qui augmente notre perception de la douleur, laquelle renforce notre interprétation de la souffrance et entretient donc notre détresse. C'est un cercle vicieux et c'est exactement comme si la souffrance psychique devenait une pratique spirituelle.

Or, la pratique de la pleine conscience nous permet précisément d'intervenir au second niveau, celui de l'interprétation, du jugement, du commentaire, en nous entraînant à reprendre un certain contrôle sur nos émotions, nos ressentis et nos pensées. Pensez à votre anxiété, à votre angoisse au sujet de la vie ou à votre dépression comme à une grande vague qui approche. Lorsque la vague vous touche, voyez comment vous pouvez « monter dessus », surfer sur elle, en vous focalisant sur votre respiration. Respirez avec la vague et dans ses sensations. Inspirez et expirez tout en étant attentif au rythme de votre respiration. N'essayez pas d'analyser ce qui se passe, ne commentez pas, ne jugez pas. Il vous suffit de respirer. Il ne s'agit même pas d'essayer de ne plus souffrir, mais plutôt d'être pleinement présent à chaque souffle.

Avec de la pratique régulière et du temps, vous pouvez apprendre à vous relier différemment à votre douleur, sans vous *identifier psychiquement* à elle. En attendant ce jour, vous pouvez trouver plus d'équilibre intérieur et de paix dans les situations de vie difficiles en vous reliant à votre respiration. Vous pouvez travailler et vivre avec la douleur physique ou psychique sans lui attribuer plus de place et d'importance que nécessaire. Elle peut être présente sans pour autant devenir le centre de votre vie. Si vous reconnaissez son existence, en l'accueillant pour ce qu'elle est, sans la juger, sans la rejeter ni vous y attacher, finalement, les eaux émotionnelles turbulentes finiront par redevenir plus calmes. Il y a quelque chose de transformateur qui se met en marche lorsque nous adoptons cette attitude vis-à-vis nos douleurs physiques, émotionnelles ou mentales.

Bref, personne n'aime se sentir mal. Ce genre d'état est difficile à supporter et il est tout à fait légitime et compréhensible de vouloir que la douleur physique ou psychique cesse le plus rapidement possible. Lorsque vous vivez des périodes de transition, accompagnée d'un certain mal-être ou d'une forme de déséquilibre, dites-vous que *c'est une bonne chose*. Il y a, en effet, une part de vous, au plus profond de votre être, qui demande à changer quelque chose de fondamental, de vital pour votre équilibre et pour votre bien-être. Et si vous avez le sentiment d'avoir touché le fond de la vallée, c'est le signal que c'est le moment de rebondir et de remonter vers le sommet. Faites la liste de toutes vos victoires et réalisations passées et affichez-la quelque part chez vous, bien en vue. Gardez confiance ! Vous avez traversé d'autres vallées…

Plutôt que de craindre cette période délicate, accueillez-la. Faites comme si vous receviez un ami insistant pour que vous l'écoutiez sans lui donner de prétextes ou de fausses excuses pour ne pas voir ce que vous devez voir et ne pas entendre ce que vous devez entendre. Cet ami vous encourage à faire des changements importants que vous ne feriez probablement pas autrement. Ce faisant, vous verrez les choses différemment et vous comprendrez que vos douleurs physiques et psychiques ne sont pas le vrai problème. C'est le regard que vous leur portez qui est le vrai problème. Et ce regard ne dépend que de vous.

QUESTION 18

Faut-il beaucoup plus de temps pour tout faire en pleine conscience ?

Quelle est donc cette pensée ou cette émotion qui amène certains d'entre nous à penser qu'il faut beaucoup plus de temps pour faire les choses en pleine conscience ?

Certes, au départ, il faut mettre des efforts pour sortir du mode zombie ainsi que de la volonté pour effectuer des activités en pleine conscience. Mais pourquoi cela prendrait-il « beaucoup plus de temps » ? Cela prenait-il plus de temps à nos ancêtres, lorsqu'ils étaient pleinement conscients du rugissement tout proche du prédateur, pour prendre leurs jambes à leur cou et détaler comme des lapins ? Cela prend-il plus de temps au sportif pleinement conscient de son geste pour renvoyer la balle de l'autre côté du terrain ? Il paraît clair, selon moi, que le fait d'exercer notre aptitude à la pleine conscience demande une *intention claire*, de la *volonté*, mais certainement pas « plus de temps ».

Cela ne me prend pas plus de temps de ressentir la sensation de ma main posée sur la poignée de la porte que je suis en train d'ouvrir. Cela ne me prend pas plus de temps de ressentir l'eau sur ma peau quand je me douche ou d'être pleinement présent à table avec mes enfants pendant le repas. Cela ne me prend pas plus de temps d'être attentif à ma respiration dans la salle d'attente du médecin ou assis sur le siège du bus qui me conduit au travail.

En fin de compte, je le dis souvent, la pleine conscience est moins une technique qu'une *façon d'être*. C'est un *art de vivre*, une décision consciente de « voir la vie sous un autre angle », à chaque seconde qui passe, et d'*agir dans l'instant* en étant pleinement présent. C'est un style de vie qui facilite la sortie des modes *avoir* et *faire*, la sortie du mode pilotage automatique, que nous adoptons tous inconsciemment, en entraînant le mode *ressentir*. La pleine conscience nous aide à mieux nous relier à nos émotions difficiles, comme la colère, la peur, le dégoût ou la tristesse. Pratiquer en pleine conscience aussi souvent que possible ne nous rend pas plus lents, mais plus présents. Elle ne fait pas de nous des tortues ou des paresseux. En fait, c'est exactement le contraire : la présence attentive à soi, à l'autre et à la vie permet d'aller beaucoup plus vite à l'essentiel et, donc, de *gagner du temps*.

Pour retrouver du temps et apprendre à en gagner, nous pouvons appliquer la pratique formelle et les pratiques informelles dont j'ai parlé au chapitre 4 et à la question 10.

Décidez d'être présent aussi souvent que possible en prêtant réellement attention à ce que vous faites et vous constaterez vite le temps que vous gagnez. Considérez que c'est un entraînement, car c'en est un ! En effet, plus vous vous entraînerez, plus vous serez préparé à vivre pleinement votre vie, telle qu'elle se déroule dans la présence à l'instant, où que vous soyez et quoi que vous fassiez. En posant vos clés de voiture sur l'étagère de la cuisine, soyez conscient de votre geste et des sensations qui l'accompagnent. Cela vous évitera de perdre du temps à les chercher partout dans quelques heures. Cela vous fera gagner bien plus de temps que vous l'imaginiez avant de commencer et, en plus, tout vous paraîtra plus lumineux, plus intense et avec plus de relief.

QUESTION 19

Il semble que méditer en pleine conscience consiste à être attentif aux sensations, mais qu'en est-il des autres sens, en particulier, de l'intuition ?

Notre véritable demeure n'est pas dans le passé. Notre véritable demeure n'est pas dans le futur. Notre véritable demeure est notre corps, à l'instant et à l'endroit où nous sommes. La vie est disponible uniquement dans l'ici et le maintenant. Et cet ici et maintenant n'est accessible et expérimentable qu'au travers de notre corps, qui ne vit ni dans le passé ni dans le futur. Un corps qui nous suit partout, où que nous soyons, et dans lequel nous habitons. L'instant présent est donc le *terrain de jeu* de notre seule véritable demeure, notre corps.

La pleine conscience, c'est à la fois l'*aptitude* et la *pratique* nous permettant de reconnaître que toutes les conditions de bonheur sont *déjà* présentes dans notre vie, ici et maintenant. Il est présent à chaque seconde du quotidien. Nous sommes en vie, mais nous n'en sommes pas toujours conscients. Il suffit pourtant de prêter attention à notre respiration, d'être présent au souffle qui entre et qui sort, pour toucher le miracle d'être en vie. C'est pour cette raison que l'attention à l'instant présent est une source de bonheur et de joie. Un bonheur qui passe par la « présence aux sensations » – une pratique basique dans la méditation de pleine conscience – mais qui ne s'arrête pas là. Si les sensations sont bien liées aux cinq sens, le champ d'exploration va bien au-delà.

D'ailleurs, qui a dit que nous n'avions que cinq sens ? C'est Aristote qui, il y a plus de deux mille trois cents ans, a recensé, dans son traité *De l'âme*, ce qu'il considère comme « les seuls » sens humains. Chaque sens, explique-t-il, est associé aux cinq éléments : la terre, l'eau, le feu, l'air et l'éther ou quintessence. Puisque, dans la conception du monde que défend ce philosophe, il n'existe que cinq éléments, il ne peut y avoir plus de sens… Toute notre histoire occidentale va se construire sur cette idée selon laquelle nous ne possédons qu'un nombre limité de sens nous permettant de connaître le monde réel.

Ces cinq sens, tout le monde peut les citer facilement. Ce sont ceux que certains appellent les « sens externes » : la vue, l'ouïe, le toucher, l'odorat et le goût. À de rares exceptions près, ils semblent communs à tous les êtres humains. Nous pourrions même penser qu'ils sont communs à toute la classe des mammifères à laquelle nous appartenons en tant qu'espèce. C'est là que les choses se compliquent, car, depuis Aristote, nous avons fait bien des découvertes qui peuvent remettre en question l'idée que nous ne disposions que de cinq sens.

Pour commencer, l'ouïe pourrait être un cinquième sens *et demi*. En effet, il existe une capacité particulière, proche de l'ouïe, que l'on appelle l'« écholocation ». Cette aptitude permet d'évaluer la distance entre soi et un objet. Cette perception se produit à travers la vitesse de réémission d'un son qui rebondit sur les objets qui occupent l'espace environnant, comme un écho. Il a été scientifiquement prouvé que certains non-voyants se servent de cette capacité, à différents degrés et de façon plus ou moins consciente, pour s'orienter dans leur environnement.

Mais ce n'est pas le seul sens qu'Aristote ignorait. À l'heure où j'écris ces lignes, nous entrons actuellement dans une période de canicule. Or, notre aptitude à percevoir la température, la « thermoception », est un sixième sens qui est régulièrement sollicité chez la plupart des animaux. Complètement indépendants du toucher, la plupart des récepteurs réservés à cette capacité se trouvent dans notre épiderme. Mais des capteurs thermiques existent également à l'intérieur de notre corps, comme on peut facilement le constater en dégustant une boisson chaude.

Encore autre chose qu'Aristote ignorait: la « nociception », ou capacité à percevoir la douleur. Nous ne réalisons pas à quel point, dans la majorité des cas, nous avons de la chance d'avoir mal, car, même si cela n'est pas agréable, la douleur nous renseigne sur des aspects vitaux de notre vécu. C'est très certainement parce nous ressentons la douleur que nous demeurons en vie! Je vous invite à méditer là-dessus. En effet, la perte de sensibilité à la douleur est très dangereuse, car l'organisme, agressé de l'intérieur ou de l'extérieur, ne sait pas qu'il doit réagir. Cette absence de réaction peut être mortelle, et ce septième sens nous préserve.

Mais ce n'est pas fini: c'est une aptitude extraordinaire qui vous permet de trouver l'équilibre lorsque vous vous déplacez en marchant ou que vous êtes simplement assis sur une chaise. Le sens de l'équilibre, qu'Aristote ignorait, s'appelle « équilibrioception ». Ce huitième sens est très souvent associé à la vue et au toucher. Pourtant, il permet de faire de nombreuses choses dans l'obscurité ou les yeux fermés, comme marcher sur la pointe des pieds sans tomber.

Cette liste, estiment certains chercheurs, est encore incomplète: la proprioception, ou le sens kinesthésique, vous permet de percevoir et de repérer vos membres et organes sans utiliser votre vue. Ce neuvième sens, bien connu des services de police, se détraque sous l'effet de l'alcool. Un dixième sens est souvent ajouté: la « faim ». Il y a aussi le fait que nous pouvons ressentir notre tension musculaire – un onzième sens que les spécialistes nomment la « toniception ». Et la liste n'est probablement pas terminée. Grâce à des signaux nerveux qui alertent notre cerveau, nous sommes aussi capables de ressentir le manque d'air ou une chute de tension. Et qu'en est-il de la soif, qui nous permet de nous renseigner sur les niveaux d'hydratation de notre corps? Nous pourrions aussi ajouter la sensation de démangeaison, que les méditants connaissent bien et qui possède ses récepteurs spécifiques.

En bref, ce qu'il faut retenir, c'est que nous sommes – nous, les humains – connectés au réel par bien plus de sens que nous le pensons. Il serait beaucoup trop long d'aborder ici tous les autres sens, ceux qu'on appelle les « sens internes », notamment la *sensibilité*, l'*attention*, la *conscience de soi*, l'*intention*, l'*imagination* et l'*intuition*, dont parlent de nombreux auteurs, depuis Avicenne le Persan jusqu'à Kant en passant par saint Thomas d'Aquin ou saint Jean de la Croix. Pour ma part, je dis souvent que l'attention, l'intention et l'intuition sont les trois sens internes que nous développons dans la pratique de la méditation pleine conscience.

Je ne dirai ici que quelques mots sur l'intuition. Pour vous et moi, il s'agit d'une *petite voix intérieure* – qui sait avec une certitude fulgurante ou qui s'impose avec une réaction corporelle plus ou moins intense. On apprend à la reconnaître plus souvent grâce à la pratique qui consiste à porter *intentionnellement* son *attention* sur ce qui émerge dans la conscience, instant après instant. Les plus réceptifs aux messages de leur corps savent naturellement tenir compte de leur intuition, mais l'immense majorité des gens la refoulent ou l'ignorent. Même si son origine est un mystère, les neurosciences reconnaissent aujourd'hui qu'elle peut grandement faciliter notre vie. L'intuition, qu'on appelle souvent le « sixième sens », n'a rien de magique. Ce n'est pas un don réservé à quelques élus, mais une faculté naturelle disponible en chacun de nous et que nous pouvons entraîner, elle aussi, comme un muscle.

D'après ce que nous savons à l'heure actuelle, une partie de notre cerveau est spécialisée dans le raisonnement et gère nos apprentissages. Une autre est plutôt dédiée à l'émotion, la relation et la créativité. Cette dernière est en mesure de sortir des contraintes logiques répétitives. En fait, notre intuition serait liée à cette aptitude que nous avons à trouver des réponses et des solutions en dehors de tout « raisonnement rationnel ». Dans ce dernier cas, ce sont nos sensations et nos ressentis qui forment une sorte de certitude corporelle sur la bonne direction à prendre. Car l'intuition suit en quelque sorte le chemin de ce que j'appelle le « corps qui sait ». Elle est, pour ainsi dire, connectée à notre banque de données sensorielles et elle détecte, comme une boussole interne, les moindres fluctuations de notre champ de perception en nous indiquant notre « vrai nord ». Nous savons ainsi la bonne direction à prendre ou l'action juste à accomplir, sans nécessairement que nous comprenions, par l'intermédiaire de l'analyse, ce qui nous pousse à agir ainsi, mais en sachant dans nos tripes que c'est ce qu'il faut faire ou ne pas faire.

Tout commence dans la pratique formelle assise, alors que vous êtes attentif à chacune de vos sensations, de vos émotions, que vous prêtez attention à vos ressentis et êtes simplement présent à ce qui est là pour vous, dans l'immobilité. Développer votre capacité d'attention et de concentration est la base *fondamentale* et *incontournable* de la pratique de la méditation pleine conscience. Cela s'élargit ensuite à l'entraînement de votre attention aux cinq sens de base, que sont la vue, l'ouïe, le toucher, le goût et l'odorat, dans chacune de vos activités quotidiennes. Entraînez votre vue, par exemple, en laissant de côté les gadgets électroniques qui vous coupent de l'instant présent. Laissez votre téléphone à la maison et allez marcher près de la nature. Beaucoup marchent avec l'esprit englué dans leurs pensées, sans même s'en rendre compte. Voyez comme le ciel est beau et remarquez comment les ombres dansent au soleil à travers les branches des arbres.

Il y a tellement de bruit en nous que nous faisons rarement attention à tout ce que nous entendons. Au lieu d'utiliser l'audition sélective et de vous concentrer uniquement sur un son, fermez les yeux, ouvrez grand vos oreilles et permettez-vous d'absorber tous les sons autour de vous : le bruissement du vent dans les feuilles, le craquement des feuilles sèches sous vos pas ou le tintement des clochettes du collier d'un chien qui se promène. Baignez-vous dans tous les sons qui vous entourent, comme si vous vous immergiez dans un océan sonore.

Toutes ces choses que vous touchez chaque jour sans y être attentif, à moins qu'elles ne procurent une sensation désagréable, comme une piqûre ou une brûlure. Prenez conscience de tout ce qui touche votre corps : de la texture du papier de ce livre entre vos doigts ou de celle de votre liseuse numérique, de la chaleur du soleil sur votre visage, de la fraîcheur de l'eau qui coule entre vos mains, du toucher de l'herbe sous vos pieds nus, de la sensation du crayon que vous tenez entre vos doigts. Sentez le tissu de votre chemise ou de votre pantalon touchant votre peau.

Quant à notre odorat, c'est un tel cadeau ! Alors, suivez ce conseil à la lettre : autorisez-vous à vous arrêter et à sentir tout ce qui vous passe entre les mains ou sous le nez ! Sentez l'odeur du savon sur votre peau pendant la douche. Sentez l'odeur de l'humidité après la pluie, l'odeur du café, du pain grillé ou de la confiture. Chaque fois que vous mangez ou que vous buvez, soyez vraiment attentif au goût de ce que vous mettez dans votre bouche. Comment est-ce ? En être conscient lorsque vous l'avalez change tout.

En vous basant sur ces expériences sensitives et terrestres, vous vous réincarnez dans votre corps et apprenez à savourer l'instant présent. Comme le montrent les études scientifiques, cela a de nombreux effets bénéfiques sur votre esprit et votre corps. Souvenez-vous que vous n'avez pas obligatoirement besoin d'un coussin de méditation pour faire preuve d'attention. Permettez simplement à votre corps de recevoir, de percevoir ce qui est là. Régalez-vous à chaque instant de tous les cadeaux merveilleux qui vous entourent, *en écoutant vos sens.* C'est la première étape sur le chemin de la connaissance de soi et un premier pas sur celui du développement de votre intuition.

Il est clair, pour moi en tout cas, que la pratique de la pleine conscience *facilite* l'entraînement de ces *aptitudes sensorielles.* Les personnes les plus intuitives sont celles qui les ont développées. Si nous apprenons comment prêter attention au *corps qui sait*, aux sensations présentes et aux messages que nous transmettent nos émotions, nous entrons, pour ainsi dire, en résonance avec nous-mêmes, avec les autres et avec la vie. Il devient alors plus facile de ressentir et même de pressentir des choses et des événements. Nous sommes comme *avertis* de dangers ou de circonstances et cela contribue à notre épanouissement, à notre bonheur et, peut-être même, à notre *sens de l'humour*, que je n'avais pas encore cité.

Aux endroits où règnent l'agitation et la confusion dans notre vie, entraîner notre intuition, en apprenant à être présents à nos ressentis, peut être une boussole précieuse, une invitation à la liberté. Ça peut être une occasion de devenir les créateurs de notre vie en modelant notre quotidien au plus près de nos besoins réels, de nos compétences et de nos aspirations. Lorsque cela se produit, cela nous permet de développer le plus important de tous nos sens et le moins présent dans toute l'espèce : *le bon sens.*

QUESTION 20

Quel intérêt y a-t-il à méditer en groupe ?

La plupart des difficultés que nous rencontrons sont celles par lesquelles tout le monde passe, mais nous nous demandons souvent si nous sommes les seuls à vivre ce genre de défis. D'où l'intérêt de joindre une communauté de pratiquants qui, autant que possible, favorise les échanges. Cela permet de constater que ce qui nous pose problème est en fait le *lot commun*.

Il me semble évident que la méditation pleine conscience est une pratique *solitaire* qui consiste à descendre de plus en plus profondément dans le secret de sa conscience afin d'y découvrir le mystère de la présence. Aucune autre personne que nous ne peut entreprendre ce voyage et aucune autre personne ne peut réellement nous accompagner, instant après instant, dans ce voyage.

Tout au plus pouvons-nous être guidés par quelqu'un qui a entrepris cette exploration pour lui-même et qui en est revenu avec certains éléments de compréhension pouvant être partagés, mais devant toujours être confirmés, au bout du compte, par l'expérience individuelle. Sans doute est-ce pour cette raison que le Bouddha Gautama a dit : « Doutez de tout et surtout de ce que je vais vous dire. » Il s'agissait d'un signal fort donné à ses disciples, leur rappelant, d'une part, de tester et de confirmer par eux-mêmes les enseignements au travers de l'expérience personnelle et, d'autre part, de ne pas chercher le véritable maître en dehors d'eux-mêmes.

Le fait que la connaissance de soi par la méditation soit une pratique solitaire et qu'aucun maître ne doit être admis en dehors de sa personne pousse certains dans un *extrême* qui consiste à refuser toute forme de pratique de groupe et de conseil extérieur. Cette vision peut même être renforcée, voire justifiée, par la comparaison avec ces ascètes et ces ermites qui, en Orient, s'isolent parfois pendant des années pour méditer loin des hommes et du monde. Il faut bien reconnaître qu'il est recommandé de s'isoler dans la pratique, comme l'ont fait d'ailleurs le Bouddha avant d'atteindre l'éveil et Jésus avant d'entrer dans son ministère. Mais le type de renoncement austère qui accompagne souvent l'isolement est extrêmement difficile pour l'immense majorité des êtres humains qui ne disposent ni du tempérament ni des ressources intérieures nécessaires pour faire face à une telle épreuve. La voie du milieu, ni trop laxiste ni trop austère, est celle qui évite les extrêmes et me paraît la plus équilibrée. C'est d'ailleurs celle qu'a fini par emprunter le Bouddha. Et cette voie vaut aussi bien pour la pratique solitaire que pour la pratique en groupe.

Il ne faut pas faire de la méditation une pratique *déconnectée* de la réalité de l'interdépendance de tous les phénomènes et de tous les êtres. Je veux dire par là que chacun d'entre nous est comme une plante et que, à de rares exceptions près, une plante seule ne vit pas longtemps sans la présence d'autres plantes. Essayez de planter une graine au milieu du désert et, dans ce milieu hostile, elle mourra presque aussitôt ou, au mieux, se mettra en sommeil, en attendant des conditions favorables pour germer. Mais jetez-en au milieu d'une forêt et, grâce à la présence de toutes les autres plantes et d'un milieu particulièrement propice, elle aura toutes les chances de s'enraciner, de grandir et de porter des fruits. Une autre façon de dire les choses est que si vous n'avez pas régulièrement autour de vous des personnes qui partagent les mêmes *intérêts*, les mêmes *questionnements*, votre motivation pour pratiquer risque de se dessécher comme une graine plantée au milieu du désert. Il ne s'agit peut-être pas de vivre au quotidien dans une communauté de méditants, mais d'en rejoindre une de temps à temps, peut-être chaque semaine, chaque mois ou chaque année pour une retraite.

La pratique de la méditation en groupe est *très importante*. Il se peut que votre pratique soit devenue automatique, que vous commettiez des erreurs qui vous maintiennent dans les cinq obstacles décrits dans la deuxième partie de cet ouvrage ou que vous ayez atteint un palier que vous ne parvenez pas à dépasser. Si vous pratiquez uniquement chez vous, vous êtes également exposé à des distractions que votre mental se charge de ramener à votre mémoire quand vous méditez ou, mieux, quand vous n'avez plus la motivation voulue pour pratiquer. En effet, nous passons tous par des périodes de hauts et de bas. Lorsque nous sommes au creux de notre motivation, quelque chose en nous aspire à retrouver la pratique, mais une autre partie de nous, parfois plus forte, nous éloigne de toute tentative.

Au moment de pratiquer, nous trouvons alors toutes sortes de bonnes raisons pour ne pas méditer: donner à boire au chat, ranger le linge, répondre à nos courriels, finir le ménage, commencer la cuisine, relire ce roman que nous avions tant aimé, regarder la télé, arroser les plantes ou faire la sieste. Puis, comme par hasard, le téléphone que nous avons oublié de couper vibre au moment où nous allions méditer ou c'est une amie qui se présente à la porte ou les enfants qui rentrent déjà de l'école... Alors, nous remettons à demain, une fois de plus. La semaine passe et, parfois, des mois et des années s'écoulent avant que nous retrouvions l'élan nécessaire pour faire face aux distractions et pratiquer.

Mais si vous vous rendez occasionnellement dans un endroit pour méditer ou si vous décidez de passer une partie de vos congés à pratiquer dans une retraite de méditation, alors toutes vos distractions passent au second plan.

Les avantages de méditer avec d'autres personnes sont nombreux.

1. La motivation: Vous ajoutez votre motivation à celle de tous les autres membres du groupe. Cela crée un élan intérieur et extérieur qui peut vous redonner de l'énergie et de la motivation pour des jours, des semaines, voire des mois. C'est d'abord pour cette raison que la pratique en groupe est *fortement recommandée*.

2. Les rencontres : Vous rencontrez des gens ayant des centres d'intérêt et des questions semblables aux vôtres, le plus souvent dans un contexte bienveillant et encourageant. Vous pouvez aborder des sujets dont il vous est impossible de parler dans votre quotidien, y compris avec des proches qui ne sont pas toujours sensibles aux mêmes choses que vous. Cela vous permet de briser une certaine solitude qui peut devenir pesante.
3. Le soutien : Vous trouvez des personnes qui sont en mesure de vous soutenir dans vos difficultés et vos doutes. Ce soutien vous aide, grâce aux échanges et aux partages d'expériences, à comprendre que les problèmes que vous rencontrez n'ont généralement rien de très exceptionnel, car beaucoup de personnes connaissent les mêmes.
4. La confiance en soi : Vous regagnez confiance et assurance quant au fait que vous êtes sur le bon chemin et que les obstacles que vous y trouvez en font naturellement partie.
5. La synergie : Vous bénéficiez d'une pratique dont l'intensité est démultipliée. S'il y a cinq personnes qui méditent, ce n'est pas une addition d'énergies du type 1 + 1 + 1 + 1 + 1 = 5, mais plutôt un mouvement exponentiel du type 1 x 2 x 3 x 4 x 5 = 120. J'ai expérimenté ces deux polarités aussi bien avec des méditations enregistrées et guidées qu'avec une personne qui guide la méditation en direct dans un groupe.

Cela me fait penser à l'histoire d'un homme, Pierre, qui a l'habitude, depuis des années, de se joindre à un petit groupe d'amis chaque semaine. Un jour, il arrête de participer à ces réunions, sans prévenir ses amis et sans leur expliquer les raisons pour lesquelles il a choisi de se retirer.

Le temps passe. Au bout de trois mois, un membre du groupe, Jacques, décide de rendre visite à Pierre pour s'assurer que tout va bien et qu'il n'a besoin de rien. En arrivant, par une fenêtre, il aperçoit Pierre qui est assis seul dans son salon devant un magnifique et chaleureux feu de bois.

Jacques frappe à la porte. Quelques instants plus tard, Pierre lui ouvre et l'accueille avec joie tout en devinant la raison de sa venue. Tous deux s'installent devant la cheminée, puis, sans un mot, ils contemplent simplement la beauté des flammes et écoutent le crépitement du feu qui dévore le bois en dégageant cette odeur si particulière. Pierre attend tranquillement que Jacques le questionne, mais ce dernier reste simplement attentif au spectacle de la flambée.

Cinq minutes s'écoulent, puis une demi-heure, une heure, alors que règne un merveilleux silence, plein de présence. Jacques finit par se lever, attrape une braise incandescente avec le tisonnier, la retire du feu et la place sur le côté de l'âtre, à l'écart des autres braises. Ensuite, il retourne s'asseoir, toujours sans rien dire. Pierre l'observe, tout aussi muet, intrigué par cet acte… Un moment passe, pendant que tous deux regardent la braise perdre son incandescence, sa flamme et sa lumière en refroidissant pour devenir un morceau de bois sombre, noir et sans vie. Les deux hommes restent là encore un moment.

Puis Jacques, qui n'a toujours pas dit un seul mot à Pierre depuis qu'il est arrivé, se prépare à prendre congé. Il se lève, reprend le morceau de bois froid avec le tisonnier et le repose au milieu des autres braises. Presque instantanément, le morceau de bois s'enflamme de nouveau et retrouve sa lumière, sa flamme et son incandescence. Il s'illumine et recommence à diffuser sa chaleur autour de lui… Pierre se tourne alors vers Jacques et lui dit avec un large sourire : « Merci beaucoup pour ta visite et, surtout, pour la leçon. J'ai compris. Je serai à la prochaine rencontre. »

Ce que cette histoire nous enseigne, c'est que, lorsque nous nous séparons de la *communion fraternelle*, du *partage communautaire*, nous prenons le risque de perdre notre éclat, avant de nous éteindre, de perdre toute motivation pour pratiquer. Mais il y a de l'espoir ; rien n'est perdu. Il nous suffit de choisir de revenir régulièrement vers cette source de motivation, de soutien, de confiance en soi et de synergie pour nous embraser de nouveau et retrouver toute notre brillance au contact des autres.

Encore une fois, il ne s'agit pas d'opposer ou de préférer la pratique solitaire à la pratique en groupe. Il s'agit surtout d'emprunter la voie du milieu et de réaliser que l'une et l'autre sont *complémentaires*. Par ailleurs, j'ai l'intime conviction que la « pratique juste » ne nous éloigne pas des autres et du monde, mais nous en *rapproche*. Il n'est pas nécessaire de rechercher des états de conscience extraordinaire et des lieux isolés du monde. C'est peut-être même un piège. Il suffit de prendre sa place ici et maintenant, dans l'instant. La communauté n'est pas toujours facile à vivre, mais c'est à cet endroit que d'autres êtres peuvent nous aider à mettre en lumière nos peurs, nos préjugés, nos fragilités et nos forces. Et tout cela contribue au chemin de l'ouverture du cœur sur lequel nous conduit la pratique de la méditation.

Où méditer en groupe ?

- Trouvez un groupe de MBSR. Le programme ne dure que huit semaines, mais certains instructeurs proposent ensuite des séances mensuelles.
- Trouvez un groupe de méditation près de chez vous ou, s'il n'y en a pas, un groupe offrant une pratique corporelle correspondant à votre sensibilité et à vos attentes, par exemple du type yoga, taï-chi ou qi gong. Certains proposent de courtes pratiques de méditation en fin de rencontre.
- Cherchez des stages ou des retraites de méditation.
- Créez chez vous ou rejoignez, gratuitement, un groupe La Pause Méditation, projet que j'ai lancé en janvier 2017 et qui vous permet de pratiquer la méditation pleine conscience dans un cycle de 16 semaines, grâce à des méditations guidées que j'ai enregistrées et qu'il vous suffit d'écouter sur un ordinateur ou un téléphone intelligent.
- Si aucune de ces solutions ne vous convient, vous pouvez faire appel à un instructeur, à un guide de méditation ou un praticien de pleine conscience, dont vous aurez d'abord vérifié les références. Il peut vous accompagner individuellement en vous aidant à installer la pratique dans votre quotidien et en discutant en privé avec vous de vos difficultés et de vos victoires.

QUESTION 21

Comment maintenir une pratique régulière ?

Tous mes partages jusqu'ici sont autant de manières de vous aider à comprendre, à prévoir et à faire face aux difficultés que rencontre *tout jardinier qui cherche à entretenir son jardin*. Il y a toutes sortes d'insectes, de plantes envahissantes, d'intempéries qui, comme dans la vie, mettent en péril la survie des jeunes pousses. Il faut soigner, irriguer, tailler et surveiller régulièrement le jardin pour que les ronces ne le recouvrent pas en tuant tous les efforts qui ont été faits pour obtenir du fruit. Cela demande de la *régularité* et de *l'assiduité*. Cela demande de la *présence* dans les moments creux afin de ne pas abandonner le jardin à lui-même. Cela demande d'entretenir et d'arroser la *motivation* lorsqu'elle diminue à cause des obstacles qui se présentent, à cause de la fatigue et de tous ces imprévus dont la vie a le secret.

J'ai rencontré tellement de jardiniers qui m'ont exposé l'une ou l'autre de ces situations :

- « J'avais commencé à jardiner régulièrement et ça me faisait vraiment du bien. Puis le temps est passé et j'ai délaissé mon jardin. Aujourd'hui, il me manque. J'aspire à recommencer à jardiner, mais je ne sais pas comment m'y prendre. »
- « J'avais tellement de fruits que je me suis relâché. Si bien que, quand le coup dur est arrivé, je n'ai pas trouvé l'énergie de m'y remettre et, aujourd'hui, j'ai besoin d'aide. »

- « J'avais réellement envie de me mettre à jardiner, mais je n'ai pas pu suivre le rythme, et le temps m'a manqué et me manque encore. »
- « J'avais éliminé tous les parasites de mon jardin, puis je me suis laissé envahir à nouveau et, là, j'ai besoin d'aide pour le traiter. »

Il n'existe pas de solution miracle. Je dis souvent que, pour rester régulier dans sa pratique – ce qui est notre plus grand *défi commun* –, nous devons nous appliquer à en faire un style de vie, une hygiène quotidienne. C'est tout l'objet de l'art de vivre en pleine conscience. Tout art, pour être maîtrisé, demande une forme de *discipline*. On ne devient pas bon danseur ou chanteur sans reprendre régulièrement ses bases, c'est-à-dire sans répétition. Devenir un artiste exige volonté, engagement, rigueur et persévérance.

Méditer, c'est s'engager dans un entraînement de l'esprit, qui demande du *temps*. Et si vous attendez d'avoir le temps ou de le trouver comme par enchantement au milieu de toutes vos activités, il y a fort à parier que vous n'aurez pas le temps de pratiquer. Vous devez décider intentionnellement de *prendre le temps* de la pratique, exactement comme vous prenez le temps de vous laver ou de vous brosser les temps. Méditer, c'est également prendre soin de vous.

En nourrissant cet état d'esprit qui consiste à faire de la pratique une hygiène ou, mieux, un art de vivre, vous choisissez d'installer volontairement de nouvelles habitudes. Être clair sur les raisons qui vous ont amené à la méditation et sur vos intentions vous permet de demeurer plus focalisé ou motivé lorsque l'oubli ou le découragement frappe à votre porte. Vous avez besoin d'installer des *routines* qui sont utiles à vos aspirations et qui, à force de persévérance et d'assiduité, créeront de nouveaux comportements, plus conformes à vos valeurs et à vos attentes d'aujourd'hui.

Prendre soin de vous ne devrait jamais être une option. C'est une *priorité*. C'est sur cette base que vous pouvez vraiment prendre soin des autres et du monde, ne l'oubliez jamais. Plus vous vous engagez dans votre pratique, plus elle devient aisée.

Comme pour n'importe quelle autre discipline, il faut *agir*, *pratiquer* et *persévérer*. Si vous ne pratiquez que de façon quasi accidentelle, vous n'obtiendrez au mieux que des résultats *occasionnels*. En faisant l'effort d'intégrer la pratique à votre quotidien, ne serait-ce que quinze à vingt minutes par jour, en vous offrant chaque jour un rendez-vous ou une pause avec vous-même, vous permettrez à de nouvelles habitudes d'émerger en quelques semaines seulement.

Gardez à l'esprit que vous êtes responsable de votre vie et que cette pause quotidienne ne dépend *que de vous*, de personne d'autre. Instaurez-la dans vos routines. Faites de ce moment un temps sacré. Informez vos proches ou vos collègues que personne ne doit vous déranger pendant ce moment-là. Expliquez-leur, au besoin, à quel point vous serez plus disponible pour eux lorsque vous aurez pris ce temps pour vous.

C'est à vous, et à vous seul, de vous emparer des promesses que vous offre l'*art de vivre en pleine conscience*. Pour les obtenir, vous devrez, chaque jour, faire des petits pas et vous entraîner en prenant soin de votre jardin intérieur.

Remerciements

À toutes les personnes qui ont contribué à éclairer mon chemin à un moment ou un autre de mon existence, aux membres de ma famille, à mes amis proches ou lointains, aux « inspirateurs » qui ont compté pour moi plus qu'ils ne l'imaginent, aux participants à mes formations auprès desquels j'ai tant appris, à mes lecteurs et abonnés internet qui sont de plus en plus nombreux à me suivre chaque jour, je dis un grand MERCI.

À vous qui m'avez régulièrement soutenu en coulisses en me conseillant, en prenant des nouvelles et en m'encourageant à terminer ce livre, Stéphanie Assante, Jacqueline Fraefel et Julie Blot en particulier, merci.

À Sandy Pellerin, des Éditions de Mortagne, pour sa proposition d'écrire ce livre, son écoute et sa patience depuis le début de ce projet. À toute l'équipe – Patricia Juste, Chloé Poitras, Catherine Stasse – qui a contribué à la révision, à la mise en page et à la production de ce livre, merci du fond du cœur.

Enfin, toute ma gratitude va à mes plus proches qui ont accepté et soutenu avec patience mes absences pour écrire, mes pauses et mes vacances qui n'en étaient pas et qui m'ont encouragé aussi bien dans les moments où je n'y croyais plus que dans ceux où j'étais heureux d'achever une étape. Vous avez été ma principale source de motivation et de détermination à terminer ce livre. Merci Salomé, Naomi, Samuel-Noah, mes enfants chéris. J'ai écrit ce livre dans l'intention qu'il vous aide à trouver des réponses sur votre chemin de vie. Je suis réjoui par tous les beaux gestes que vous m'avez offerts afin que je puisse le terminer. Merci enfin à Virginie, ma fidèle compagne depuis plus de vingt-cinq ans, toujours présente avec douceur, dans mes vallées comme sur mes sommets. Rien de tout cela n'aurait pu arriver sans ta confiance indéfectible, ta bienveillance à mon égard et tes nombreuses incitations pour que j'écrive plus souvent.

Béziers, France, le 4 juin 2019 à 21 h 36

Ressources en ligne

Programme de méditation pleine conscience en complément de cet ouvrage sur le site **21joursdemeditation.com**.

- Méditation 1/21 : Je respire
- Méditation 2/21 : J'observe le roi des bavards
- Méditation 3/21 : J'observe ma météo intérieure
- Méditation 4/21 : Mon inspiration est dans la nature
- Méditation 5/21 : Je visite mon corps
- Méditation 6/21 : Je cultive la générosité
- Méditation 7/21 : La méditation de la montagne
- Méditation 8/21 : Je marche en conscience
- Méditation 9/21 : Je savoure l'instant présent
- Méditation 10/21 : C'est bon de manger en pleine conscience
- Méditation 11/21 : Trois choses positives
- Méditation 12/21 : Désactiver stress, inquiétude et anxiété
- Méditation 13/21 : Réaction ou proaction, comment accueillir les circonstances
- Méditation 14/21 : S'étirer en pleine conscience
- Méditation 15/21 : L'art de ne rien faire
- Méditation 16/21 : Accueillir les émotions désagréables
- Méditation 17/21 : Sourire au présent
- Méditation 18/21 : Eustress et distress, méditer avant d'agir
- Méditation 19/21 : Méditation de la gratitude
- Méditation 20/21 : Méditer avec son cœur
- Méditation 21/21 : Cultiver la bienveillance

Bibliographie

Alidina, Shamash. *Méditation : la pleine conscience pour les nuls*, Paris, Éditions First, 2013.

André, Christophe. *Méditer jour après jour*, Paris, L'Iconoclaste, 2011.

Bays, Jan Chozen. *52 façons de pratiquer la pleine conscience*, Paris, Éditions J'ai lu, 2011.

Brach, Tara. *L'acceptation radicale*, Paris, Pocket, 2016.

Campbell, Joseph. *The Hero with a Thousand Faces*, Novato, New World Library, 2012.

Chödrön, Pema. *Conseils d'une amie pour des temps difficiles*, Paris, Pocket, 1999.

Dini, Fabrice. *Grandir en s'épanouissant*, Fribourg, Éditions Faim de Siècle, 2016.

Goenka, Shri Narajan. *Trois enseignements sur la méditation vipassana*, Collection Points Sagesses, Paris, Éditions du Seuil, 1997.

Gunaratana, Vénérable Henepola. *Les quatre fondements de la pleine conscience*, Collection Poche Marabout, Paris, Éditions Robert Laffont, 2014.

Gunaratana, Vénérable Henepola. *Méditer au quotidien*, Collection Poche Marabout, Paris, Éditions Robert Laffont, 2011

Hanson, Rick. *Le pouvoir des petits riens*, Paris, Pocket, 2015.

Harris, Sam. *Waking Up : a guide to spirituality without religion*, New York, Simon & Schuster, 2014.

Kabat-Zinn, Jon. *Au cœur de la tourmente, la pleine conscience*, 3e édition, Louvain-la-Neuve, De Boeck Supérieur, 2016.

Kabat-Zinn, Jon. *Où tu vas, tu es*, Paris, Éditions J'ai lu, 2013.

Kornfield, Jack. *Après l'extase, la lessive*, Paris, Pocket, 2010.

Kornfield, Jack. *Bouddha* : *Mode d'emploi pour une révolution intérieure*, Paris, Pocket, 2011.

Kornfield, Jack. *La sagesse du cœur*, Paris, Pocket, 2015.

Lachaux, Jean-Philippe. *Les petites bulles de l'attention*, Paris, Odile Jacob, 2016.

Lenoir, Frédéric. *Méditer à cœur ouvert*, Paris, Nil Éditions, 2018.

Maex, Edel. *Apprivoiser le stress par la pleine conscience*, 3e édition, Louvain-la-Neuve, De Boeck Supérieur, 2017.

Midal, Fabrice. *Pratique de la méditation*, Paris, Le livre de poche, 2012.

Moss, Richard. *Le Mandala de l'Être*, Paris, Albin Michel, 2008.

Nhât Hanh, Thich. *Le miracle de la pleine conscience*, Paris, Éditions J'ai lu, 2008.

Nhât Hanh, Thich. *Pour une métamorphose de l'esprit*, Paris, Pocket 13205, 2008.

Pandit, Madhav. *L'enseignement de Sri Aurobindo*, Collection Points Sagesses, Paris, Éditions du Seuil, 1999.

Remen, Dr Rachel Naomi. *Sagesse au coin du feu*, Paris, Éditions Robert Laffont, 2010.

Ricard, Matthieu. *L'art de la méditation*, Paris, Pocket, 2017.

Ricard, Matthieu. *Plaidoyer pour le bonheur*, Paris, Pocket, 2003.

Santorelli, Saki. *Guéris-toi toi-même: ce que la méditation apporte à la médecine*, Paris, Les Arènes, 1999.

Stahl, Bob, Florence Meleo-Meyer et Lynn Koerbel. *Manuel de méditation pour petits et grands anxieux*, Louvain-la-Neuve, De Boeck Supérieur, 2016.

Tolle, Eckhart. *Le pouvoir du moment présent*, Paris, Éditions J'ai lu, 2010.

Tolle, Eckhart. *Mettre en pratique le pouvoir du moment présent*, Outremont, Ariane Éditions, 2002.

Varela, Francisco, Evan Thompson et Eleanor Rosch. *L'inscription corporelle de l'esprit*, Collection Points Essais, Paris, Éditions du Seuil, 1993.

Welwood, John. *Pour une psychologie de l'éveil*, Paris, Table Ronde, 2003.

Achevé d’imprimer
sur les presses de
Imprimerie H.L.N.
Imprimé au Canada - Printed in Canada